今村力三郎訴訟記録　第四十七巻

神兵隊事件

別巻六

専修大学今村法律研究室

凡例

一、本巻には、茨城県立歴史館が所蔵する「神兵隊事件関係資料」（二〇冊、行政資料・請求番号E11－1～20）のうち、「神兵隊事件豫審訊問調書寫」（請求番号E11－1）を収録した。

一、収録されている資料は、タイプ印刷し製本されたものであるため、撮影・翻刻した。

一、資料頁上部にみられる「挿入」「削除」などは、調書作成後に当局によって付されたものと思われる。

一、資料内の傍線や「✓」などは、調書作成後に当局によって付されたものと思われる。原本は朱鉛筆やペンなどによって記されている。

一、本巻では、資料掲載の字体を使用している。

目次

(1)

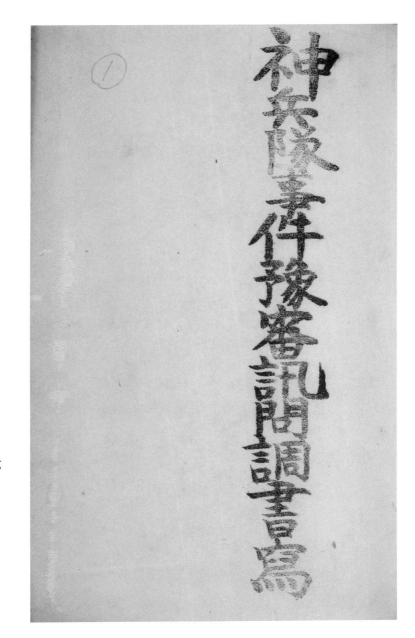

神兵隊事件豫審訊問調書寫

訊問調書

被告人　岩村　峻

右殺人豫備被告事件ニ付昭和九年三月二十三日東京地方裁判所ニ於テ豫審判事清水鼎良ハ裁判所書記長谷川酉次郎立會ノ上右被告人ニ對シ訊問スルコト左ノ如シ

一問　氏名年齢職業住居本籍及出生地ハ如何

答　氏名ハ　岩村峻
年齢ハ　五十歳
職業ハ　土地管理業
住居ハ　東京市王子區王子町二百四番地
本籍ハ　山梨縣南都留郡寶村百二番戸
出生地ハ　同所

二問　檢事ヨリ被告人ニ對シ次ニ讀聞ケル事實ニ付殺人豫備罪トシテ豫審請求カアツタカ之ニ付何カ陳述スルコトカアルカ

此時豫審判事ハ被告人ニ對スル昭和八年十月十六日付豫審請

求書記載ノ公訴事實ヲ讀聞ケタリ

答　私ト内藤カ相談シテ安田等カ計画シテ居タ仕事ノ資金トシテ只今讀聞ケノ金ヲ與ヘタコトハ違ヒアリマセヌ然シ安田ノ計畫シテ居タ仕事ノ内容ハ只今讀聞ケノ樣ナ具體的ナコトヲ私達ニ話ハ致シマセヌテシタ

私ハ極力安田ノ計畫シテ居ル仕事ノ内容ヲ知ラウト努メテ安田ニ聞イタ處カ安田ハ其仕事カ成就シタラ段々諸會社抔ヲ官營ニスルカラ株ハ必ス下ルト思フト言フ趣旨ノ話カアリマシタ

三問　被告ト内藤カ安田ニ右ノ樣ナ金ヲ與ヘタ迄ノ出來事ノ順序ヲ申シ述ヘヨ

答　簡單ニ全體ノ順序ヲ申シ上ケマス最初昭和八年三月十五日頃佐塚ト會見シ

同月十八日頃岩崎佐塚ト會見シ

同月二十二、三日頃鳥料理屋たよりテ中島松澤岩崎佐塚ト會見シ

同月二十五日頃日本橋ノ料理店初大阪テ安田及右四名
ト會見シ
同年四月上旬頃同所テ同一顔振テ會合シ
其際現金一萬圓ト金額四萬圓ノ小切手ヲ中島ニ渡シ内
藤ノ武州銀行ノ五萬圓ノ定期預金證書ヲ安田等ニ見セ
マシタ
次テ其二、三日後中島ト共ニ内藤ヲ安田宅ニ案内シ安田
ト内藤ニ引合ハセ二、三日後右たよりテ中島等ニ現金一
萬五千圓ヲ渡シ前ニ渡シテ置イタ四萬圓ノ小切手ヲ返
シテ貰ヒマシタ
五月一日ニ中島カ大阪テ負傷シタコトヲ後ニ聞キマシ
タ其前ニ二、三回私ハ單獨テ安田ヲ訪問シ株式賣付ノ時
期ヲ聞イタコトカアリマス
五月下旬頃安田ノ頼ミテ安田カラ私ニ金ヲ返シタ様ニ
見セカケル爲メ私カ現金二萬圓ヲ用意シテ安田ニ一旦
渡シ中島ヲ呼ヒ寄セテ同人ノ面前テ安田カラ其二萬圓

ヲ受取リ芝居ヲシテ見セタコトカアリマシタ
其後ハ中島等ト此事件ニ會ヒマセヌ
其後安田カラ直接私ニ後金ノ催促カアリ内藤ト相談シテ安田ニ金融ヲ頼ミ
六月一日ニ安田ハ東京デ或ル人ニ金融ノ話ヲ勧メ様トシタカ旅行中トノコトデアリマシタ
ソレカラ六月十日頃迄ノ間ニ私ト内藤安田ハ大阪ニ行キ野村徳七ニ金融ノ申込ヲシマシタカ拒絶サレマシタ
六月一日カラ六月十日頃迄ノ間ニ安田ノ要求ニヨツテ二回ニ五千圓ト二千圓トヲ與ヘマシタ但シ此二千圓ハ安田カ自分デ欲シイト言フコトテシタ
次テ六月十日堀川久カラ一萬五千圓ヲ借リ入レ
六月十二日頃更ニ同人カラ一萬圓ヲ借入レテ即日安田ニ之ヲ全部與ヘ
六月十五日頃安田ノ勧メニヨツテ新東株五千株ヲ賣リツケ二日位テ買ヒ戻シ

六月十七、八日頃安田ニ現金一萬圓ヲ與ヘ
六月二十日頃安田ノ勧メテ新東株五千株ヲ更ニ賣付ケ
二、三日後買戻シマシタ
右ノ通リ二回ニ亘ッテ株ヲ賣ッテ見タカ何モ事件カ起ラナカッタノテ安田ノ計畫シテ居ル仕事カアヤフヤナモノテハナイカト考ヘ具體的ニ計畫ヲ確メテ見ル必要カ起ッテ安田ノ紹介テ天野辯護士ニ會ッタコトカアリマス
次テ七月初頃安田ニ、一萬圓ヲ與ヘ其後間モナク安田ノ勧メテ同株二三萬株ヲ賣リツケ七月十日頃同様三四株ヲ賣リツケマシタ
其處テ新聞ニ所謂神兵隊事件カ書カレタ日ノ朝株ヲ全部買戻シマシタカ幸ニ損ヲセス幾等カ儲ケタ位テシタ
尚此日夜内藤、私、安田ハ築地ノ待合清福テ會ヒマシタ
大體以上ノ様ナ順序ニナリマス

被告人　岩村　峻

右讀聞ケタル處無相違旨申立署名拇印シタリ
同日於同廳作之
東京地方裁判所
裁判所書記 長谷川 西次郎
豫審判事 清水 鼎良

右謄本也
昭和 年 月 日
東京地方裁判所
裁判所書記

3

第二回訊問調書

被告人　岩村　峻

右者ニ對スル殺人豫備被告事件ニ付昭和九年四月十二日東京地方裁判所ニ於テ豫審判事清水鼎良ハ裁判所書記長谷川酉次郎立會ノ上前回ニ引續キ右被告人ニ對シ訊問スルコト左ノ如シ

一問　被告ハ佐塚袈裟次郎ヲ知ツテ居ルカ

答　知ツテ居リマス
同人ハ藤田勇ノ番頭ノ称ナ地位ニアリマシタ
藤田ハ内藤ノ株式賣買ノコトヤ金銭貸借ノコトトテ前カラ知ツテ居リ私ハ度々同人方ヲ訪ネテ居リマシタカ其間ニ佐塚ヲ知ツタノテス

二問　昭和八年三月十五日頃京橋区木挽町七丁目五番地ノ二清水ツル名義ヲ以テ借家シテ居タ内藤ノ事務所ニ佐塚カ訪ネテ来テ被告ト會ツタコトカアルカ

答　左称ナコトカアリマシタ

三　問　其時何ンナ話ヲシタノカ
答　佐塚ハ此頃内藤サンハ何ウテスカト訊ネタノテ私ハ相
変ラス非常ニ困ツテ居ルト答ヘマシタ
スルト佐塚ハ金ヲ借リルトコロヲ周旋シヨウト云フコ
トテシタカラ出來ルコトナラ是非御願ヒスルト云ツテ
置キマシタ
佐塚ハソレテハ自分ノ知ツテ居ル人ヲ連レテ來ルト云
ヒ後テ連レテ來タノカ岩崎綏耀テシタ

四　問　此時佐塚カ來タ用件ハ内藤ノ金融ノ世話ヲスルト云フ
コトタケテアツタノカ
答　左称テシタ

五　問　同月十八日頃佐塚カ岩崎ヲ右ノ事務所ニ連レテ來テ被
告ハ岩崎ニ初メテ會ツタノタネ
答　左称テス

六　問　其時何ウ云フ話カアツタカ
答　佐塚カラ岩崎ヲ紹介サレマシタノテ私ハ金ヲ貸ストコ

ロカアッタラ探シテ貰ヒ度イト頼ミマシタ
岩崎ハ心當リカアルカラ一ツ聞イテアケルト云ヒ其處テ貸借ノ手續キ抔ヲ話シ合ッテ別レマシタ

七問　其際佐塚ハ被告ニ對シ岩崎ハ陸軍大臣ヤ知名ノ人達ノ處ヲ歩キ廻リ早耳ノ聞カレル人タカラ何カノ時ハ聞カセテ貰ヘハ都合カヨカラウト云ッテ紹介シタノカ

答　左称テシタ

八問　岩崎カ訪ネテ來タ用件ハ金融ノ世話ヲスルト云フタケテハナク株式相場ノ変動ニ影響アル称ナ事件ノ發生ヲ教ヘテヤル為メテハナカッタカ

答　初メテ岩崎カ訪ネテ來タ時ハ金融ノコトタケテシタ
内藤カ株式相場ヲヤッテ居ルコトヲ佐塚ハ知ッテ居タノテ只御座ナリニ早耳ノ聞カレル人タト岩崎ヲ紹介シタモノト思ヒマシタ

九問　佐塚岩崎等ハ其後金融ノ世話ヲシテ呉レタノカ

答　シテ呉レマセヌテシタ

一〇
問
其後数日ノ間ニ佐塚岩崎両名ハ二回位右ノ事務所ニ訪ネテ來マシタ此間ニ両人ハ金ヲ借リル方ハ思フ様ニユカヌ其處テ株テ儲ケル工夫ヲ知ラセルト云フコトテシタカラ私ハ株ノ賣買ニハ黒野ト云フ機関ヲ持ツテ居ルカラ是非敎ヘテ呉レト両名ニ頼ミマシタ両名ハ何レヨク相談シテ敎ヘヨウト云フコトテシタ
其後間モナク右両名ハ中島勝治郎ト云フ人ヲ紹介スルト申込ムテ來タカ

答
左様テシタ
同人等ハ中島ト云フ人ニ會ツテ見テハ何ウカ此人ハ東久邇宮ヤ西園寺公其外知名ノ人達ノ所ニ出入シ社會ノ種々ノ出來事ヲ早耳スル人タカラ何カヨイコトヲ聞イテ株式賣買テ儲ケモ出來称シ金融ノコトモ頼メルテアラウト云ヒマシタ
其處テ私ハ別室ニ居タ内藤ニ此話ヲ傳ヘテ相談シマシタラ内藤ハソレハ藤田勇ノ廻シ者タラウ先ニ藤田カハ

二

ルピン取引所問題テウマク行カナカツタカラ自分テハ顔ヲ出スコトカ出來ナイノテ外ノ人ヲ廻シテ來ルノカモ知レナイ然シ兎ニ角中島ニ會ツテ見タラ宜カラウイケナケレハヨスタケノコトタト云ヒマシタノテ私ハ中島ニ一應會フコトニシ佐塚、岩崎等ニ紹介ヲ賴ミマシタ

一 問　其後中島勝治郎ニ會ヒ更ニ同人ノ紹介テ安田銕之助ニ會ツタノタネ

答　左様テス

二 問　被告ハ安田ヲ紹介サル、以前中島ト何回會ツタカ

答　少クトモ二回會ツテ居リマス
同年三月二十日頃カラ二十四、五日頃迄ノ間ニ銀座裏ノ鳥屋多ム里テ中島佐塚岩崎、松澤勝治ノ四名ト二回會見シタコトヲ記憶シテ居リマス

三 問　最初ノ多ム里ノ會見ノ時ニ何ンナ話シカアツタノカ

答　私ハ佐塚ト打合セタ時刻ニ多ム里ニ行ツテ見マスト多ム里ノ二階ニ四人揃ツテ居リマシタ

其處テ佐塚カラ中島、松澤両名ヲ紹介サレマシタ
其際中島ハ自分ハ金融ノ方モ御世話出來ルシ知名ナ人テ西園寺公ヤ東久邇宮ニモ出入シ其他陸軍大臣モ知ッテ居リ相當世ノ中カ廣イカラ金儲ノ出來ルコトカ早ク判ルト云フ称ナ話ヲ致シマシタ
其處テ私ハ株式ノ下ル事件ヲ明カシテ貰ヒ度イト云ヒマスト中島ハ實ハ二重橋ノ前ニ十萬人モ人ヲ集メテ祈願ヲスル又罪人テ罪ノ決ッタ者テ保釋テ出テ居ル人モ使ヘルト近イ内世ノ中ニ騒動カ起ル飛行機ヲ使ッテ爆彈ヲ落スト云フ趣旨ノ話ヲ致シ其騒動カ起ッタラ株式モ暴落スルト思フソレテ付テハ金カ五萬円要ルカラ出シテ呉レルト云フコトテシタ

一問 其騒動ヲ起スニ金カ要ルト云フ趣旨テアッタノカ

答 中島ハ十萬人ノ人ヲ寄セルニハ何十萬カノ金カ要ルト話シテ居リマシタカラ其為メニ金カ要ルト云フ趣旨テ話シタモノト思ヒマシタ

一五問　其金ヲ出セハ其騒動カ起ル時期ヲ明カスト云フコトテ
アッタカ
答　左様テス
一六問　中島ノ話テハ誰カ其騒動ヲ起ス中心人物テアルト云フ
コトテアッタカ
答　其時ハ未タ誰トモ申シマセヌテシタ
中島ハ自分テヤル様ナ口吻テアリマシタ
一七問　中島ハ西園寺公ノ背中ヲ洗ッタ位親シイ仲テアリ東久
邇宮様トハ共ニ食事ヲサシテ戴ク程タト云フコトタッ
タカ
答　左様ナコトヲ云ッテ居リマシタ
一八問　被告ハ其時中島ノ話ニ對シ何ウ思ッタノカ
答　中島カ鳥屋ノ二階テ通リニ面シタ部屋テ大キナ聲テ左
様ナ話ヲ致シマシタノテ初メテ會ッタ人ニ對シ餘リ軽
ハヅミナ取止メモナイ話シタト思ヒマシタ
一九問　被告ハ何ト返事ヲシタカ

答 私ハ内藤ニモ相談シナケレハナラナイコトテシタカラ
何レ考ヘテ御返事シマストヱツテ先ニ帰リマシタ

二〇

問 被告ハ内藤ニ中島トノ會見ノ模様ヲ話シタカ

答 話シマシタ
其日中島ト會フコトヲ内藤ニヱフテ置キマシタカラ内藤ハ木挽町ノ事務所ニ待ツテ居リマシタノテスク内藤ニ會ツテ話ヲ全部傳ヘマシタ
其頃ハ兜町邊リテハム一ム事件ノ称ナコトカ起ルトカ飛行機カ來ルトカ盛ニデマカ飛ンテ居タ時テシタノテ内藤ハ左称ナ話ヲ當ニシマセヌテシタ内藤ハソンナ話ハ自分ノ處ニモ云フテ來ルモノモアルカ株ヲ賣ツテ儲カツタラ金ヲ呉レト云フナラ判ルケレ共初メカラ金ヲ出セト云フノテハ當ニ出來ナイト云フコトテシタ
私モ同称ニ思ヒマシタ

二一

問 中島ニ金ノ要求ニ對スル返事ヲシタノカ

答 中島ト多上寻テアツテ間モナク佐塚カラ電話カアリア

ノ話ハ如何テスト聞カレタノテ私ハ何ウモ考ヘテ見タ
カ先ニ金ヲ取ルト云フノハ當ニナラヌト云フ理由テ断
ハリマシタ
ソレカラ一両日スルト又佐塚カラ電話カ掛ツテ來テ中
島ノ話ハ自分達カ聞イテモ何ウモ當ニナラナイカ實ハ
中島ノ先ニ大変ナ人カアル其人ナラ會フカト云フコト
テシタ
佐塚ハ電話テハ名前ヲ云ヘナイ直ク伺ツテ話シマスト
云ツテ木挽町ノ事務所ニ訪ネテ來マシタ
其處テ佐塚ハ實ハ東久邇宮殿下ノ侍從武官ノ安田ト云
フ人テアル其人ナラ會フカト云フコトテシタ
ソコテ私ハ内藤ニ聞イテ見タ處カ内藤ハ東久邇宮ノ侍
從武官ノ安田サンナラ交際ハシテ居ナイカ名古屋ニ御
出ノ時カノ會テ會ツタコトカアツテ知ツテ居ル此人ナ
ラ確ナ人タカラ何カ確實ナコトカアルタラウト非常ニ
興味ヲ持ツテ云ハレマシタ

ソコデ私カラ佐塚ニ會ヒマセウト返事シマシタ
其日カ其翌日頃佐塚カラ電話テ呼ハレテ多与里ニ行ツ
テ中島佐塚岩崎松澤ト二回目ノ會見ヲ致シマシタ

二二
問　二回目ニ多与里デ中島佐塚岩崎松澤ト會ツタノハ何ノ
用件テアツタカ

答　私ハ佐塚カラ呼ハレタノテ安田カ來テ居ルト思ツテ行
キマシタカ同人ハソウタヤスク會フコトハ出來ナイト
云フコトテ結局安田ニ會フ打合セヲシタノテス

二三
問　佐塚ハ被告ニ對シ藤田勇ノ如キ人ニハ打明ケナイテ今
度ハ間違ヒナク株ヲ賣ツテ儲カルコトヲ打明ケルノテ
アルソレニハ安田中佐ヲ紹介仕称君ハ主人内藤ノ為ニ
此機會ニ儲ケテ内藤ヲ助ケルカヨイト云ツタコトカア
ルカ

答　左称ナコトヲ佐塚カラ聞イタ覚カアリマス

二四
問　ソレハ何時云ツタノカ

答　佐塚カ中島ノ先ニ大変ナ人カアルト電話テ云ヒ直ク事

務所ニ訪ネテ來テ安田ノ名前ヲ初メテ打明ケタ時ニ云
ッタコトヽ思ヒマス

二五問

被告ト内藤ハ佐塚カラ中島ノ先ニ安田中佐カ居ル其安
田中佐ヲ紹介シヨウト云フコトヲ聞イテ中島ノ前ニ云
ッタ称ナ騒動ノ中心人物ニ安田中佐カ居リ安田中佐カ
五萬円ヲ欲シカツテ居ルノタト推察シナカツタカ

答

其通リ考ヘマシタ
内藤ハ或ハ何事カアルカモ知レナイト云ッテ非常ニ興
味ヲ持ッテ居リマシタ然シ本當ノ安田中佐ニ紹介シテ
呉レルノカ何ウカ未タ一寸ノ疑カアッタノテ内藤ハ私
ニ安田ノ人相抔ヲ話シ一度會ッテ確メテ見テ呉レト云
フコトテアリマシタ
尚初メハ内藤ノ名前ヲ出スナト云ヒマシタ

二六問

佐塚ハ被告ニ五、一五事件以上ノ大事件ノ起ル時期ヲ打
明ケル新東株ヲ賣レハ一株百円ノ値下リハ確實テアル
其大事件飛發時期ヲ教ヘテヤルカラ安田中佐ニ金五萬

円ヲ出シテ呉レト云ツタコトカアルカ

答　左称ナコトヲ云ヒマシタ　ム一ム事トハハツキリハ云ヒマセヌカ私ノ頭ニハ左称ナ印象ヲ與ヘマシタ

二七　問　ソレハ何時云ツタノカ

答　佐塚カ安田中佐ニ紹介スルト云フテ來タ時ト思ヒマス

二八　問　第二回目ノ多与里ノ會合ノ時中島、佐塚等ハ被告ニ對シ其事件ヲ安田中佐ノ方テヤルニハ金カ要ル其金ヲ與ヘネハ事情モ聞カレス從ツテ株ヲ賣ル時期モ聞カレナイカラ國家改造ノ為ニスル資金ヲ安田ノ方ニヤラネハナラナイカ少クトモ金ム萬円ヲヤラネハナラナイカ何ウカト云ツタカ

答　左称ナコトヲ申シマシタ
只國家改造ノ為ノ資金トハ云ヒマセヌテシタ

二九　問　被告ハ中島、佐塚等カ安田中佐ノ或ハ計画ニ使フ資金ヲ要求シテ居ルモノト思ツタノカ

答　左称考ヘマシタ

六

三〇 問 安田本人カ〆萬円ヲ要求シテ居ルト云フ趣旨ニ聞イタノカ

答 左様テス

三一 問 安田カ〆萬円ヲ欲シカツテ居ル様ナ言葉テシタ
其際モ佐塚、中島等ハ一株百円モ値下リスル様ナ話ヲシテ居タカ

答 左様テス多よ里テモ左様ナ話ヲ聞キマシタ

三二 問 被告ハ〆萬円ノ要求ニ對シテハ何ウ答ヘタカ

答 安田サンニ會ツテ本當ニ株ノ下ル様ナコトテアレハ内藤ニ話シテ出サセマセウト答ヘテ置キマシタ其處テ其日ノ翌日カ翌々日ニ日本橋ノ料理店初大阪テ安田中佐ト會見スル約束ヲシテ多よ里ノ會見ハ終リマシタ

三三 問 被告ハ多よ里ノ會合テ中島ニ對シ直接宮様ヤ西園寺公ニ會ハシテ頂ケルコトハ出來ヌカト云ツタコトカアルカ

答 ニ回目ノ多よ里ノ會合ノ時ニ左様ナコトヲ云ツタト

覚エテ居リマス

三四問　何故左称ナコトヲ云ツタノカ

答　中島カ高貴ナ方ト懇意タト云フノテ座談トシテ云フタタケノコトテス

三五問　被告ハ一株百円ノ値下リノスル称ナ事件カ起ルカモ知レナイト思ツタカ

答　初メ中島タケノ話シテハ信用出来ナカツタカ佐塚中島等カラ安田中佐ヲ紹介スルト云ハレテカラハ本當ニ安田中佐カ関係シテ居ルナラハ左称ナコトモアルタラウト考ヘル称ニナリマシタ

三六問　其處テ安田中佐ト稱スル人ニ會ツテ眞ニ久邇宮ノ侍従武官ノ安田テアルコトカ確メラレ安田本人カ株ノ下ル時期ヲ言明スルト約束シタナラハ安田中佐等ノ大事件ノ計画ノ資金ニ五萬円ヲ提供スル決心ヲシタノカ

答　左称テス

内藤ニ話シテ内藤ノ承諾ヲ得テ出ザセ称ト考ヘマシタ

七

右讀聞ケタル處無相違旨申立署名拇印シタリ
被告人　岩村　峻
同日於同廳作之
東京地方裁判所
裁判所書記　長谷川酉次郎
豫審判事　清水鼎良

右謄本也
昭和九年　月　日
東京地方裁判所
裁判所書記

第三回訊問調書

被告人　岩村　峻

右者ニ対スル殺人豫備被告事件ニ付昭和九年四月十三日市ヶ谷刑務所ニ於テ豫審判事清水鼎良ハ裁判所書記長谷川酉次郎立會ノ上前回ニ引續キ右被告人ニ対シ訊問スルコト左ノ如シ

一　問　中島等ト多ゝ里テ二回目ノ会見ヲ終ヘタ後内藤ニ会見ノ模様ヲ報告シタカ

答　致シマシタ

内藤ハ私カ安田ト会ツテ来ルモノト考ヘテ木挽町ノ事務所テ待ツテ居リマシタ

私ハ安田ト会ヘナカツタ事ヲ話シ近日初大阪テ会合約束ヲシタト云フト内藤ハイヤニモツタイブツテ居ルナト云ヒ今度安田ト会ツタラ人違ヒテナイカヲ確メルコトヲ主ニシテ呉レ又自分ノ名ハ明カサナイ様ニシテ呉レト云ヒマシタ

宇

内藤ハ今度安田ニ会フ前ニ寫眞ヲ見テ置イテ呉レト云フコトデシタカ初大阪ノ会見前内藤ノ持ツテ居ル寫眞ヲ見セラレタコトカアリマシタ

其寫眞ハ東久邇宮様ノ歓迎会カ何カノ寫眞デ宮様ヲ中心ニシ安田カ其側ニ軍服デ寫ツテ居リ内藤モ寫ツテ居リマシタ

二問 其處デ初大阪ノ会見トナツタ次第デス昭和八年三月二十五日頃日本橋ノ料理店初大阪デ被告ハ安田銕之助、中島、岩崎、佐塚、松澤ニ会見シ其時初メテ安田ニ面接シタノデスネ

答 左様デス

三問 安田ニ対スル初対面ノ印象ハ何ウデアツタカ

答 非常ニ立派ナ恰幅ナ人デ品モ良ク偉イ人ニ見受ケマシタ

四問 其時ノ会見ノ顛末ヲ申シ述ヘヨ

答 初大阪ノ座席ハ私カ豫メ取ツテ置キマシタ約束ノ時刻

ニ私ガ出向キマスト安田、中島、岩崎、松澤、佐塚ハ揃ツテ居リマシタ

中島ガ安田ヲ紹介シタノデ私ハ名刺ヲ上ケルト安田ハ私ハ安田デストコフタダケデ名刺ハ出シマセヌデシタ紹介ガ済ムト中島等四名ハ、岩村サンダケデ申請ナサイト云ツテ別室ニ下リ私ト安田ダケ部屋ニ残サレマシタ

私ハ安田ト云フ人ハ永ラク外國ニ居タト云フコトヲ内藤カラ聞イテ居タノデ外國ノ話ヲスレバ自然話ノ模様テ安田本人デアルカ何ウカ判ルト思ツタノデ安田ニ向ツテ永ラク外國ニ御出ニナツテ居タ相デスカト話シ掛ケマシタソレガキツカケニナツテ安田ハ外國ノ事情抔ヲ話シ外國ハ立派デ文明デアルガ日本ノ様ナ立派ナ皇室ヲ戴イタ國ハナイト云ヒ安田ノ話ハ轉ジテ國家ノ只今ノ状態ヲ悲憤シ政党財閥ヲ膺懲シナケレバナラナイト云ハレマシタ

安田ハ外國カラ帰ツテ来テ見ルト日本ノ今ノ状態ハ甚

タ面白クナイ今ノ戦闘ハ昔ノ戦闘ト大イニ違ツテ居ル
昔ハ假ニ徳川家カ大キク金ヲ儲ケテモ其金ハ外國ニ散
ラス國内タケノコトテ済ムカ今ハ日本カ不安ニナレハ
儲ケタ金ヲ外國ヘ持ツテ行クマカリ間違ヘハ外國ニ住
居シテ仕舞フカモ知レナイ怪シカランコトテアル又商
品ニシテモ戦闘カ寄リ集ツテ値段ヲ協定シテ人民ハ非
常ニ高價ニ買ハネハナラス之モ怪シカラン又昔ト違ツ
テ
天皇陛下
ヲ思フ念カ薄クナツテ来テ下ハ役人小學校ノ先生カラ
上ハ大臣貴衆両院議員迄自分ト云フ者シカ考ヘテ居ナ
イ甚タ寒心ニ耐ヘナイ吾々ハソレニ付テ相當ナ考ヘヲ
持タナケレハナラナイ抔ト云ヒ一時間余ニ亘ツテ説明
サレマシタ
安田ノ話シノ途切レタ時ニ私ハ実ハ株テ損ヲシテ失敗
シテ困ツテ居ル者テアルカ中島達ニ聞クト確実ニ株ノ

下ルコトヲ教ヘテ下サルト云フ話テアツタカ是非教ヘテ戴キ度イ金モ所入用トノコトテアルカ私共ノ出来ルコトナラ致シマスト云ヒマシタスルト安田ハ株ノ下ルト云フコトハ少スアル時期カ来レハ明カシマセウ金ハ五万円タケ要ルカラ貸シテ呉レ斯ウ云フ担保ヲ入レルト云ヒ奉天ノ土地ノ圖面ト本ミタイナモノヲ出シテ担保ノ説明ヲ致シマシタ私ハ担保ヲ取ルト云フ考ヘハナカツタノテ担保ハ必要アリマセヌ株ノ下ルコトヲ是非明カシテ戴キ度イ金ハ差シ上ケマスト云ヒマシタ
其處テ私ハ此ノ人カ安田本人ニ違ヒナイト考ヘ株ノ下ルコトモ教ヘテ呉レルト云フ安田ノ言質ヲ取リマシタノテ大体其日ノ会見ノ目的ヲ達シマシタカラ本日ハ一寸他ニ用カアルカラコレテ失礼サシテ戴キマスト挨拶シテ其席ヲ立ツテ中島等四人ニ挨拶シテ私ハ先ニ初大阪ヲ出マシタ

五問

被告ハ安田カ自動車テ帰宅スルノヲ後カラ尾行シテ安

田カ東久邇宮御殿ノ裏門カラ入ルノヲ見届ケタコトカ
アツタカ

答　左様ナコトカアリマシタ此初大阪ノ安田トノ会見ノ後私ハ料理ヲ頼ムテ一旦初大阪ヲ出テ他ノ用件ヲ済マシ三十分位待チ初大阪ニ行ツテ女中ニオ客ハ未タ居ルカト聞クト未タ居マスト云フコトテシタカラ念ヲ入レテ安田本人テアルカ確メテ置カウト考ヘ暫ク外ニ立ツテ待ツテ居リ安田カ自動車テ帰ルノヲ見テ円タクテ追駈ケマシタカ安田カ東久邇宮ノ御邸ノ裏門ノ前テ車ヲ止メテ入ルノヲ見テ安心致シマシタ

六問　初大阪テ安田ト会見シテ五万円ヲ同人ニ用立スルト云ツタノタネ

答　左様テス

七問　其金ノ受渡ハ何時何處テスルト云フ約束ハシナカツタカ

答　私ハ安田ニ金ハ何トカ工夫シマス四五日ノ程ニ又御届

八問　ニ掛リマセウト云ヒマシタカラ安田ノ方テハ何レ金ヲ
用意シテ持ッテ来ルタラウト思ッタラウト思ヒマス
安田ハ右ノ会見テ何ノ目的テ政党財閥ノ話ヤ
天皇陛下
ノコト抔被告ニ何ッテ説明的ニ話シタト思ッタカ

答　安田ハ私ニ対シ何カ改造運動テモ起スコトヲ仄メカス
為ニ左様ナ話ヲシタト思ヒマス

九問　被告ハ安田トノ会見ノ結果安田カ國家改造運動ヲヤッ
テ居ルト思ッタノカ

答　安田カ何カ起スノタラウト想像致シマシタ

一〇問　何カト云フノハ所謂五、一五事件ノ様ナ出来事ヲ起スト
思ッタノカ

答　當時私ノ想像ヲ申シ上ケマスト二通リアリマス
一ッハ甚以前ニ軍人等カ犬養首相等ヲ暗殺シタ所謂五、
一五事件ノ様ナコトヲヤルノカト想像シ
又一ッハ安田カ宮様ノ侍従武官テアリマスカラ宮様ノ

答

四、

カヲ借リテ軍人ノ上ノ方ヲ動カシテ其力テ軍隊ヲ動カシテ大シタ犠牲モナク安田リ計画シテ居ル目的ヲ達スルノテハナイカト想像致シマシタ

二問　被告ノ考テハ右ヲ想像ノ何ノ場合テアツテモ株式ノ下ルコトテサヘアレハ安田ニ金ヲ出シテヤラウト云フ気持タツタノカ

答　左様テス
内藤カ承諾シテ出シテ呉レト云フコトニナツタラヨイト思ヒマシタ

三問　五、一五事件テハ新東株ハ下ツタカ

答　十日間位ノ間十五円位ノ値下リ分カアリマシタカ其後回復シマシタ

三問　被告ハ安田トノ会見ノ模様ヲ内藤ニ報告シ安田ノ要求通リ金ヲ出シテ遣ルコトニシタノカ

答　内藤ニ事情ヲ全部報告シテ相談致シマシタ内藤ハソンナ事ナラ何カ起ルカモ知レナイ兎ニ角金ヲ遣ツテ突込

テ計画ノ内容ヲ聞イテ見テ呉レ今度会フ時ハ私ノ名前
ヲ出シタ方カ安田カ事情ヲ打明ケ易イカモ知レナイカ
ラソウシテ呉レト云フコトテシタ
其處テ佐塚ノ取計ヒテ日ヲ定メテ初大阪テ安田ニ再ヒ
会ヒマシタ

一四問　第一回ノ初大阪ノ会見後四、五日経ツテ同所テ被告ハ安
田中島、佐塚、松澤、岩崎ト会見シタノタネ

答　左様テス

一五問　被告ハ其時豫メ百円札テ現金一万円ト内藤彦一振出ノ
額面四萬円ノ武州銀行支店ノ小切手一通及同銀行ノ内
藤彦一名義ノ定期預金証書ヲ持ツテ行ツタカ

答　左様テス

一六問　其会見ノ顛末ヲ申シ述ヘヨ

答　私カ行キマシタ時ニハ安田以下五名皆揃ツテ居リマシ
タ
私ト安田カ話ヲ始メルト佐塚、松澤、岩崎等ハ別室ニ下リ

マシタ
中島タケハ同席シテ居タカモ知レマセヌ
私ハ安田ニ対シ実ハ先日私カ困ルト云ヒマシタカ右様
テハナク私ハ店員テ主人内藤彦一カ非常ニ困ツテ居リ
マス
先日オ話ノ金ノ方ハ一部揃ヘテ来マシタ此通リノモノ
ハ未タ金ニナラナイカラ金ニシテ差上ケマスト云ツテ
定期預金証書ト小切手ヲ安田ニ見セマシタソウシテ金
ノ支度ハ必ス致シマスカラ株ノ下ルコトヲ教ヘテ内藤
ヲ助ケテ貰ヒ度イト云ヒマシタ安田ハ必ラス株ノ下ル
時期ヲ明カシテ上ケマセウト云ヒマシタ
其處テ私ハ要件ノ内容ヲ聞イテ見様ト思ツテ失礼テス
ケレトモ大体何ウ云フコトテ株カ下ルノテ御座井マセ
ウト聞キマシタ
安田ハソウ云フコトハ貴方方ニ明カス譯ニハユキマセ
又貴方方ハ聞イテモ必要ノナイコトテセウ二日位前ニ

五

株ノ下ル時期ヲ必ラス明カシテアケマセウト云ヒマシタ私ハ是非一週間位前ニ明カシテ戴キ度イト云フト安田ハ其時ノ場合テソウユクカ何ウカ判ラナイト云ヒマシタ

尚安田ハ其時外國ニ居タカラ爲替ノコトモ判ルカ爲替カ上ルコトモ教ヘテヤラウト云ヒマシタ私ハ爲替ノ関係テ株カ百円モ下ルノテスカト反問シマスト安田ハイヤソレハカリテハナイ然シ他ノ原因ハ明カスコトハ出来ナイト云ヒマシタ

安田ノ話ハ轉シテ前田ト同様ナ憤慨談ヲ始メ不満テアルト云フ意味ヲ云ヒマシタ其處テ私ハ其席ヲ辞シテ別室テ中島ニ現金一萬円ト四萬円ノ小切手ヲ安田ニ渡シテ呉レト云ツテ渡シマシタ

七問　中島ニ此ノ金ヲ渡ス時佐塚松澤岩崎ハ同席シテ居タノカ

答　何ウモ中島タケ居タ處テ渡シタ様ニ思ヒマス

六、

一八問　被告ハ其後内藤彦一ヲ安田宅ニ案内シ両人ヲ合セタコトカアツタカ

答　アリマス、

二回目ノ初大阪ノ会見後間モナクノコトテシタ私カ内藤ニ安田カ十分事件ノ内容ヲ話シテ呉レナイ貴方カ会ツタラ話シテ呉レルカモ知レナイカラ会ツテ話シテ見テ下サイト云フトソウ仕様トノコトテシタ其處テ安田ノ都合ヲ中島ニ電話テ聞イテ打合セテ置キ約束ノ時刻ニ自動車テ多よ屋ニ立寄リ中島カ待ツテ居タノテ同人ト一緒ニ自動車ニ乗セテ三人テ安田ノ家ニ行キマシタ安田ノ家ノ入口テ内藤ハ金ハ未タ充分行ツテ居ナイカラ金ノコトニハ觸レナイ様ニシテ呉レト云フコトテシタカラ私カ先ニ安田ニ会ツテ金ノコトハ云ハナイ様ニ頼ミマシタ

ソコテ内藤ト安田ノ会見トナリ中島カ両名ヲ紹介シマシタ

色々安田ト内藤トノ間ニ話カアツテ約三、四十分テ私達ハ辞去致シマシタ帰ルトキ内藤ハ安田ニ岩村カ私ノ代理テ来ルカラ私同様ニ御願ヒシマスト云ヒマシタ

一九 問 安田ハ其時内藤ニ対シ宮様ニ骨ヲ折ツテ戴キ犠牲モツイ方法テ一晩ノ裡ニ國家ノ模様カ変ルトカ諸会社カ官營ニナリ取引所ハ廃止サレルトカ自分達ニ出シテ貰ツテ居ル金ハ國家的ノ献金タトカ貴方方カ死ネハ靖國神社ニ祀ルトカ云フタカ

答、左様ナコトヲ申シマシタ

二〇 問 内藤ハ其会見テ安心シタ模様タツタカ

答 内藤ハハツキリシタ話ハ聞ケナカツタカアレタケノコトヲ安田カ云ツカラ大丈夫タラウト云ヒ之レテ私モ生キラレルカモ知レナイト云ツテ私ニ御馳走シテ呉レタ程テシタ

二一 問 其後銀座裏島屋多よ室テ被告ハ中島、佐塚、岩崎、松澤ニ会見シ現金一萬五千円ヲ中島ニ渡シ前ノ四萬円ノ小切手

シ返シテ貰ッタカ、

答 左様テス
四人ノ前テ安田サンニ渡シテ呉レト云ッテ中島ニ金ヲ手渡シマシタ
ソレハ四月上旬頃テシタ

二二問 其後安田ニ直接安田ノ自宅テ被告ハ六月初頃現金五千円同月十二日金一萬円、同月十四、五日頃金一萬円ヲ渡シタカ

答 其通リ渡シマシタ

二三問 以上ハ安田トノ約束ノ五萬円テアルカ

答 左様テス

二四問 其外ニ安田ニ金ヲ渡シタコトカアルカ

答 アリマス
六月上旬ニ二千円、七月四、五日頃一萬円ヲ安田ニ渡シマシタ

二五問 此時モ安田ノ自宅テ金ヲ渡シタノカ、

答　左様デス

三六 問　安田ノ自宅ト云フノハ何處カ

答　東京市内芝ノ城山町十一番地デス

三七 問　以上安田ニ渡シタ六萬二千円ハ安田ノ計画シテ居ル大事件ノ資金ニ使ハレルコトヲ承知ノ上デ渡シタモノカ

答　二千円ヲ除イテ残リ六萬円ハ仰訊ネノ通リデス
勿論私ト内藤ハ其金ヲ安田ニ差上ゲテソレデ株ノ暴落スル時期ヲ打明ケテ貰ハウト云フ目的デシタカ安田カ其金ヲ自分一個ノ為ニ使フノデハナク安田カ計画シテ居ル大事件ノ資金ニ使ハレルモノト想像致シテ居リマシタ

被告人　岩村峻

右讀ケタル處無相違旨申立署名拇印シタリ

同日於同所作之

東京地方裁判所

裁判所書記　長谷川西次郎

豫審判事　清水鼎良

右謄本也

昭和　年　月　日

東京地方裁判所

裁判所書記

八

第四回訊問調書

被告人　岩村峻

右者ニ對スル殺人豫備被告事件ニ付昭和九年四月十四日市谷刑務所ニ於テ豫審判事清水鼎良ハ裁判所書記長谷川西次郎立會ノ上前回ニ引續キ右被告人ニ對シ訊問スルコト左ノ如シ

一問　被告ハ中島等ヲ通シ安田ニ金二萬五千円ヲ贈與シタ後單独テ安田ヲ訪問シタコトカアツタカ

答　四月ノ半頃カラ五月末頃迄ノ間ニ四回私ハ一人テ安田ノ家ヲ訪問シマシタ

最初訪問シタ時ハ内藤カモウ株ヲ賣ル時期カ來テ居ルカモ知レナイカラ一人テ安田ヲ訪ネテ聞イテ來テ呉レト云ヒ内藤自身テ松屋カラ十円位ノ果物ノ手土産ヲ用意シテ來タノテソレヲ持ツテ安田ノ家ヲオ伺ヒ致シマシタ

二問　其ノ間ノ安田訪問ノ目的ハ株ヲ賣ル時期ヲ聞キニ行ク

コトデアノ、
答　左様デス
ソレト安田ノ計画シテ居ル事件ノ内容ヲ探ル為テアリ
マシタ
私ハ訪問ノ都度安田ニ事件ノ内容ヲ聞キマシタカソレ
ハ云ヘナイト云ッテ明カシテ呉レマセヌテシタ
其ノ間ニ斯ウ云フ事カアリマシタ
五月半頃訪問シタ時私ハ中島カ斯ウ云ッテ居リマスト
云ッテ十萬人位ノ人ヲ寄セルコト、飛行機ヲ使フコト
杯ヲ話シマスト安田ハ非常ニ怒ッテ飛ンテモナイ話テ
絶対ニ左様ナコトハナイ、左様ナコトヲ云ヒ觸ラシテ
世間テ疑ハレテハ迷惑スルト云ヒ中島ヲ呼ヒツケテ注
意スルト申シテ居リマシタ
私ハ之ハ云ハナイ方カヨカッタ、安田ニ警戒サレテハ
困ルト其ノ時思ヒマシタ
其ノ時ハ安田ノ御機嫌カ悪カッタカラ私ハ蒼茫トシテ

辞去致シマシタ

三問

安田カ左様ナコトヲ云ツタコトニ依ツテ被告ハ左様ナコトハ絶対ニナイト考ヘタノテハナイノタネ

答

絶対ニナイト打消サレタ訳テモアリマセヌ私ハ内藤ニ其ノ話ヲシマスト内藤モ安田カ左様ナコトヲ世間ニ知ラレル事ヲ非常ニ恐レテ居ルラシイカラ誰ニモ左様ナ話ヲシテハイケナイ、或ヘソンナ計画テモシテ居ルカモ知レナイト云ヒマシタ

四問

安田ハ被告カラ中島ノ話ヲ訊ネラレテ急所ニ觸レラレタ様ナ態度テハナカツタノカ

答

ソレハ判リマセヌテシタカ安田ハ中島ニ左様ナコトヲ云ヒ觸ラレテ歩カレテハ困ルト云フ風ニ云フテ狽テテ居ル様子テシタ

左様ナ事カアツテカラ間モナク安田カラ電話カ掛ツテ来テ私カ安田ヲ訊ネテ行キマスト安田ハ二萬円一時貸シテ呉レト云ヒマシタノテ何ウナサルカト聞クト中島ハ甚

タケシカランカラ貴方ト金ノ関係ハナイト云フ事
ニシテ中島ノ前テ其ノ二萬円ヲ貴方ニ返シテ置キ度
イソウシテ内藤ト貴オトタケカラ金ヲ借リルコトニ
ネタイト云フ話テシタ
私ハ早速承知シテ銀行ニ持ツテ行ク間一時金ヲ間ニ合
セ様ト云ヒ内藤カラ二萬円ヲ受取ツテ安田ニ持ツテ行
キマシタ
尚私ハ一旦帰ツテ一時間許リシテ安田ヲ訪ネマスト中
島カ来テ居リマシタ
私ハ知ラヌ顔ヲシテ安田ニ何ト云フ御用テスト聞クト
実ハ君等カラ借リテ居タ金カアツタケレトモ都合カア
ツテ一先ツ返シ度イ、受取ツテ呉レト云ヒマシタ
私ハ株ノ下ルコトハ明カシテ呉レマセヌカト云フト安
田ハソレハ其ノ時期ニナツタラト云葉ヲニゴシテ私ノ
持ツテ行ツタ二萬円ヲ出シマシタ
其處テ私ハ一萬五千円テスカト云フト安田ハ自分ノ方

ニ来タノハ一萬七千円トカァ之テモ三千円位利息カツ
イテ居ルンダト云ヒマシタ
其處テ中島ハ非常ニ狽テテ安田ヲ奥ニ連レテ行ッテ安
田ニ何カ話シテ居マシタ
ソウシテ私ニ向ッテ岩村君事情ハ後テ話スト弁解カマ
シイ事ヲ云ヒマシタ
私ハ別段相手ニナラス安田カ出シタ二萬円ヲ持ッテ帰
リマシタ

五問

安田ハ中島カ被告カ渡シテ居タ金ヲ使ヒ込ンテ居ル事
実ヲ其ノ時迄知ッテ居ナイ様子テアッタカ

答

左様ラシク私ハ思ヒマシタ

六問

安田カ右ノ様ナ二萬円返済ノ作リ事ヲシテ中島ニ見セ
タノハ被告カ安田ニ中島カ飛行機ノコトヤ十萬人モノ
人ヲ寄セルト云ッテ居ルコトヲ告ケタノテ中島ヲ警戒
シテ同人ヲ除外スル為ニヤッタコトテアッタカ

答

私ハ左様ニ思ヒマシタ

三、

六 問　其ノ後安田ニ被告カラ道梅金ヲ渡シタ顛末ヲ申シ述ヘヨ

答　六月初頃安田カ用カアルト云フノテ訪ネテ行クト金カ要ルコトカアルカラ幾等テモイヽカラ工夫シテ呉レト云フコトテシタ

ソコテ内藤ニ相談スルト五千円タケ作ツテ呉レタノテソレヲ安田ニ渡シマシタ

安田ヘ自身テモ二千円要ルコトカアルカラ作ツテ呉レト云フコトテシタカラスグ又内藤ニ話シテ二千円ヲ用意シテ―日位間ヲ置イテ安田ニ千円届ケマシタ

ソレカラ数日後安田ハ又金ヲ要求シテ来タノテ内藤ニ話シマスト内藤ハコチラテ手形ヲ書イテ引受ケルカラ安田ニ金主ヲ世話シテ貰ツタラ何ウカト云ヒマシタ

ソコテ安田ニ其ノ通リ云ヒマスト安田ヘ心当リカアルカラ聞イテ見テアケマセウト云ヒマシタ

其ノ翌日頃安田カラ返事カアツテ東京ノ方ノ金主ハ関

イテ見タカ旅行中トノコトテアル、然シ見込ハアル、
其ノ間ニ大阪ノ野村徳七ニ頼ムテ見様、同人方ニハ宮
様ト一緒ニ泊ッタコトモアル懇意タカラト云フコトテ
シタ
安田ハ野村銀行ニ電話ヲ掛ケテ主人ノ居所ヲ聞イテ神
戸ノ三ノ宮ノ別荘ニ居ルコトヲ確メテ私ト内藤安田ニ
人ハ同行シテ三ノ宮迄行ッテ私ト内藤ハ其ノ附近テ待
ッテ居リ安田カ野村ヲ訪ネテ往キマシタ
間モナク安田ハ帰ッテ来テ野村ハ株券担保テナケレハ
金ハ貸セナイト云ッテ断ッタト云フコトテシタ
其ノ時慥カ安田ハ朝鮮ノ鉱山カ何カヲ担保トシテ野村ニ
金融ヲ申込ミシタト聞イテ居リマス
其處テ三ノ宮ニ行ッタ日ニ人テ又汽車ニ乗ッテ東京ニ
帰リマシタ
尤モ汽車中テ内藤ト安田ハコソコソ何カ話ヲシテ居タ
ノテ私ハ事件ノ内容ニテモ觸レテ呉レルノテハナイカ

私カ居ナイ方カ話シ易イカモ知レナイト考ヘマシタノ
テ京都ニ途中下車シテ一汽車遅レテ帰リマシタ
帰京後内藤ニ安田サンハ何カ話シマシタカト聞キマス
ト内藤ハ何ウモハッキリ云ハヌ然シ心配ナク行クヨ何
ンナ苦労ヲシテモ此ノ急場ヲ過シテ行カウト云ヒマシ
タ
其ノ後六月十日ニ安田ノ紹介テ内藤ノ名義テ堀川久カ
ラ金ニ萬五千円ヲ借入レ其ノ金ノ中カラ一萬円ヲ同月
十一日ニ安田ニ渡シマシタ
同月十七、八日頃又他カラ金ヲ作ツテ安田ニ金一萬円ヲ
渡シマシタ
之レテ安田トノ約束ノ五萬円ト外ニ二千円ヲ渡シタ次
第テス

入問　被告ト内藤ハ昭和八年六月頃カラ安田ノ指圖テ新東株
ヲ賣ツタリタネ

答　左様テス

九問

答

其ノ顛末ヲ申シ述ヘヨ

堀川カラ借リタ金カラ安田ニ渡シテ間モナイ頃テシタ丁度六月十五日頃私ハ安田ニ何ウテス株ヲ賣ツテハイケマセヌカト聞キマスト此ノ際餘リ力ヲ入レスニ賣ツテ見テ呉レト云フコトテシタ

其處テ早速短期取引員黒野福太郎商店及新谷弥市ヲ介シテ新東株約五十株ヲ短期賣付致シマシタ

両人共証據金ナシテ注文致シマシタ

株式ヲ賣ツタ翌日何事モ問題ガ起ラナイノテ安田ニ聞キニ行キマスト安田ハ兎ニ角一度買直シテ還イテ呉レト云フテ早速手仕舞致シマシタ

又同月二十日頃同様ニ安田ニ聞イテ新谷ト黒野ヲ介シテ新東株五十株ヲ短期テ賣リマシタ

其ノ時モ何事モ起ラナカツタノテ安田ニ聞クト買ヒ直シテ還イテ呉レト云フ話テシタカラ早速其ノ通リ致シマシタ

一〇問　第一回ノ新東株賣付ノコトヲ安田カラ聞イタ時被告ハ安田カ簡單ニ株ヲ賣ツテ見ロト云ツタノテ何ンナコトカ起ルカト訊ネタカ

答　訊ネマシタ

安田ハ君ハ何モ聞ク必要ハナイ何ンナコトカ起キルカ知ツテモ何ニモナラナイト云ヒマシタ

一一問　被告ハ安田ニ其ノ際震災ノ様ナコトテモ起キマスカト聞イタノカ

答　云フタカモ知レマセヌカハツキリ覚エテ居リマセヌ

一二問　二回株式ヲ賣付テ二回共何事モ起ラナカツタノテ被告ハ安田ニ一体何ウシタノカト聞クト安田ハ都合テ決行カ延ヒタタケテ必ス間違ヒナイ六月下旬ニハ決行スルノタト云ツタカ

答　左様テス

左様ナコトヲ云ツタコトカアリマシタ

一三問　被告ハ同年六月下旬頃安田ノ家テ天野辰夫ニ会ツタカ

答　会ヒマシタ

一四

問　天野トノ会見ノ顛末ヲ申シ述ヘヨ

答　私ハ二度共株ヲ賣ツテ何事モ起ラナカツタノテ其ノ時迠借金ヲ重ネテ内藤カ困リ切ツテ居ル時テスカラ内藤ノ窮状ヲ安田ニ訴ヘテ安田ノ計画ノコトヲ問ヒツメマスト安田ハ自分ノ次ニ居ル天野ト云フ人ヲ紹介スルカラヨク話ヲ聞ケト云ハレ天野弁護士ニ紹介サレマシタ天野ハ私ニ対シ安田サントハ親友テ同人ト一緒ニ國家ノ為ニ尽シテ居ル　安田サンノ話ハ絶対ニ間違ヒナイ高貴ナ御方モ御計画ニ入リ日本ノ改革ニ骨ヲ折ツテ居ルノタト申サレマシタ

其處テ私ハ自分カ主人ノ為メ事前ニ決行ノ時期ヲ聞キ株ヲ賣ツテ儲ケ主人ノ負債ヲ整理シタイタケテスト云フト天野ハ安田サンノ云フコトハ間違ヒナイカラ株ハ賣リ給ヘ　自分達ハ命懸ケテ君國ノ為ニ働クノテ投機ニ利用スルノハ厭ナ氣カスルケレトモ自分達ノ運動ノ

為メ内藤カラ献金ヲ受ケテ居ルノタカラ内緒テ決行ノ時期ハ明カス、然シ無理ニ株ヲ賣ラナクトモ自分等ノ計画カ成功シタ場合ニハ内藤ノ救済位出来ルト云フ意味ノコトヲ云ハレマシタ

私ハ出来ル丈ケ計画ノ内容ヲハツキリ聞キ度イト思ツテ天野ニ対シ何カ私テ出来ルコトテアルナラハ御用ニ立チタイト思ヒマスカラ私ニ御用ヲ云ヒツケテ下サイト云ヒマスト天野ハ話シヲ避ケテ君等カ入ル様ナコトテハナイ、左様ナコトハ云ツテモイカン、聞イテモイケナイ、株ヲ賣ツテ儲ケサヘスレハイイ、タラウト云ヒマシタ

一五問　被告ハ天野トノ会見ニヨツテ愈々安田達ノ計画ハ実行サレルト確信ヲ持チ天野トノ会見ノ模様ヲ内藤ニ話シタノカ

答　左様テス

内藤ニ報告シマスト内藤ハソンナコトハ判ツテ居ルト

云フ様ナ顔付デシタ

今カラ考ヘマスト内藤ハ直接安田達ニ会ツテ話ヲ聞イテ居タカモ知レナイト想像サレマス

一六
問　被告ハ天野ト会ツタ時天野ハ内藤ノ安田ニ対スル献金ヲ知ツテ居タノダネ

答　勿論、知ツテ居タト思ヒマス

一七
問　其ノ後内藤ト被告ハ七月一日頃安田カラ試テ一度賣ツテ見ロト云ハレ黒野福太郎、新谷弥市及沼間敏郎商店田幡鉄太郎等ヲ介シ各五千株宛合計二萬株ノ新東株ヲ短期デ賣付ケタカ

答　左様デス
安田ハ其ノ時ハ賣レルタケ賣ツテ呉レ、モウ実行ニ掛ルカラト云ヒマシタ

一八
問　其ノ時モ何モ起ラナカツタノダネ

答　左様デス
其處デ安田ヲ訪ネテ又駄目デスカト聞キマスト安田ハ

一九 問

答

二〇 問

答

モウ永イコトハナイ。今度ハ間違ヒナイカラ買返ヘサナイテ呉レト云ヒマシタ
私ハ注文ヲ維持シテ行ク証拠金カナイカラ維持ハ出来ナイト云ヒマスト安田ハソレテハ仕方カナイカラ手仕舞ツテ置ケト云ヒマシタ
此ノ時ハ全部手仕舞シタノカ
沼間ト新谷ノ才ヲ残シテ外ハ全部手仕舞致シマシタ
七月四五日頃安田ニ更ニ一萬円ヲ安田等ノ計画ノ資金トシテ渡シタコトハ間違ヒナイノカ
間違ヒアリマセヌ
此ノ時ハ安田カラ私ヲ通シテ要求カアツタノテハアリマセヌ
多分安田カラ内藤ニ電話カ何カテ直接話カアツタト思ヒマス
内藤ハ現金一萬円ヲ何處カカラ時借リシテ来テ之ヲ急イテ安田ニ届ケテ呉レト云ヒマシタノテ私ハソレヲ持

ッテ安田ノ家ニ行ッテ内藤カラテスト云ッテ安田ニ手渡致シマシタ

此ノ時ハ内藤ノ金ノ出シ振リカ非常ニヨカッタコトヲ覚エテ居リマス

問 二一

安田ハ何ト云ッテ受取ッタノカ

答

安田ハ話カ判ッテ居タ様子テ其ノ金ヲ受取ッテ猥テ、出掛ケテ行キマシタ

問 二二

其ノ後安田カ今度ハ間違ヒナイカラ株ヲ買ッテ見ロ必ス下ルト云ッタコトカアルカ

答

アリマシタ

七月ニ—萬円ヲ渡シタ後ノコトテ同月七、八日頃ノコトト思ヒマス

其ノ時私ハ三萬株ヲ賣レハ大百萬円ノモノヲ賣ルコトニナリ大変ナコトタカラ本当ニ事件カ起キルナラ起キル、駄目ナラ駄目ト云ッテ呉レト念ヲ押シマシタ

スルト安田ハ自分ニ自信カアルカラ必ス下ル、賣ッテ

見ロト云ヒマシタ

二三　問　其處デ被告ハ内藤ト相談シテ今度ハ間違ヒナイカラ賣レル丈ケ賣ッテ見様ト決心シ黒野ヲ通シ二萬株、田幡ヲ通シ五千株ヲ賣リッケ前ニ殘シテ沼間新谷ノ各五千株ヲ合セテ三萬五千株ノ新東株ヲ短期デ賣リ付ケタカ

答　左様デシタ

安田カラ聞イタ日カラ賣リ始メ二日位デ其ノ通リ賣リマシタ

二四　問　其株式ノ賣付ノ結果ハ儲ケタカ

答　少シ許リ儲ケタ位デシタ

二五　問　安田ノ云フタ大事件カ其ノ後起ッタカ

答　最後ニ株ヲ賣リ付ケテカラ一両日程経ッテ内藤カ朝私ニ電話ヲ掛ケテ新聞ニ神兵隊事件カ載ッテ居ルカ安田ノ云フタコトハアレタラウ、アンナコトデ株ハ下リハシナイト云ヒマシタ

其處デ内藤ハ晩ニ新富町ノ待合清富ニ來テ呉レト云ヒ

株ハスク買ヒ直セト云フコトテシタカラ株ハスク買セ直シテ晩ニ清福ニ行キマシタ
其ノ時内藤ハ自殺ノ覚悟ヲシ書置キヲ十數本書イテ決心ヲ私ニ語リマシタ
私ハ内藤ニ勇氣ヲツケテ挽回策ヲ講スルコトヲ勧メ一方駆ケツケテ来タ債権者ノ相手ヲシテ居リマスト安田カ突然訪ネテ来マシタ
私ハ安田ニ貴方ノ云ツタコトハアノ神兵隊事件テスカト云ヒマストマアソウタト肯定シマシタ
アンナマトテ株ハ下リハシナイ、大変損ヲシマシタト云フト気ノ毒サウナ顔ヲシテ奥ニ行ツテ内藤ト何カ話ヲシテ居リマシタ
直ク帰リマシタ

二六問　其ノ後被告ハ安田ニ会ツタカ

答　清福テ安田ト会ツタ翌日私ハ安田方ヲ訪問シマスト同人ハ旅行中トノコトテシタ

十日位後安田ハ木挽町ノ事務所ニ訪ネテ来マシタ
其ノ時安田ハ今度ハ失敗シタカ十一月頃ニ又アルカラ
知ラセルト云ッテ居リマシタ

被告人　岩村　峻

右読聞ケタル処無相違旨申立署名拇印シタリ

同日於同所作之
東京地方裁判所
裁判所書記　長谷川　酉次郎
豫審判事　清水　鼎良

右謄本也
昭和　年　月　日
東京地方裁判所
裁判所書記

第五回訊問調書

被告人　岩村峻

右殺人予備被告事件ニ付昭和九年十二月十九日東京地方裁判所ニ於テ予審判事清水鼎良ハ裁判所書記長谷川酉次郎立会ノ上前回ニ引続キ右被告人ニ対シ訊問スルコト左ノ如シ

一問　昭和八年三月二十五日頃被告ハ日本橋ノ料理店初大阪テ安田等ト初メテ面接シタト前ノ調ヘノ時ニ述ヘテ居ルカ初大阪ノ主人高橋志げノ取調ヘニヨルト初大阪ノ帳簿ニハ

昭和八年二月二十日七人連レ　昭和八年三月二十三日七人連レ　昭和八年四月廿九日五人連レ

都合三回被告ノ名前テ客ヲシタト云フテ居ルカ初メテ安田ト会見シタノハ右ノ内何ノ時テアッタカ

答　昭和八年二月二十日ノ七人連レノ客ト云フノハ内藤ノ板倉宮吉干係ノコトテ土屋沼田内藤利等ノ会合テアッタト思ヒマス

慥カ此時ニ沼田ヲ自動車デ帰リニ送ッタ様ナ記憶カア
リマス
昭和八年四月二十九日ノ五人連レノ客ト云フノハ安田
ノ干係ノ会合テハナイ様ニ思ヒマス
結局昭和八年三月二十三日ノ客カ安田達ト一緒ノ時デ
アッタト思ヒマスカ前ニモ述ヘマシタ通リ安田達ト初
大阪テ会合シタノハ何ウシテモ二回アルト云フ記憶デ
アリマスカ多分三月二十三日ノ前カ後カニ数日隔テヽ
会合カアッテ初大阪ノツケ落シニナッテ居ルノテハナ
イカト考ヘラレマス

二問
初大阪ノ会見ノ内容ハ之レ迄述ヘタ通リ違ヒナイノカ

答
違ヒアリマセン

三問
被告カ中島ヲ通シ或ハ直接安田ニ金ヲ提供シタノハ次
ノ通リカ
一 昭和八年三月二十三日前後 京橋区京橋一丁目九
番地料理店初大阪テ現金一万円

四問答

二　四月上旬頃カ或ハ三月末頃銀座ノ鳥料理店多大屋
デ一万五千円
三　六月初頃芝区城山町ノ安田宅デ安田ニ直接現金五
千円
四　同月上旬頃同所デ同人ニ現金二千円
五　六月十二日同所デ同人ニ現金一万円
六　六月十四、五日頃同人ニ同所デ現金一万円
七　七月四五日頃同人ニ同所デ現金一万円
合計六万二千円デアツタカ
其通リデス
被告ハ此三回訊問ニ十七問答デ以上安田ニ渡シタ六
万二千円安田ノ計画シテ居ル大事件ニ使ハレルコトヲ
承知ノ上デ渡シタモノカトノ問ニ対シ三千円ヲ除イテ
残リ六万円ハ御訊ネノ通リデス勿論私ト内藤ハ其金ヲ
安田ニ差上ゲテソレデ株ノ暴落スル時期ヲ打明ケテ貰
ハウト云フ目的デシタカ安田カ其金ヲ自分一個ノ為ニ
二

使フノテハナク安田カ計画シテ居ル大事件ノ資金ニ使
ハレルモノト想像致シテ居リマシタ」ト答ヘテ居ルカ此
通リ違ヒナイノカ

答　違ヒアリマセン
只私達ハ株デ儲ケ度イ一念カラ金ヲ提供シタノデアル
カ安田カ酒ヲ飲ニタリ地所ヲ買ツタリスル資金ニ使フ
トハ思ヒマセン
安田カ計画スル大事件ノ資金ニ使ハレルモノデハナイ
カト云フコトモ勿論想像シテ居リマシタ
一言申シ度イノハ安田カ其種ノ事件ニ使フト云フノヲ
確信シテ之レヲ援助スル氣持ハ持ツテ居リマセンテシ
タ

五問　尚被告ハ第三回訊問第九第十第十一問答ニ於テ次ノ通
リ述ヘテ居ルカ此事ハ何ウカ

此時予審判事ハ被告人ニ対スル第三回予審訊問調書中第九第十
第十一問答ヲ読聞ケタリ

答
其通リ違ヒアリマセン
想像ハ其他ニモ色々致シマシタ
安田カ宮様トノ干係カアリマスノデ此点ヲ最モ信用シ
タノデスカ宮様ノ御力デ軍体ヲ動カシ或ハ戒厳令ヲ
布ク様ナコトテ国家ノ革新ヲナサルノデハナイカト
云フ様ナコトモ想像シマシタ
内藤ノコトニ就イテ、スカ内藤ノ金ヲ出シ内藤ノ借財
ノ整理ヲツケルノデアリマスカラ私カ主トナツテ内藤
ヲ此事件ニ引張リ込ムト云フ干係ノモノデハナク内藤
カ決心シテソウ仕様ト云フコトニナレハ私ハ内藤ノ御
便ヒヲツトメ度イト云フ一念テアリマシタ
安田ノ計画カ当時ノ斎藤内閣ヲ倒シテ新タニ強力内閣
ヲ樹立シテ国家ニ牛ノヲ期スルノデアルト云フコトハ考
ヘトツッタナ

六
問

答
左様ナコトカアルノデハナイカト云フコトハ考ヘマシ
タ

七問　被告ハ株デ儲ケ度イ一念カラ金ヲ出シタノダト云フカ
然ニ安田ニ金ヲ出シタ場合ノ氣持ハ單ナル殺人因作ヤ
強盗因作ニ資金ヲ出シテ之レヲ利用仕樣ト云フ氣持ト
ハ違ツタモノカアツタノテハナイカ
答　イクラ私カ腐ツテモ左樣ナ場合ニハ干係致シマセン
此時予審判事ハ被告人ニ対シ本件犯罪ノ嫌疑ヲ受ケタル原
因ヲ告知シタル上
八問　何カ陳述スルコトカアルカ
答　私ハ謝罪ヲシタイト思ヒマス
私ハ段々ノ御調ヘニヨツテ安田カヤツテ居ラレタコト
カ非常ニ国家ニトツテ重大ナコトデアルコトヲ感
ジマシタ
之レヲ株ニ利用シヨウトシタコトハアノ当時内藤ノ窮
状カ最モ行詰ツテ何トモ打開ノ方法カナカツタ時期
デアツタカラ藁ヲモツカム氣持テ餘リ深クモ考ヘスニ
ヤツタコトテ申訳アリマセン

被告人　岩村　峻

右読聞ケタル処無相違旨申立署名拇印シタリ

同日於同庁作之

東京地方裁判所

裁判所書記　長谷川　酉次郎

予審判事　清水　鼎良

右謄本也

昭和　年　月　日

東京地方裁判所

裁判所書記

第六回訊問調書

被告人　岩村　峻

右ニ対スル殺人予備被告事件ニ付昭和十年四月十二日東京地方裁判所ニ於テ予審判事清水鼎良ハ裁判所書記大澤正郎立会ノ上前回ニ引続キ右被告人ニ対シ訊問スルコト左ノ如シ

一問　昭和八年二月カラ七月迄ノ間ニ被告カ内藤彦一カラ出タ金合計七万円ヲ安田鉄之助ニ交付シタ当時安田等カ計画シテ居タ事件ノ斎藤内閣ヲ倒シタ後何ンナ政治組織ヲ建テ様ト計画シテ居タカヲ承知シテ居ルノカ

答　全然知リマセヌ　私ハ安田ニ株ノ下カル様ナ事件ヲ聞キニ行ツタ丈ケデ安田ノ計画ノ内容ハ全然聞キモシマセヌシ又言ツテクレモ致シマセヌデシタ

二問　被告ハ日本ノ政治ヤ社会ノ状態ニ何カ不満カアリ其ノ改造ヲ希望シテ居タ様ナ事情ハナカツタカ

答　何モアリマセヌ

私ハ内藤ノ月給ヲ貰ツテ居ル店員ニ過キナイノテ左様ナ事ヲ考ヘル頭モアリマセヌ　素ヨリ一介ノ商人ニ過キマセヌ

三　問　被告ハ安田等ノ計画カ実行サレタ場合戒厳令カ敷カレルト言フ事ヲ知ラナカツタカ

答　全然知リマセヌ

四　問　取引所ヤ其他ノ會社カ国営ニナルト言フ事ヲ聞イタ事ハナイカ

答　判然シタ事ハ聞イテ居リマセヌカ安田ニ株カ何ウシテ下カルノカト聞イタ時安田ハ自分等ノ計画ハ大シタ無理ハシナイカ会社等ヲ官業ニシ度イ意嚮ヲ持ツテ居ル従テソウナレハ取引所ノ取引カ減スルカラ株ハ暴落スルト思フト言フ様ナ趣旨ヲ聞イタ事カアリマス

此時豫審判事ハ被告人ニ対シ本件犯罪ノ嫌疑ヲ受ケタル事由ヲ告知シタル上

五　問　最後ニ何カ陳述スル事ハナイカ

答

私ハ所謂神兵隊事件ニ付テハ寛大ナ處置ヲ御キ度イノテアリマス　出来ル事ナラ免訴ニシテ頂キ度イト希望シマス　其理由トシテ申上ケタイ事カアリマス　元来コノ事件ニ付テハ私ハ黒田検事ト警視廳ノ岩重警部ニ自首シタノテアリマス　丁度昭和八年九月中所謂松屋ノ株券等ノ事件テ自首シテ警視廳ノ地下室テ岩重警部ノ取調ヲ受ケテ居ル時ニ私ハ同警部ニ国家ノ問題テ重大ナ事カアリマスカラ黒田検事ト御同席ノ上テ聞イテ頂キ度イト御願ヒシ黒田検事ノ御出張ヲ願ッテ御話シ致シマシタ　當時話シマシタ御話ノ筋ハ昭和八年七月十一日安田カ内藤ト私ノ所ニ訪ネテ来テ今度ノ事件ハ失敗ニ終ッタカ来ル十一月ニハ満洲ノ人カ中心ニナッテ事件ヲ遂行スル事ニナッテ居ルカラ其時ニハ決行時機ヲ教フルト云フ話カアリマシタ　ソレテ其話ヲ黒田検事ト岩重警部ニ申上ケテ左様ナ計画ニ対スル警戒ヲ為サル様ニ進言致シマシタ　其上安田等ノ既ニ計画シ

タ所謂神兵隊事件ノ事ニ付テ遂ニ私ノ知ツテ居ル事ヲ申上ゲテ當時官憲テ知ツテ居ナイ事實ヲ明カニ致シ取調ノ材料ニシテ頂イタ次第デス、

所カ黒田検事カ私ニ向ツテ自首ノ形式ヲ取ルト御前ハ殺サレテ終フカラ其形式ヲ取ラナイデ置ケ然シ此處ニ岩重警部モ聞イテ居ルシ検事正ニ丈ケハ御話シテ置クカラ何レ此ノ事件ノ犯罪ノ極ル時ハ考慮シテヤルト言ハレマシタノデ私ハ事生命ニ係ル事デアリマスカラヨロシク御願ヒマスト申上ゲテ置キマシタ

私ハ此ノ事件ニハ内藤ノ御使ヒトシテ金ヲ安田ニ届ケル仕事ニ手傳ヒマシタノデ安田ホノ所謂神兵隊事件ノ計畫ノ内容ハ何モ存シマセヌ内藤ノ金デアツテ私ニハ利害関係モアリマセヌシ當時内藤ハ自殺ヲ決心シテ居タノデスカラ私ハ差止メル氣持ニモナラヌ御使ヒヲシタノデアリマス 安田ホカ殺人放火計畫カアルノカ或ハモツト恐シイ計畫ヲシテ居ルカ危険ナ事ニ付テハ考ヘ

又ハナカツタノデスカラ左様ノ事情ニ御同情願ヒマス

被告人　岩村峻

右読聞ケタル處無相違旨申立署名拇印シタリ

同日於同廳作之

東京地方裁判所

裁判所書記　大澤正郎

豫審判事　清水鼎良

三、

右謄本也

昭和　年　月　日

東京地方裁判所

裁判所書記

訊問調書

被告人　中島勝治郎

右殺人豫備並爆發物取締罰則違反被告事件ニ付昭和九年四月二十五日豊多摩刑務所ニ於テ豫審判事清水鼎良ハ裁判所書記長谷川酉次郎立会ノ上右被告人ニ対シ訊問スルコト左ノ如シ

一問　氏名、年齢、職業、住居、本籍及出生地ハ如何

答　氏名ハ　中島勝治郎
年齢ハ　五十七年
職業ハ　漁業
住居ハ　東京市麻布区櫻田町二番地
本籍ハ　兵庫縣武庫郡住吉村字宮西三二六番地
出生地ハ　同所

二問　被告人ニ対シ検事ヨリ次ニ読聞ケル事実ニ付殺人豫備反爆發物取締罰則違反罪トシテ豫審請求カアツタカ之ニ付何カ申シ述ヘルコトカアルカ

此時豫審判事ハ被告人外三名ニ対スル昭和八年十月二十一日付豫審請求書記載ノ公訴事実及同年十二月二十一日付被告人外五十五名ニ対スル豫審請求書記載ノ公訴事実中第二ノ事実ヲ読聞ケタリ

答

私ハ安田トハ宮称ノ御邸テ清浦豊秋ノ紹介テ東久邇宮称ニ満蒙問題ヲ御進講申上ケタ際知合ニナツテ安田ト心安ク致シ同人ヲ信シテ居リマシタ爾来交遊カアツテ同人カラ政治的ノ意見ヲ聴イテ居リマシタ

同人ハ國家ノ非常時テアルカラ現内閣テハイケナイ現内閣ハ倒サナケレハナラナイト云フ意見ヲ述ヘテ居リマシタ

私ハ安田ノ其意見ニハ賛成致シマシタソコテ後ハ誰カ内閣ヲ組織シタラ宜カラウカトノ話ニナリ宇垣荒木等ト云フ話モ出マシタ、私ハ平沼カヨイト云フ意見ヲ出シ安田ハ初メ賛成シマセヌテシタカ人ヲ介シ或ハ直接安田カ平沼ニ会ツタ結果平沼テ宜敷イト云フ意見ニ変リ

〇

マシタ其時代ニハ内閣ヲ更迭サセルコトヲ計画シテ居タノデス

其裡安田ハ宮称ヲ立テルト云フ意見ヲ述ヘタノテ私ハ極力之ニ反対シ私ハ内閣ヲ変ヘルニハ場合ニヨッテハ手荒イコトヲシナケレハナラヌカモ知レヌ其場合宮称ヲ御立テスルトセハ宮称カ人民ノ怨嗟ノ的トナリ皇室ニ累ヲ及スコトカアルカラ之ヲ避ケネハナラヌト述ヘ安田モ賛成シマシタ

其後昭和八年二月頃安田ハ國家改造ニ金カ要ルカラ私ニ其世話ヲシテ呉レト云フコトテシタ私ハ安田ヲ信シテ居タカラ何ウ云フ具体的手段ヲ執ルノカト云フコトハ追究シマセヌテシタ

安田ハ話ノ序ニ総理大臣官邸ニ爆弾ヲ投下スル話カアルトカ軍隊ヲ一箇中隊カ二箇中隊位閣議開催中ノ総理大臣官邸附近ニ演習ノ名義テ繰リ出シテ閣議ノ席ニ軍人カ乗リ込ンテ辞職勧告ヲスルト云フ話カアリマシ

タ

私ハ安田ノ頼ミヲ聞イテ金ヲ作ツテヤルコトニナリ其後松澤ヲ介シテ佐塚岩崎等ト数回会ヒ松澤ト私カコチラ側ニナリ佐塚岩崎カ金ヲ出ス方ノ側ニナツテ接觸シタ結果岩村ト私岩村安田ノ会見トナリ御訊ネノ様ナ金ヲ出サセタ事実ハ違ヒアリマセヌ

其間爆弾カ落チルトカ五・一五事件血盟團ノ様ナ事件カ起ルトカト云フコトハ断片的ニ聞イテハ居リマスカ私ハ民間ノ人カ動クト云フコトハ全ク知ラス軍隊カ動クノタト思ツテ居リマシタ

三　問　被告ハ之迄刑罰ヲ受ケタコトハナイカ

答　アリマセヌ

四　問　被告ノ家族関係ヲ述ヘヨ

答　子供ハ五人居リマシタカ長男ハ死亡致シマシタ現在ハ長女ハ軍人ニ嫁キ次女ハ出戻リ致シ現在ノ家族ハ其外ニ妻ト次男三男トカ居リマス

父ハ未タ健在テ戸主ニナツテ居リ郷里ニ本家カアリマ
マ

五

問　被告ノ経歴ヲ申シ述ヘヨ

答　私ハ日露戦争以前カラ寺内正毅ノ知遇ヲ受ケ特務機関ノ様ナ任務ヲ帯ヒテ支那テ活動シタコトカアリソレテ明治三十四年頃上長官待遇即チ佐官相当ノ待遇ヲ受ケマシタソシテ中島少佐ト呼ハレタコトモアリマス

私ハ教導団出身テ日露戦争ニ従軍シ従軍徽章並ニ勲七等青色桐葉章ヲ賜リマシタ

軍隊テハ輜重兵特務曹長迄進ミマシタ

私ノ母方ノ実家カ代々吉田長次郎ヲ名乗リ剣道ノ宗家テ神心無想流ヲ傳ヘテ居リ私ハ八歳ノ頃カラ剣道ニ志シ二十一歳ノ頃其流ノ免許皆傳ヲ取リ事実上吉田ノ十八代目ヲ受継イテ居リマス

私ハ本籍地ノ小学校ヲ卒ヘテ関西学院中等部ニ入リ二学年終了後北京ニ渡リマシタ当時支那駐剳日本公使大

三

鳥圭介ノ世話テ日本ノ士官学校ニ相当スル北京武備学
堂ニ入リ日清戦争カ始ツタ為ニ途中テ帰國シ再ヒ関西
学院ニ入ツテ中等部ヲ卆業致シマシタ
再ヒ北京ニ渡リ武備学堂ノ後身北京警務学堂ニ入リ此
処ヲ卆業致シマシタ
明治二十九年二十九歳テ帰國シ同年陸軍教導團ニ入リ
卆業後ニ等軍曹テ姫路旅團ニ入営シテ現役ヲ終リ明治
三十四年ニ支那ニ渡ツテ特務機関ノ任務ニ服シマシタ
其当時任務ノ関係テ支那人ヲ装ヒ李九峯ト称シ主トシ
テ黒龍江一帯ノ兵備輸送関係抔ノ調査ヲ致シ後ニ北海
シベリアヲ旅行シテ明治三十六年一月帰國致シマシタ
更ニ満洲ニ渡ツテ明治三十七、八年戦役ニ従軍シ戦後南
支方面ヲ漫遊シテ明治四十二年頃迄滞在致シマシタ
其間ニ木彫ヲ覚エマシタ
明治四十二年帰國後神戸テ神戸燐寸製造会社ヲ創立シ
明治四十三年春支那第一革命カ勃發シタノテ黄興ヲ援

助シテ其目的ヲ達セサセマシタ
明治四十四年支那革命ガ静マツタノテ再ヒ神戸テ燐寸製造業ニ従事シ私ノ会社ガ鈴木商店杯ノ燐寸製造会社ニ合併サレ、東洋燐寸製造会社トナツテ其後モ其事業ニ関係シテ居リマシタ
此事業テ大正六七年頃迄ニ百萬円程ノ資産ヲ作リマシタノテ燐寸業界ヲ退キマシタ
其後大正九年カラ十年ニ掛ケテ私ノ実弟太田信三ノ経営スル備前鉄道株式会社ノ社長ニナリマシタガ大正八九年ノ財界大パニツクノ影響ヲ受ケテ此会社ガ失敗シ私ガ私財ヲ全部提供シテ会社ノ整理ヲ為シ無資産トナリマシタ
当時幸ヒ私ノ長男ガ神戸高等商業学校ヲ卒業シタ後独逸ニ留学シテ魚油製造杯ノ研究ヲシテ来タノテ北海道露領シベリア沿岸杯ニ漁区ヲ買入レテ漁業ヲ始メ生計ヲ立テルコトガ出来マシタ

四

昭和二年ニ長男カ死亡シタ後私カ其業ヲ継イテ今日ニ至ツテ居リマス

被告人　中島勝治郎

右読聞ケタル処無相違旨申立署名拇印シタリ

同日於同所作之

東京地方裁判所

裁判所書記　長谷川酉次郎

豫審判事　清水鼎良

右謄本也

昭和　年　月　日

東京地方裁判所

裁判所書記

第二回訊問調書

被告人　中島勝治郎

右殺人予備並爆発物取締罰則違反被告事件ニ付昭和九年五月二十五日豊多摩刑務所ニ於テ予審判事清水鼎良ハ裁判所書記長谷川酉次郎立会ノ上前回ニ引続キ右被告人ニ対シ訊問スルコト左ノ如シ

一問　被告ハ所謂神兵隊事件ノ関係者トシテ昭和八年九月二十八日警視庁ニ自首シタト検事ニ述ヘテ居ルカ何ウ云フコトヲシタノカ

答　私ハ同年九月二十五日大阪ニ行キマシタ大阪テ用事ヲ済マシ親ヲ訪ネテ神戸ニ一泊シ同月二十六日朝神戸ヲ出発帰京致シマシタ帰途沼津駅テ夕刊ヲ買ツテ見ルト安田中佐ハ記事カ載ツテ居リマシタ横浜駅迄参リマスト三男ノ五男カ迎ヘニ来テ居リ用カアルカラ下リロト云フコトテ下車致シマシタ

一、

五男ハ神兵隊事件ノ事カ八釜數クナツテ居ルカラ自首
シタラ何ウカトノコトテシタ
五男ト話シテ居ルト横浜駅ニ島西良輔、大家カ來マシタ
色々話ノ末荏原ノ大家ノ家ニ行ツテ二泊致シマシタ
此間ニ私カ白石元次郎ノ財産整理ノ為メ預ツテ居タ金
ノ残ノ二万何千円カノ現金ヲ島西ニ渡シテ整理ノ引継
ヲ致シマシタ
同月二十七日頃ノ新聞ノ夕刊ニ私カ神兵隊事件テ嫌疑
ヲ受ケテ逃ケテ居ルト云フ記事カ掲載サレ又五男ノ知
ラセニヨルト警視庁ノ刑事カ私ノ自宅ニ來テ居ルト云
フ事テシタカ私ハ二十八日朝警視庁ノ刑事ト連レ立ツ
テ警視庁ニ出頭致シマシタ
私ハ所謂神兵隊事件テハ中途テ安田ト手ヲ切ツテアリ
マシタカラ関係ナイモノトハ思ヒマシタカ安田トハ金
ノ受授ノ関係カアツタノテ逃ケタト云ハレルト困ルト
思ツテ警視庁ニ自ラ進ンテ出頭致シタ仕第テス

二 問 被告ハ清浦豊秋ヲ知ッテ居ルノカ
答 知ッテ居リマス
私ノ親友デ大阪ノ実業家平林甚輔ノ紹介デ三年程前カラ知リ懇意ニシテ居リマス同人ハ清浦奎吾伯爵ノ次男デ昭和七年暮頃東邦商行株式会社ヲ組織シテ其社長ニナッテ居リマス

三 問 被告ハ安田銕之助ヲ知ッテ居ルカ
答 知ッテ居リマス
昭和七年三月頃清浦豊秋ノ推薦デ東久邇宮邸ニ伺候シテ宮様ニ満洲問題等ニ就イテノ私ノ体験ヲ御進講申上ゲタコトカアリマス
其際安田ハ豫備役ノ軍人デアリマシタカ宮様ニ付イテ居リマシタノデ初メテ其時安田ト会ッテ同人ヲ知リマシタ其後二、三回会ヒマシタカ同年九月頃私カ西園寺公ノ御供ヲシテ御殿場カラ京都ニ行ク汽車中デ安田ニ会ヒマシタ其時ハ安田ハ満洲ニ行ク途中デ色々意見ノ交

換ヲ致シマシタ
同年暮頃安田カ満洲カラ帰ツタ後同人トハ度々会ツテ
政治上ノ意見杯ヲ交換シ親密ニナリマシタ

四問　被告ハ松澤勝治ヲ知ツテ居ルノカ

答　知ツテ居リマス
同人ハ清浦豊秋ノ経営シテ居ル東邦商行会社ノ重役テ
アツテ私カ其会社ニ行ツテ清浦ト会ツテ居タ裡ニ松澤
トモ交際スル様ニナリマシタ

五問　被告ハ昭和七年暮頃カラ四竹東邦商行会社ニ出入シテ
居タノカ

答　左様テス
旧石定次郎ノ借財整理ヲ引受ケテ同會社ノ事務所ヲ借
リテ債権者達ニ應待シテ居タノテ四竹同会社ニ出入シ
テ居リマシタ

弐字
六問　安田銕之助モ其頃カラ同会社ニ（被告ト共ニ）出入シテ清浦豊秋、松澤
勝治等ト交際シテ居タノカ

答　左様デス

七

問　被告ハ西園寺公爵ト特別ノ関係カアルノカ

答　西園寺公ノ秘書ヲシテ居ル中川小十郎トハズット前カラ知ッテ居リ懇意デシタカラ同人ノ頼ミデ西園寺公爵家ニ出入シテ西園寺公ノ旅行ノ時杯ハ何時モ護衛ニツイテ居リマシタ

八

問　被告ハ軍部ノ事情ニ精通シテ居タノカ

答　左様デス

私自身長イ間軍隊ニ籍ヲ置イテアリ又浜口首相カ暗殺サレタ頃カラ西園寺公ノ身辺ニモ色々危険カアッテ中川小十郎カ心配シテ居タノデ私ハ其頃カラ軍部ノ情勢ヲ調ヘテ居リマシタ

九

問　被告ハ所謂錦旗革命、十月事件、血盟団事件、五・一五事件杯ニ付テ調査シ其事情ニ精通シテ居ルノカ

答　左様デス

色々調査シタ結果私ハ右翼ノ動静ヲ知リ其系統杯モ調

三、

ヘテ表ヲ作ツテ中川小十郎ヤ其ノ他ノ知人ニ分配シタ
コトカアリマス

一〇
問　安田鉄之助モ軍部ノ事情ニ精通シテ居リ軍部ヲ主トスル日本改造運動ノ同志トノ連絡カアツタノカ

答　私ノ調査ノ結果左様ナ事実カアルコトヲ知ツテ居リマシタ

一一
問　所謂五・一五事件即チ犬養首相暗殺事件以後軍部ノ若イ将校ノ間ニ此事件ト同様ノ事件ヲ仕様ト云フ計画カ充満シテ居ルコトヲ被告ハ察知シテ居タノカ

答　左様テシタ

一二
問　昭和八年ニナツテカラハ軍部ノ左様ナ機運カ増々濃厚ニナツテ今ニモ勃発仕相ナ形勢ニナツテ居タノカ

答　左様テシタ

一三
問　昭和八年三月末頃被告ハ安田カラ三万円カ五万円ノ金カ要ルカ心当リハナイカト云ハレタコトカアツタカ

答　左様ナコトカアリマシタ

時期ハ同年二月末頃ノコトテシタ

初メハ一二万円位ト云フコトテシタカ後ニ三万円カ五万円ノ金ヲ世話シテ呉レト頼マレマシタ

一四 問 安田ハ金ノ用途ニ就イテハ何モ云ハナカツタノカ

答 私カ何ニ使フノカト聞キマスト國家改造ニ使フノタト云ヒマシタ

一五 問 被告ハ安田ノ頼ミヲ聞イテ金ノ世話ヲシテヤル考ニナツテ左様返事ヲシテ置イタノタネ

答 左様テス

一六 問 被告ハ其ノ金ノ調達ニ付テ東邦商行会社ノ松澤勝治ニ相談仕様ト考ヘタカ

答 左様テス 三万円テアツタラ私自身テ纒メルコトカ出来ルト考ヘマシタカ三万五万ト云フ大金トナリマスト容易テアリマセンカラ松澤ニ相談シテ見様ト考ヘマシタ

一七 問 何故ニ松澤ニ相談仕様ト考ヘツイタカ

答 松澤ハ前ニ高田商会等ニ居タ人テ金融方面ニ縁故カアル人テスカラ別ニ深イ根據カアツタノテハナクテ只思ヒキツテ相談シテ見様ト云フ気ニナツタノテス

四、

一八問　被告ハ松澤ニ右ノ金ノ調達ノ話ヲシテ見タカ
答　同年三月初頃東邦商行会社テ話シマシタ
一九問　松澤トハ何ンナ話ヲシタノカ
答　私ハ松澤ト色々世間話ヲシタ後テ安田鉄之助カ急ニ三
万円カ五万円金カ要ルト云フカ調達ノ方法カナイカト
云ヒマスト松澤ハ何ニ使フカト聞キマシタ私ハ國家改
造資金ニテモ使フノタラウト云ヒマスト松澤ハ考ヘテ
見様ト云フコトテシタ
二〇問　被告ハ佐塚袈裟次郎・岩崎綏耀
トハ何時知合ニナツタカ
答　松澤ニ右ノ依頼シタ後松澤カラ御訊ネノ両名ヲ八重
洲ビルノ地下室食堂テ紹介サレテ初メテ知リマシタ
二一問　其前カラ同人等ト知合テ松澤ヲ加ヘテ四人テ松屋ノ手
形割引ノ相談ヲシテ居タノテハナイカ

答　其以前カラ松澤ハ私ニ松屋ノ手形割引ノ話ヲ持込ンテ
アリマシタカ岩崎、佐塚ヲ知ツノハ松澤ニ安田ノ金策ヲ
頼ンタ後テス
私ハ松澤ニ対シ松屋ノ手形割引ハ迚モ出来ナイト前カ
ラ申シテ置キマシタ

三問　岩崎、佐塚等トハ何ノ用件テ会ヒ何ンナ会談ヲ交シタノ
カ

答　同人等ト会フ前ニ松澤ハ安田サンノ金ノ方ハ一寸話シ
シテ見タラ出来ルカモ判ラント云ヒマシタノテ何ウ云
フ人カ出スノカト聞クト宅ニ角会ツテ見テ呉レトノコ
トテ佐塚岩崎ヲ紹介サレテ会見シタノテス
其際佐塚ハ松澤サンカラ聞クト金カ叩入用トノコトテ
アルカ何ノ金テスカト云フコトテシタ私ハ安田ノ名前
ヲ出サスニ只國家改造ノ為ニ要ル金タト申シマシタ。ス
ルト佐塚ハ國家ノ為ノ金ナラ金ノ出ルトコロカアルカ
ラ相談シテ見ルト云フコトテシタ

其話カ一段落ツイタ後デ佐塚ハ松屋ノ手形ノ割引ハ中
願ヒ出来マセンカト云ヒマシタ私ハソレハ松澤サンニ
モ話シテアリマスカ迚モ駄目ダト申シマシタ
私ハ安田ノ方ノ金ノ調達ノ話ニ付テハ其日ハ金ヲ出ス
人ヲ松澤カ紹介スルモノダト考ヘテ居リマシタトコロ
カ仲介者ノ岩崎佐塚デシタカラ余リ詳シイ話ニ入ラナ
イデ御互ニ考ヘテ見様ト云フコトデ別レマシタ
其会見カ終ツテカラ私ハ松澤ニアレハ何ンナ人カト聞
キマスト松澤ハ佐塚ノコトヲ菱田勇ノ支配ヲシテ居
ル堅イ人ダト云フコトデシタ
私ハ菱田勇ト云フ人ハ軍部ニ関係カアリ兎角ノ批評
ノアル人ダカラ岩崎カ菱田勇カ金ヲ出ス人デアツタ
ラコレハ困ルナト考ヘマシタ

三問　其後数回松澤岩崎佐塚等ト会見シテ安田ノ方ノ金ノ調
達ノ話ヲ進メタノダネ

答　左様デス　七回三人ト会見シマシタ会見ノ場所ハ八

室洲ビルノ地下室、赤坂ノ某待合、銀座ノ鳥屋多より於テシタ其間私ハ同人等ニ対シ誰カ金ヲ出シテ呉レルノカト度々聞キマシタカ同人等ハ大震災後儲ケタ床屋ダト云ヒ名前ヲ明カシマセンデシタ最後ニ多よりノ会合ノ時ニ旅家ハ松屋ノ重役内藤彦一ノ秘書役岩村 俊カ金ヲ出スノダト打明ケテ多よりニ岩村ヲ呼ンデ私ト会見スルコトニナツタ次第デス

三四問　同年四月中旬頃カ三月中頃被告ハ松澤、旅家、岩崎ノ斡旋ニヨツテ銀座交詢社ビルディング附近ノ鰻料理多よりテ岩村 俊ト初メテ会見シタノダネ

答　左様デス

三五問　被告ハ岩村ト安田ヲ紹介スル前ニ岩村ト多よりテ何回会見シタカ

答　✓二回ト記憶シマス
最初ハ少シ寒イ頃デシタカラ三月末デアツタト記憶シマス、続イテ其後三、四日経ツテ二回目ノ会見ヲ致シマシ

タ

二六問 被告ハ松澤、佐塚、岩崎等トノ右ノ交渉ノ経過ヲ岩村ニ被告カ会フ以前ニ於テ安田ニ報告シタカ

答 報告致シマシタ

佐塚等カ金ヲ出ス人ハ米屋テ其人ト会ハセルト云ツタ時ニ即チ三月半頃安田ニ会ツテ金ヲ出ス人ハ米屋テ向違ヒノ人タト云フコトヲ云ヒ会見シテ話シヲ進メテヨイウト意見ヲ聞イタトコロカ安田ハソレモ宜カラウ然シ知ラヌ人カラ金ヲ出サセルコトハ一寸困ツタナ君カ金ヲ借リテ自分ニ貸ス形式ニシテ呉レト申シ私モ承知シマシタ

二七問 其時被告ト安田ノ間ニハ金額ハ五万円出サセルト云フコトニ決メタノカ

答 未タハツキリ其通リ定メハ致シマセン

私カラ安田ニ五万円位ハ先ツ出ルタラウト報告シテ置キマシタ

二六問　被告ガ安田カラ五万円カ十万円ノ資金ヲ調達シテ呉レナイカト頼マレタ時安田ハ國家改造計画ノ資金タト打明ケタノダネ

答　一　其通リデス
尚其時安田ハ軍部ト民間トカ結託シテ血盟團ヤ五、一五事件以上ノ大計画ヲ建テ飛行機ガ出動シテ警視庁首相官邸ヲ爆撃シ閣議中ノ各大臣以下ヲ殪シ民間ノ決死隊ガ三百名位モ出テ帝都ヲ騒乱ニ陥シ入レテ戒厳令ガ布カレ完全ナクーデーターガ布カレルト云フ大計画テ其資金タト云フタカ

二七問

答　其時期ニ於テハ安田カラ左様ナ具体的ナ話ヲ聞キマセヌ安田ハ演習ト名目テ軍隊ヲ出動サセ閣議開催中ノ首相官邸ニ乗込ンテ無理ニ辞表ヲ提出サセル方法ヲ執ツテ國家改造ヲ為スコトカ一番安全ナ方法タト其時話シテ居リマシタ私モ其説ニハ賛成致シマシタ
民間ノ決死隊ヲ出スト云フ話ハ同年七月七日ニ初メテ

七

三〇問 安田カラ聞キマシタ
被告ハ安田カラ資金ノ調達ヲ頼マレタ時期ニ於テ安田
等カ計画シテ居ル国家改造運動ノ実行手段トシテ先ヅ
現内閣ヲ倒スノダト云フコトヲ知ツテ居タカ
答 ソレハ安田カラモ其通リ云ハレ承知シテ居リマシタ安
田ハ軍隊ノ力ニヨツテ現内閣ヲ倒シテ
陛下
ニ上奏シテ国家改造ノ目的ヲ達スルノデアル宮中ノ事
ハ手順カ決メテアルト云ヒマシタ
三一問 被告ハ右ノ時期ニ於テ現内閣ヲ倒スニハ斎藤首相以下
各大臣ヲ殺害シ首相官邸其他ノ建物ヲ焼打スル様ナコ
トニナルカモ知レナイト想像シタカ
答 焼打カ行ハレルトハ考ヘマセンデシタ
其他ノ御訊ネノ点ハ想像致シマシタ
即チ軍隊カ閣議開催中ノ首相官邸ニ乗込ンデ辞表提出
ヲ勧告シ首相等カ之ヲ容レナケレハ手荒ナ行動ニ移リ

犬養首相暗殺事件ノ様ニ立至ルカモ知レナイト想像致
シマシタ

三二 問 右ノ時期ニ於テ被告ハ飛行機カ出動シテ警視廳ヤ首相
官邸ヲ爆撃スル計画カアルト考ヘナカツタノカ

答 安田等ノ計画中ニ飛行機ノ出動カアルコトハ想像シテ
居リマシタ安田カラ資金ノ調達ヲ頼マレル以前カラ飛
行機ノ爆弾投下計画ハ耳ニシテ居リマシタカ私トシテ
ハ軍隊ノ乗リ込ンテ居ル首相官邸等ニ爆弾ヲ投下スル
コト於ハ同志ヲモ傷付ケルコトニナリ不合理ナ方法タ
ト考ヘマシタノテ飛行機カ出動シテモソレハ威嚇ノ為
メテアツテ実際ニ爆弾ヲ投下スルモノテハナカラウト
考ヘテ居リマシタ

三三 問 被告ハ安田等ノ右ノ計画カ実行サレテ帝都ヲ騒乱ニ陥
シ入レテ戒厳令カ布カレルコトニナリクーデーターカ
行ハレルト想像シナカツタカ

答、 左様ナ事ニナルタラウトハ想像致シマシタ私トシテハ

三四　問　安田カ警備司令部ト連絡ノアルコトヲ知ッテ居リマシタカラ左様ナコトニナルト考ヘタ次第デス

被告ハ岩村トノ会見前ニ松澤ニ対シ被告カ以上ノ通リ想像シテ居ル安田中佐等ノ國家改造ノ実行方法ニ就イテ話ヲシタコトカアッタカ

答　余リ詳シイ話ハ致シマセンテシタ松澤ハ飛行機カ襲撃スルノカト聞キマシタノテ或ハ飛行機カ飛ンテ来ルカモ知レン又内閣ヲ倒スニハ手荒イコトニナルカモ知レン然シソレハ軍隊カ出テ来テヤル結局戒厳令カ布カレル様ニナルタラウト話シテ置キマシタ

三五　問　被告ハ佐塚岩崎両名ニモ同様ノ話ヲシタノカ

答　両名ニモ同様ノ話ヲ致シマシタ

三六　問　佐塚、岩崎、松澤等ハ被告ニ対シ國家改造計画ノ実行サレル時期ヲ予メ知ラシテ貰ヘレハ株ヲ買ッテ儲カルカラ岩村ヤ内藤ニ早耳ニシテ利益ヲ得サセルコトヲ条件ニ右ノ改造計画実行ノ費用ヲ内藤、岩村ノ方カラ出セルコト

答

ニシテハ何ウカト申込ンデ来タノテハナイカ

同人等ハ改造計画ノ実行時期ヲ知ラシテ呉レルコトヲ条件ニ金ヲ出サセルト云ヒマシタ金ヲ出ス人カ米屋タト云フコトテシタカラ其時期ヲ知ッテ相場ヲスルノダト想像シテ居リマシタ

其他ノ御訊ネノ点ハ左程露骨ナ申込テハアリマセンテシタ

被告人　中島勝治郎

右読聞ケタル処無相違旨申立署名拇印シタリ

同日於同所作之

東京地方裁判所

裁判所書記　長谷川西次郎

予審判事　清水鼎良

九

右謄本也

昭和　年　月　日

東京地方裁判所

裁判所書記

第三回訊問調書

被告人　中島勝治郎

右殺人豫備並爆發物取締罰則違反被告事件ニ付昭和九年五月三十一日豊多摩刑務所ニ於テ豫審判事清水鼎良ハ裁判所書記長谷川酉次郎立会ノ上前回ニ引続キ右被告人ニ対シ訊問スルコト左ノ如シ

一問　昭和八年三月末頃銀座ノ鳥料理屋多よりテ初メテ岩村峻ト会見シタ時ノ顛末ヲ申シ述ヘヨ

答　其時ハ岩村松澤佐塚岩崎私ノ五人カ晝食ヲ共ニシナカラ岩村ト僅カ十分位話ヲ致シマシタ

佐塚カ私ト岩村ヲ紹介シマシテ初対面ノ挨拶カ済ンテカラ岩村ハ色々佐塚サンカラ事情ヲ聞イテアルカ騒動カ起ルノハ何時頃テスカト云ヒマシタ私ハ五一五事件ノ様ナ騒動カ起ルト考ヘルカ何時起ルト云フ時期ハ私ニハ判ラナイソレハ紹介スル人カアルカラ其人ニ詳シイ

事情ヲ聞イテ貰ヒ度イト申シマシタ
其處テ岩村ハ資金カ五萬円経要ルト云フコトテスカ國
家ノ為ニナルコトテシタラ騒動ノ起ル時期ヲ知ラシテ
貰ヘレハ御渡シ致シマセウト云ヒマシタノテ私ハ是非
ソウシテ貰ヒ度イト云ヒ其時ノ会見ヲ終リマシタ
私ハ岩村カ今急ニ騒動カ起ルモノト豫想シテ居ルモノ
ト見エ其時期ヲ追究シテ聞キマスノテソレニ対スル確
実ナ時期ヲ答ヘルコトカ出来ナクテ紹介スル人カアル
ト述ヘタ次第テス
此時ノ会見ハ結局御互ノ肚ノ探リ合ヒヲヤツタ称ナコ
トテ私トシテハ内藤ハ金ヲ出ス力カナカラウト考ヘ岩
村モ私カラ確実ナ話カ聞カレナカツタノテ頼リナク思
ツタタラウト想像致シマシタ

二 問 其後四、五日経ツテ同シ所テ右ト同ジ顔振テ会見シタノ
タネ

答 左称テシタ

実ハ前回ノ会見テ之レハウマク行カヌト思ツテ居リマシタカ佐塚等カ斡旋シテ二回目ノ会見スルコトニナリマシタ

三問　第二回目ノ多上リニ於ケル岩村トノ会見ノ顛末ヲ申シ述ヘヨ

答　此時ノ会見テモ岩村ハ騒動カ急ニ起ルカト云ヒ騒動ノ内容ヤ時期ヲ根堀リ葉堀リ聞キマシタ私ハソレハ軍人ノヤルコトテ何ウスルト云フコトハ自分ニハ判ラナイカラ安田鉄之助ヲ紹介スルカラ同人カラ聞イテ貰ヒ度イト云ヒ岩村ハ是非左様ニシテ呉レト云フコトテシタソラ岩村ト安田ヲ会ハセルコトニナツタ次第テス

四問　岩村ハ其時五萬円ノ出金ヲ承諾シタ譯カ

答　岩村ハ安田ト会ツテ騒動ノ起ル時期ヲ知ラシテ貰フコトヲ條件トシテ金五萬円ヲ出スト申シマシタ

五問　被告ハ岩村ニ対シ多上リノ会見テ凡ソ決行ノ時期ハ六月中旬テアルカラ判リ次第知ラセルト話シヲシタカ

二

答　ソレハ話シマセン後ニ初メ大阪デ安田カ左様ニ申シテ居リマシタ

六問　被告ハ多上リノ会見デ岩村カラ一週間位前ニ知ラシテ貴ヘマヘカト聞カレソレハ難シイ二日位前ナラ知ラセルコトカ出来ルト云ツタカ

答　岩村カラ一週間位前ニ知ラシテ貴ヘナイカト云ハレマシタカソレモ私一存テ返事ノ出来ナイコトテシタカラ安田ニ会ツテ聞イテ呉レト答ヘテ置キマシタ

七問　多上リノ第一回ノ会見ノ時ニハ安田ノ名前ヲ出サスニ第二回ノ会見ノ時初メテ安田ニ紹介スルト云ツタノテアツタカ

答　左様デシタ

八問　被告ハ多上リノ会見デ岩村ニ対シ実ハ二重橋ノ前ニ十萬人モノ人ヲ集メテ祈願ヲスル又罪人テ罪ノ定ツタモノモ保釋テ出テ居ル人モ使ヘル近イ裡ニ世ノ中ニ騒動カ起ル飛行機ヲ使ツテ爆彈ヲ落ス其騒動カ起ツタラ株

答　式モ暴落スル筈トノ話ヲシタノカ
其通リハツキリ其連絡ノアル話ハ致シマセン全國カラ
祈願ノ為メニ二重橋ノ前ニ人カ集ルト云フ話ハ致シマ
シタソレハ大衆党関係ノ人カラ聞イタコトテス罪人ヲ
使フト云フ話ハシタ覚エハアリマセンカ当時小林ト云
フ者ノ紹介テ児玉ト云フ保釋テ出テ来タモノカ松澤ヤ
私ノ世話ニナツテ居タコトカアリマシタノテ松澤アタ
リノ話カアツタカモ知レマセン飛行機ノコトハ一般ニ
風評ニナツテ居タカラ風評トシテ話シタカモ知レマセ
ン
私ハ岩村ニ対シテ世情ヲ話シ騒動カ起ツタラ株式ハ暴
落スルト話シマシタ

九　問　被告ハ岩村トノ会見ノ模様ヲ安田銕之助ニ報告シタ
カ

答　致シマシタ岩村ニ対シ安田ト会ハセルト約束ヲシタ後
間モナク安田ノ家ニ行ツテ同人ニ岩村ヲ会セタカ岩村

ハ何時騒動カ起ルカト聞イテ居タ何ウモ米屋テハナイ株ヲヤツテ居ル人ト思フ騒動ノ起ル時期ヲ知ラセルト云フ條件テ五萬円出スト云ツテ居ル貴方ニ会ツテ詳シイ話ヲ聞イテカラ金ヲ出スト云フコトテスカ会ツタラ何ウテスカト云ヒ安田トソレテハ会ヒマセウト云ヒマシタ

三

一 問　ソコテ昭和八年三月下旬日本橋ノ料理店初大阪テ被告松澤岩崎佐塚安田岩村カ会見シタノカ

答　左称ナス

佐塚ノ連絡テ日ト場所ヲ定メテ私カ安田ヲ案内シテ初大阪ニ行キマシタ佐塚松澤岩崎ハ先ニ来テ居リ岩村ハ私達カ行ツテカラ間モナク来マシタ

二 問　其時ノ会見ノ模様ヲ申シ述ヘヨ

答　私カ岩村ト安田ヲ紹介シ松澤佐塚岩崎ハ別室ニ下ツテ岩村安田私三人同席テ話シマシタ

岩村ハ安田ニ向ツテ皆サンカラ聞キマストコロニヨル

ト騒動カ起ル相テスカ何時頃起ルノテセウカト云ヒマシタ安田ハソレハ未タ判ランと答ヘマスト岩村ハ幾分頼リナイ様ナ顔ヲシテ居リマシタ
ソコテ安田ハ一般ノ政治論ヤ世相ノ話等ヲ説イテ此侭ノ國家ノ状態テハイカヌカラ思ヒ切ツタ改造ヲセネバナラン口ンドン條約ノコト等モアリ内容ヲ根本的ニ変ヘナケレハナランソレニハ先立ツテ金カ要ルト云フ趣旨ノ話ヲシ満洲ノ榊原農場ノ地図ヲ出シテ其土地ヲ担保ニ入レルカラ金五萬円ヲ貸シテ貰ヒ度イト云ヒマシタ岩村ハ担保ハイラナイ金ノ方ハ私ノ方テ出シマスカラ時期ヲ教ヘテ貰ヒ度イト云ヒ再三騒動ノ起ル時期ヲ問ヒマシタ安田ハ其時期ニ付テ明答致シマセンテシタ
ソコテ岩村ハセメテ騒動ノ起ル時期カ判ツタラ一週間前ニ知ラシテ貰ヒ度イト云ヒ安田ハ遅モ一週間前ニハ判ラヌニ日位前ナラハ知ラセマセウト云ヒ岩村ハ相場ヲハルニハ一週間位前ニ知ラシテ貰ハナケレハ間ニ会

ハナイト繰リカヘシテ安田ニ頼ミマシタカ安田ハ承知
セス結局二回位前ニ知ラセルト云フコトテ落付キマシ
タ岩村ハ何ンナ騒動カ起ルノテスカト云ヒ騒動ノ内容
ニ付テ安田ニ聞キマシタ安田ハ其事モ避ケル風テシタ
ソコラ岩村ハ飛行機カ出テ爆弾ヲ投下スルトカ云フ話
カアルカ本当テスカト問ヒ安田ハ左称ナコトモアルカ
モ知レント云ヒマシタ岩村ハ尚戒厳令ヲ布ク称ニナリ
マスカト問ヒ安田ハ騒動カ起レハ戒厳令ヲ布クコトニ
ナリマセウトモ云ヒマシタ
岩村ト安田ノ会話ハソレ位ノコトテ終リ大体双方ノ意
思カ諒解シタト思ッテ私ハ二人ヲ残ッテ便所ニ立チマ
シタソシテ次ノ部屋ニ待タシテアッタ佐塚以下三名
ニ話カツイタト云ヒ便所ニ行ッテ帰リマスト岩村カ安
田ノ部屋カラ出テ来マシタ私ハ岩村ト入レ違ヒニ安田
ノ居ル部屋ニ入ッテ座リマスト岩村ハ佐塚ト打合ヲシ
タ模称テシタソウシテ間モナク私ニ来テ呉レト云フコ

四

トテシタカラ佐塚ガ居タ部屋ニ私カ行キマシタソコテ岩村ハ佐塚ノ前テ私ニ現金ハ一萬円タケテアトハ小切手ヲ持ッテ来タカラ受取ッテ置イテ貰ヒ度イ後金ハ二十三日迄ニ都合ツケルト云ヒ黄色ノ状袋ニ入レタ百円札ノ一萬円束ト金額四萬円ノ内藤彦一振出ノ小切手ヲ差出シマシタノテ私ハ之ヲ受取リマシタ私ハ其金ヲ受取ッテ安田ニ見セテ明朝届ケルト云ヒ安田ハ宜敷イト云フコトテシタ

其處テ岩村ハ一足先ニ帰リ御膳カ出タノテ他ノ五人ハ食事ヲシテ三十分位経ッテ初大阪ヲ出マシタ

一二
問　被告カ右ノ金ト小切手ヲ岩村カラ受取ル時松澤岩崎両名ハ同席シテ居タカ

答　居ッタカモ判リマセン両名カ居タ部屋テ岩村佐塚私ノ三人タケカ向ヒ合ッテ話ヲシタ様ニ記憶シテ居リマス

一三
問　被告カ受取ッタ四萬円ノ小切手ノ振出名義ハ株式会社松屋呉服店常務取締役ノ肩書付ノ内藤彦一トナッテ居

タノカ

答　肩書ハナカツタ称ニ記憶シマス

四　問　被告ハ初大阪テ金ヲ受取ツタ翌日多上リテ佐塚岩崎松
澤ニ会ヒ岩村カラ受取ツタ一萬円ノ内カラ三千円ヲ三
人ニ出シテ三人ニ与ヘタノカ

答　左様テス
初大阪テ同人等ニ別レル時ニ打合セヲシテ其翌日多上
リテ会ツテ私ハ一萬円ノ金ト小切手ヲ出シテ三人ニ見
セテ三千円タケ抜イテ貴方方モ色々費用モ要ツタタラ
ウカラ取ツテ置ケト云ツテ同人等ニ渡シマシタ尚同人
等ハ其小切手ヲ手ニ取ツテ見テ之レナラ大丈夫タト申
シテ居リマシタ

五　問　同日被告ハ芝区城山町十一番地安田鉄之助方テ同人ニ
岩村カラ受取ツタ金ノ中五千円ヲ交付シタカ

答　左様テス
私ハ前ニ初大阪テ同人ニ対シ岩村カラ一萬円ヲ受取ツ

加六字

タコトヲ話シテ置キマシタノテ其金カラ三千円タケ松澤等ニ与ヘタコトヲ告ケ五千円タケ貴方ニ上ケテ置キマストム（云）ツテ五千円ヲ渡シマシタ
安田ハソレテ結講タト云ヒマシタノテ私ハ後ノ二千円ヲ安田ノ暗黙ノ諒解ヲ得テ預ツテ置キマシタ廿六日頃岩村カラ小切手ニ付テハ×日ノ先付小切手テシタカラ現金ト替ヘテ持ツテ来マスト云ヒ小切手ヲ預ツテ置キマシタ

問

七ノ初大阪ノ会見後八日程経ツテ前記ノ多上リテ被告岩村松澤佐塚岩崎カ会合シ其際岩村ハ金一萬五千円ヲ被告ニ渡シタカ

答

左様テス
初大阪ノ会見後其時迄ニ二回程多上リテ佐塚松澤岩崎ト会ヒマシタカ岩村ハ後金ヲ持ツテ来マセンテシタカ八日程経ツテ漸ク一萬五千円渡シテ呉レマシタ岩村ハ後金金額ヲ作ルコトカ出来ス七メテ半額トモ思ツタカ到底出来ナイノテ一萬五千円タケ現金ヲ持ツテ来タト

云ヒ百円札デ一萬円十円札デ五千円ヲ出シマシタノデ
私ハソレヲ受取ツテ岩村カラ預ツテ居タ内藤振出ノ小
切手ヲ返還致シマシタ

一七問　被告ハ右ノ一萬五千円ノ内一萬三千円ヲ前述ノ安田ノ
家デ安田ニ渡シタカ

答　左様デス
即日私ハ岩村カ後金一萬五千円ヲ持ツテ来タカ之レタ
ケ渡シテ置クト云ツテ一萬三千円ヲ安田ニ渡シ二千円
ハ私カ手許ニ残シテ置キマシタ
二千円ニ付テハ何ウスルト云フ話合ヒハ致シマセン

一八問　被告ハ岩村カラ以上ノ通リ二萬五千円ヲ受取リ其内カ
ラ一萬八千円ヲ安田ニ渡シタノタネ

答　左様デス
最後ノ一萬三千円ヲ安田ニ渡シテ後二三日後安田カラ
三千円ヲ返シテ貰ヒマシタノテ結局一萬五千円ヲ安田
ニ使ハセタ次第デス

一九 問 何故ニ三千円ヲ安田カラ取戻シタカ

答 岩村ハ非常ニ金ニ困ツテ居ル称子テシタカラ都合ニヨツテハ五千円位返シテ置カウト思ヒ私ハ安田ニ岩村ノ方カ困ツテ居ル称タカラ三千円タケ返シテ呉レ私ノ方カラ二千円ヲ足シ返サウト思フト云フテ返シテ貰ヒ預ツテ置キマシタ

二〇 問 ソウスルト被告ハ岩村カラ出タ金ノ中合計六千円ヲ領得シタ訳カ

答 左称テス私カ預ツテ置キマシタ私ハ全部使ヒマシタカ何時テモ返ス準備ヲ致シテ置キマシタ

二一 問 被告ハ以上ノ通リ岩村カラ安田ニ金ヲ出サセル取次ヲスル以前ニ於テ飛行機カ出動シ爆弾ヲ投下スル称ナ計画カアルカモ知レヌト豫想シテ居タノカ

答 豫想シテ居リマシタ左称ナ噂カアリ安田カラモ飛行機ガ参加スルト云フ話カアリマシタカラ首相官邸ニハ爆

弾ヲ投下シナクテモ丸ノ内ノ新聞社ノ辺リニ爆弾ヲ投
下スルノデハナカラウカト考ヘル様ニナリマシタ
三 問 被告ハ右ノ時期ニ於テ安田等カ民間ノ決死隊ヲ繰リ出
スモノトハ想像シナカッタカ
答 左称ナコトハ未ダ考ヘ及ヒマセンデシタ
三 問 被告ハ安田カ国家改造運動ノ実行手段トシテ同志ト連
絡シ警視廳内閣總理大臣官邸等ヲ襲撃シ警視総監藤沼
庄平内閣總理大臣斎藤実以下各國務大臣等ヲ殺害スル
コトヲ計画シ其計画ノ実現ニ要スル資金所謂軍用金ト
シテ使フコトヲ承知ノ上テ以上ノ通リ岩村峻ヲ説イ
テ献金ヲサセ一萬五千円ヲ安田ニ交付シタノカ
答 確定的ニ安田等カ左称ナ暗殺計画シテ居ルコトハ承知
シテ居リハセンカ前ニ述ヘタ通リ軍隊カ閣議開催中ノ
首相官邸ニ乗リ込ンテ斎藤首相等カ辞表提出ノ勧告ニ
応シナケレハ手荒ナ行動テ移リ犬養首相暗殺事件ノ様
ニ首相等ノ殺害ニ立至ルカモ知レナイト云フコトヲ想

二四問 像致シマシタ安田カ右ノ金ヲ具体的ニハ何ウ云フコトニ使ハウト思ッタノカ

答 私ハ總テ軍隊ノ手テ國家改造ハ行ハレルト思ヒマシタ其處テ安田等ト志ヲ同シクスル軍人カ全國カラ東京ニ集マルテアラウシ又全國的ニ連絡ヲ取ルテアラウシ諸種ノ協議モ行ハレルテアラウカラソレ等ノ費用ニ使ハレル金タト思ヒマシタ

二五問 武器購入ニ其金カ使ハレルト豫想シナカッタカ

答 軍人カアルコトテスカラ武器ハ新タニ購入スルコトハナイト考ヘマシタ

二六問 初メ大阪ノ安田岩村ノ会見ノ際安田ハ騒動ノ起ル時期ハ来ル六月中旬ト云フタノカ

答 左様テス
岩村カ五月カ六月頃テスカト聞イタノテ安田ハ五月ノ下旬頃カ六月ノ中旬頃ニナルタラウト云フテ居リマシ

八、

被告人　中島勝治郎

タ

右読聞ケタル處無相違旨申立署名拇印シタリ
同日於同所作之
東京地方裁判所

裁判所書記　長谷川　酉次郎

豫審判事　清水　鼎良

右謄本也
昭和　年　月　日
東京地方裁判所

裁判所書記

挿入　二字

第四回訊問調書

被告人　中島勝治郎

右殺人豫備並爆発物取締罰則違反被告事件ニ付昭和九年六月六日豊多摩刑務所ニ於テ豫審判事清水鼎良八裁判所書記長谷川酉次郎立会ノ上前回ニ引続キ右被告人ニ対シ訊問スルコト左ノ如シ

一問　被告ハ内藤彦一岩村崚両名ヲ案内シテ安田ノ家ニ行キ安田ト内藤ヲ紹介シタコトガアッタカ

答　左様ナ事ガアリマシタ

二問　ソレハ何時頃カ

答　初大阪テ岩村ト安田ヲ会ハセテ後岩村カラ受取ッタ一萬円ノ内五千円ヲ安田ニ渡シテ後間モナクノコトデス
私、松沢、佐塚、岩崎、四人ガ浅上屋ニ居リマスト岩村ガ内藤ヲ連レテ来テ安田ニ案内シテ呉レト言フ事デシタカラ内藤ガ乗ッテ来テ居タ自動車ニ同乗シテ安田ノ家ニ行キマシタ

三問 其金見テ安田ト内藤ノ間ニ何ンナ話カアッタカ
答 其時ハ極ク簡単ナ話カアッタ丈ケデス
安田ハ苦情ノ話抔ヲ致シ現在ノ係テハ到底イカヌト言
フ趣旨ノ話ヲシテ居リマシタ
内藤ハ岩村ニ何事モ頼ンデアルカラ宜敷ク御願シマス
ト言ッテ居リマシタ
四問 岩村カラ一萬五千円ヲ受取ッタ後佐塚ハ被告ニ幾等カ
分配ヲ受ケ度イト言ッタカ
答 左様申シマシタ
随カ金ヲ受取ッタ翌日頃何處カデ佐塚ト会ッタ際モウ
少シ御礼ヲ貰ヒ度イト言フ趣旨ノ話ヲシマシタ
五問 被告ハ昭和八年五月三日ノ夜行列車デ東京ヲ発ッテ翌
(四日) 朝大阪ノ駅ニ着キ島西良輔、石原彦一等ニ出迎
ヘラレ自動車ニ同乗シテ甲子園ニ向フ途中夙川宿テ阪
神急行電車ト衝突シテ重傷ヲ負ヒ其附近ノ回生病院ニ
収容セラレタコトカアッタカ

答　其通リ違ヒアリマセン

六問　被告ハ同月十八日頃東京ニ帰リ間モナク信州ノ下部温泉ニ行キ藤川旅館ニ泊ツテ療治ヲ為シ同月二十一、二日頃東京ニ帰ツテ来タノダネ

答　左様デシタ

七問　此期間ハ被告安田、岩村松沢、佐塚岩崎ノ交渉ハ何モナカツタノダネ

答　左様デス、同人等ト會ツテモ居リマセン

八問　被告カ安田ノ條ニ岩村ナラ前ニ述ヘタ通リ金ヲ出サセタノハマシヨリ以前ノコトデアツタカ

答　左様デス

九問　被告ハ下部温泉カラ帰京シテ後五月二十六、七日頃漸ク歩ケル様ニナツタノデ初メテ東邦商事會社ニ行ツテ松沢ニ會ツタカ

答　左様デス、

一〇問　松澤ハ其際アアツシヨカ起ラナイデ岩村カ困ツテ居ル

ト言ッテ居タカ

答　左様申シテ居リマシタ　騒動カ起ラナイデ岩村カ困ッテ居ルト云フ意味デシタ　尚岩村ノ財政カ窮迫シテ困ッテ居ルト云フ話モアリマシタ

二問　被告人ハ其頃安田方ヲ訪問シテ同人カラ怪我ヲシタ時見舞ヲ受ケテ夕コトノ礼ヲ述ヘタコトカアルカ

答　左様ナ事カアリマス　安田カラ見舞ノ電報状カ来マシタノデ其御礼ニ行キマシタ

三問　安田ハ其際例ノ計画カ思ハシク行カナイカ必ス行ハレルト言フ趣旨ノ話ヲシタカ

答　左様ナ話カアリマシタ

尚岩村カラ騒動ノ起ル時期ヲ厳シク聞カレテ困ッテ居ルト言フ事ヤ何カ株式界デファシヨカ起ルト言ッテ評判カ立ッテ居テ困ルト云フ趣旨ノ話ヲシ何タカ私等ノ方テ漏シタノデハナイカト疑フ様ナ口吻デシタ

其處デ私ハ岩村カ困ッテ居ルコトヲ杉沢カラモ聞イテ

居タノデ一応金ヲ返シタラ如何デスカト言フ意見ヲ述ヘマシタ、安田モソレデハ金ヲ都合シテ返スコトニ仕様ト言ツテ居リマシタ

三問　其時安田ハ先ニ岩村ノ方カラ来タ金ヲ計画資金ノ方ニ使ツテアルト被告ハ思ツタカ

答　安田ハ金ヲ都合シテ返スト言ツテ居リマシタカラ御訊ネノ通リ考ヘマシタ

四問　其後安田ハ被告ニ金カ二万円都合カ出来タカラ一応岩村ニ返スト云フタ事カアルカ

答　左様ナ事カアリマシタ　多分五月三十日頃ノコトデス安田カラ電話カアツテ同人方ニ伺ヒマスト安田ハ金カ出来タカラ岩村ヲ呼ンデ来テ呉レト言ハレマシタ

五問　安田ハ何故金ヲ返スト言フ事デアツタカ

答　計画モウマク行カナイシ延期シテ居ルカラ一先ツ返シテ置クト言ツテ居リマシタ

六問　其処デ安田ハ被告松沢両名ノ面前デ岩村ニ金二萬円ヲ

答

渡シタコトカアツタカ
左様ナ事カアリマシタ 私ハ安田カラ岩村ヲ呼ンテ来
イト言ハレタノテ直ク岩村ノ家ニ行ツテ同人ヲ安田家
ニ連レテ来マシタ 其時安田ハ松沢ヲ既ニ呼ヒ寄セテア
リマシタ 其處テ安田ハ一寸ト言ツテ私ヲ別室ニ呼ヒ
二万円ノ金ヲ調達シタカラ岩村ニ之ヲ返サウト言ツテ百
円札テ一万円束ニ個ヲ私ニ見セマシタ
安田ハ其時 一万五千円私カ使ツテ居ルカ五千円ハ利息ト
シテ合セテ二万円返サウト云フコトテシタ、私ハ其處
テ岩村カラ二万五千円出テ居ルカラ後ノ五千円ハ私カ
作ツテ返シマセウト言ヒマシタ、其處テ岩村ト松沢ノ
居ル部屋ニ戻ツテ安田ハ岩村ノ前ニ二万円出シ之レタ
ケ金カ出来タカラ返シマスト言フト岩村ハ二万五千円
出スカト言ヒマシタ、其處テ私ハ五千円ハ私ノ方テ使
ツテ居ルカラ私カ作ツテ返シマスト言ヒ岩村ハソウテ
スカト言ヒマシタ、岩村ハ其二万円ヲ受取ツテ帰リマ

シタ

一七問　被告ハ其時安田カ岩村カラ一時ニ万円ヲ立替サシテ其金テ返金ハ芝居ヲシタモノト言フコトハ知ラナカツタカ

答　左様ナコトハ夢ニモ思ヒマセンテシタ　私ハ安田ノ方テ金ヲ良ク早ク作ツテ呉レタト思ツテ喜ンタ位テシタ

一八問　被告ハ岩村カラ受取ツタ二万五千円ノ内合計七千円ヲ被告ノ用途ニ使ツタノタネ

一九問　其使途ハ

一、千円ヲ小仁所豊ニ与ヘ

二、七百円ヲ赤坂ノ待合中谷ニ対スル會合費ヲ支拂ヒ

三、四百円ヲ小林長次郎ニ与ヘ

四、
三百円ヲ
天野林三郎
藤井完二
ノ両名ニ与ヘ

五、
二百円ヲ
岡野秀太郎
ニ与ヘ

六、
六百円ヲ
山口智重
ニ与ヘ

七、
二百円ヲ
香取信一郎
ニ与ヘ

八、
三百円ヲ
児玉誉士夫
ニ与ヘ

九、二千円ヲ自身ノ生活費ニ使ヒ
十、七百円ヲ自身ノ入院費ヤ療養費用間ニ使ヒ
十一、五百円ヲ家族ニ与ヘ、タノタネ
答 左様デス
一〇〇問 安田ガ岩村ニ二万円ヲ渡シタ前述ノ五月三十日頃迄ニハ被告ハ右ノ金ヲ全部使ツテアツタノカ
一〇〇答 左様デシタ
一〇一問 被告ハ五月下旬頃カラ七月五日迄ノ間ニ安田ト会ツテ居ナイカ
答 会ツテ居リマス
四、五回宮様ノ席デ会ツタコトガアリマス
一〇二問 安田ト被告ノ用件デハ会ツタコトハナイカ
答 直接ノ用件デハ会ツテ居リマセン
一〇三問 被告ハ其間安田ノ国家改造計画ハ進メラレテ居ルト思ツテ居タカ

答　私ハ急ナコトカナイト思ヒマシタカ、其計画カ中絶シテ居ルノデハナク進メラレテ居ルノデアルト思ツテ居リマシタ

二四問　昭和八年七月六日安田カラ被告ノ家ニ電話カアツテ明朝早ク来テ呉レト言フコトデアツタカ

答　左様ナ事カアリマシタ　私ハ丁度留守テシタカラ家族ニ左様申付ケテアリマシタ

二五問　翌七日朝被告ハ安田ノ家ニ行ツテ同人ト会ツタカ

答　左様テス　午前八時過頃行キマスト安田ハ丁度出掛ルトコロテシタカ暫ク立話ヲ致シマシタ

二六問　安田ハ其時何ンナ話ヲシタノカ

答　安田ハ実ハ今日決行スルコトニナツタ軍ノ飛行機カ出テ来テ総理大臣官邸ニ爆弾ヲ投下スルト言ヒマシタノテ私ハ本当ニヤルンテスカト聞クト安田ハ今日ヤル、何時頃ヤルカト聞クト午前十一時カラ十二時迄ノ間ニ

挿入 一字　　削除 十字

決行スル今日ハ閣議デアルト言フ事デシタ、私ハ西園寺公ノ身辺カ心配ニナッテ西園寺ハ何ウナルカト聞クトト安田ハソレハ心配スルナ君ニハ用事カアルカラ兎ニ角十一時三十分頃モウ一度来テ呉レ西園寺ノ所ニ行ッテ貰ハナケレハナラナイカラト申シマシタ

私ハ驚キ乍ラモ愈々決行スルコトニナルカト思ッテ岩村ニモ話シテアルカト聞クト話シテヤルカト聞クト話シテアルト言フコトデシタ、私ハ安田ノ家ヲ辞シテ狼狽シテ家ニ帰リソレカラ友人小林長次郎ニ電話ヲ掛ケタカ不在デシタカラ陸軍省ノ新聞班長本間中佐ニ電話掛ケテ小林ノ所在ヲ問合セマシタカ判リマセンデシタノデ其處デ松下権八ニ電話ヲ掛ケマシタカ不在デシタノデ早川鉄也方ニ電話ヲ掛ケテ松下ノ居所ヲ聞キマシタカ判リマセンデシタ

三七問

小林長次郎ハ秦憲兵司令官ヤ本間中佐ノ所ニ出入スルモノデ同人ニ聞ケハ安田ノ話シタ決行計画ニ軍部カ何ノ

四

程度ノ連絡カアルカ判ルト思ツテ電話ヲ掛ケタノカ

答　左様デス

六　問　松下権八ハ早川鉄也ノ秘書デ平素右傾団体ヤ軍部ト連絡カアルノデ小林ニ対スルト同シ趣旨ノコトヲ電話デ確メ様トシタリカ

、　左様デス

七　問　被告ハソレカラ何ンナ行動ヲ執ツタノカ

答　私ハ東邦商工会社ニ行キマシタ
誰モ来テ居ナカツタノデ一人デ色々決行ノコトヲ考ヘテ居リマシタ其裡時計カ十時三十分ヲマワリマシタノデ氣カ氣デナイカラ約束ヨリ少シ早目ニ安田ノ家ニ行キマシタ
安田ハ未タ帰ツテ居ラス暫ク待ツト十一時二十分過頃帰ツテ来マシタ　安田ハ今日ノ決行ハ駄目ダツタト言ヒマシタノデ何ウ言フコトニナルカト質問シマシタ　スルト安田ハ今日ノ閣議デ軍カ出ル民間ノ人モ混ツテ出

挿入 一字
削除 一字

ハ予定デアッタ都合デ本日ハ軍ノ飛行機ガ出テ来ナカッタノデ決行ヲ延ハシタ 今度ハ十一日ノ閣議中ニヤルト言ヒマシタ 私ハ十一日ハ西園寺ガ興津カラ御殿場ニ避暑ニ出ルノデ十日ノ晩カラ行カナクテハナラント言フト安田ハ西園寺ハ何モ心配ハイランコチラニ居テ貰ヒ度イ十一日ノ模様ヲ持ッテ西園寺ニ行ッテ貰ヒ度イ詳シイコトハ追而説明スル ト言ヒマシタ、其裡来客ガアッタノデ私ハ安田宅ヲ辞シ東邦商行会社ニ行キマシタ

ノニ時少シ過頃寺本久八ガ来タノデ同人ト話シ自宅ニ帰リマシタ

問 翌八日ノ朝モ被告ハ安田ノ家ニ行ッテ同人ト話シタカ

答 左様デス

朝八時過頃ニ行キマスト安田ハ前日ト同様七月十一日ニ決行スル君ニ手柄ヲ立テサセル当日老公ノ所ニ情勢報告ニ行ッテ貰フ積リダト言ヒマシタノデ私ハ十日ノ

晩カラ興津ニ行ツテ西園寺ノ御用ヲシナケレハナラナ
イコトヲラリカヘシ述ヘルト安田ハ君ニ手柄ヲ立テサ
セルノダカラ仮病ヲ使ツテ行カズニ居テ呉レト言ヒマ
シタリテ私ハソウスルト言ツテ帰宅シマシタ　九時過
ニ帰ツテ居ルト寺本久八カ訪ネテ来タノデ同人ト話ヲ
シマシタ

三問　翌九日ニハ安田ト会ハナカツタカ

答　会ヒマセン

三問　翌十日安田ト会ツタカ

答　会ヒマシタ、安田カ私ノ家ニ来マシタ、同人ハ乗馬
服カ何カ着テ居リマシタ、丁度私ト一緒ニ興津ニ同行
スルコトニナツテ居タ清水清カ来合シテ居タノデ清水
ニ興津ニ行ケナイト断ツテ安田ニ対シ昨日ハ居リマス
ト決定シマシタ　其時人安田ト詳シイ話ヲセズニ別レ
マシタ

三三問　翌十一日被告ハ何ンナ行動ヲ執ツタカ

挿入一字

答　私ハ同日朝東邦商行ニ行キマスト号外カ出マシタ号外ニハ明治神宮附近テ全国カラ集ツタ者五十名カ捕ツタト言フコトカアツタノテ私ハ安田ノ決行計画カソレタト思ツテ号外ヲ持ツテ安田ノ家ニ行キマシタ　私ハ安田ニ号外ヲ見セマスト安田ハ承知シテ居タト言ヒスパイカアツテ昨夜発覚シテ捕ツタ申シマシタ　ソレテ其時ハ色々ナ話モセス引取リマシタ

二問　被告ハ昭和八年二三月頃安田カラ軍用金五万円ノ調達ヲ依頼サレタ時ニ安田カラ同人等ノ計画シテ居ルコトハ陸海軍カ呼応シテ並テ飛行機モ出テ現内閣ヲ潰シ同時ニ政党ノ首領ヤ財閥ヲ一挙ニ倒シ皇室中心主義ノ日本ニ改造スルノタト言フ話ヲ聞イタカ

答　陸海軍ト言フコトハ言ヒマセンテシタカ安田ハ軍カ出ルト申シマシタ　其外ノ点ハ御訊ネノ通リテス

三問　尚昭和八年五月頃安田ハ被告ニ二回位ニ亘ツテ軍ノ飛行機カ閣議中首相官邸ニ爆弾ヲ投下スル計画ヲ樹テヽ

挿入　一字
削除　一字

居ルト言ツタカ

答　其頃ハ左様ニハツキリ申シマセン、安田ハ軍ノ飛行機カ爆弾ヲ投下スルコトニナルカモ知レヌト言ヒマシタ私ハ左様ナコトニナツテモ首相官邸ニ爆弾ヲ投下スルコトハアルマイ朝日新聞社杯カ爆弾テヤラレルカモ知レナイト思ヒマシタ　左様ナ話ヲ聞イタノハ私カ大阪テ負傷スル以前ノコトテスカラ三、四月頃テス

三六問　安田ハ同年三、四日頃軍ノ飛行機カ自分達ノ計画ニ参加スルコトニナレハ新聞社モ不都合タカラ爆弾ヲ投下サレルカモ知レナイト言ツターテハナイカ

答　新聞社カ不都合タト言フコトハ安田ト私ノ間ニ当時四付話カアリマシタ、ソレテ私ハ朝日新聞社ニ爆弾ヲ投下サレルト想像シタノテス、安田カラハツキリ新聞社ニ爆弾ヲ投下スルト言ハレタコトハアリマセン

三七問　其後前ニ述ヘタ通リ七月七日ト八日ノ両日ニ安田カラ軍ノ飛行機カ参加シテ爆弾投下ヲスル話ヲ聞イタノテ、

VIII

答　左様デス

三八問　被告ハ安田ノ言ッタ飛行機ノ出動ノ話ハ真実性ガアルト思ッタカ

答　左様思ヒマシタ、ヤルダラウト考ヘマシタ

三九問　被告ハ安田カラ聞イタ飛行機ノ爆弾投下ノ計画アルコトニ付テ警察官吏若シクハ爆弾ヲ投下サル目標ニナッテ居ル朝日新聞社ヤ首相官邸ノ人ニ其事実ヲ知ラシタコトハ無カッタノカネ

答　左様デス、何處ニモ届出ハ致シマセン

四〇問　被告ハ寺本久八ヲ何時何ンナコトデ知ッタカ

答　昭和八年六月十日頃白石元次郎ノ整理資金ヲ大阪ノ愛国貯蓄銀行カラ借入レマシタガ其時寺本ガ其借入ノ仲介ヲシタノデ初メテ同人ヲ知リマシタ

其時五万円借入レマシタガ寺本ハ銀行員ト共ニ東京ニ来マシテ東邦商行会社デ白石小野盛大、清浦豊秋、私抔ト会見致シマシタ、　其夜清浦ガ赤阪ノ待合小春ニ寺本ヤ銀行員ヤ私抔ヲ招待シマシタノデ同席シテ食事ヲシマシタ　其席デ寺本ハ大阪デ株屋トシテ相当大キクヤッテ居タガ相場デスッカリ擦ッテ仕舞ッタノデ今ハヤメテ居ルト言ッテ居リマシタ、　寺本ハハッキリシタ性格ニ見エ自分デモ軍隊生活ヲシタコトガアルト言ッテ居リマシタノデ私ハ見シテ確ナ人物ダト言フ印象ヲ受ケマシタ

四問　其後七月三日頃ニ寺本ト東邦商行会社デ会ツタカ

答　会ヒマシタ　又白石ノ整理資金カ五万円位入用ニナツテ私カ寺本ニ電話ヲ掛ケテ融通ノ依頼ヲシ同人カ上京シテ来テ清浦小野等ト一緒ニ同人ト会見シ更ニ愛国貯蓄銀行カラ寺本ノ仲介デ五万円ノ融通ヲ受ケルコトニナリマシタ　リマテ七月五日ノ晩ニ浜町能文ト言フ待合デ此取引カ行ハレタ相デスカ其席ニ私ハ出席セス小野カラ話ヲ聞キマシタ

四問　七月五日頃被告ハ小野金六カラ金ニ千円ヲ時借リシタノカ

答　左様デス

私ハ一月以来ノ白石ノ整理ニ従事シテ居リマシタカ金ヲ出シテ貰ツタコトハアリマセンノデ小野カ一月以来金ヲ使ツテ居ルデセウト言ツテ私ニ出シテ呉レマシタカ小野カ出ス理由ハナイカラ時借リノ積リデ居リマシタ

四三問　一体白石ノ整理ノコトニ清浦ヤ小野カ立会ヒ或ハ清浦杯カ待合ニ招待シテ呉レルノハ何ウ言フ訳カ

答　私カ白石ノ整理ヲ引受ケタノハ初メ東邦商行会社関係ノ清浦達ノ話カアリ中川小十郎モ口添カアツタカラテス

左様ニ初メカラ清浦等カ関係シテ居ルノテ白石ノ整理ノコトハ何時モ心配シテ居リ白石ニ対スル私義トシテ色々ナコトヲシテ呉レマシタ

四四問　七月七日午后一時頃被告カ安田ト会見シテ後東邦商行ニ行ツタ時寺本カ来テ同人ト会ツタカ

答　其通リ違ヒアリマセン

寺本ハ浅野ノ屋敷ヲ見セテ貰ツテ来タト言ツテ居リマシタ

四五問　其際被告ハ寺本ニ七月十一日ニ政変カアルト言フ話ヲシタカ

答　左様話シマシタ

四六問
其時ノ寺本トノ會話ノ詳細ヲ申シ述ヘヨ

答
私ハ寺本ニ株ハ此際テ何ウナルカト聞キマスト寺本ハ弱氣タ、下ルト思フト云フコトテシタ、私ハ事変カアレハモット下ルカト言フト寺本ハ勿論下ルト言フコトテシタ
其處テ私ハ最近必ス政変カアル軍部カ現内閣ヲ潰シ政党ヤ財閥ヲ膺懲スルト言ヒ前ニ寺本カ株テ失敗シテ居ルト言フ話ヲシテ居タノテ親切気ヲ起シテ貴方モ株テ損ヲシタト言フコトタカラ今度大イニ買ツテ儲ケタラ何ウカト言ヒマシタスルト寺本ハ何時政変カ起ルカト言ヒマシタノテ私ハ七月十一日タト教ヘテヤリマシタ
寺本ハモット詳シイ事情ヲ聞キタカツテ居リマシタカ私ハ場所カ場所テ他人ノ耳ニ入ツテハマヅイト思ツテ詳シイ話ヲスルカラ一度家ニ来ナサイト言ヒ私ノ家ノ町名番地ト道筋ヲ櫻田神社前ノ坂ヲ降リタトコロタト教ヘテヤリマシタ、寺本ハ明朝必ス御伺ヒスルト言ヒ

ミシタ

四七問　其際被告ハ手許ニ三千円金カアルカラ其金デ貴方ノ手デ株ヲ買ッテ貰ヒ度イト言ッタカ

答　左様ニハ申シマセン
私ハ自分デ株ヲ賣ルト言ッタ考ハ持ッテ居リマセンデシタ只好意的ニ寺本ヲ儲ケサセテヤラウト考ヘテ政変ノ話ヲシマシタカ寺本ハ自分デハ金カナク株ヲヤルニハ兄ニ資金ヲ出サセナケレハナラナイカ自分カ株デ失敗シテ居ルノデ兄カ承知シテ呉レマイト言ッテ居リマシタノデ私ハ負ケタカ為ニ三千円位金ヲ持ッテ居ルカラ兄ニ許可ヲ得タラ何ウカト言ヒマシタ

四八問　被告ハ何故ニ三千円位金ヲ持ッテ居ルト言ッタノカ

答　政変カアルト言ッテ他人カ三千円ノ金ヲ持ッテ居リ其金デ株ヲ賣ルト兄ニ言ッテ兄ヲ信用サセテ資金ヲ出サセタラ何ウカト言フ趣旨ノ事ヲ寺本ニ暗示シタ積リデシタ

四九問 八月八日午前十時過頃被告カ安田ノ家カラ自宅ニ帰ツタ後寺本カ訪ネテ来テ二階ノ南八畳ノ座敷デ対談シタノダネ

答 左様デシタ

五〇問 其ノ対談ノ詳細如何

答 寺本ハ昨日ノ話ハ確カデスカト聞キマシタ私ハ確ナ筋デ聞イタ事デ絶対ニ間違ヒノナイコトダト言ヒマスト寺本ハ何ウ言フ訳デ政変カ起キルカト聞キマシタ私ハ軍部ノ連中カ現内閣ノ無力ニ憤慨シ飛行機ヲ出シテ総理大臣官邸デ閣議中上カラ爆弾ヲ落シ戒厳令ヲ布ラクテ徹底的ニヤルノダト言ヒマシタ

五一問 其ノ話ヲシテ居ル時満洲国ノ役人ニ赴任スルト言フ新宮次カ訪問シタノデ寺本ハ明朝又御伺ヒスルト言ツテ帰ツタカ

答 左様デス

五二問 七月廿八日午前十時頃寺本カ来訪シ被告ハ同人ニ七月十

一日ノ閣議中総理大臣官邸ヲ海軍ノ飛行機カ上カラ爆
弾ヲ落シテ爆撃シ戒厳令カ布カレル迄徹底的ニヤツツ
ケル軍部カ一致シテヤルノタカラ問題ハナイト語リタ
カ

答 海軍ト言フコトハ知ラナイカラ言ヒマセン軍ノ飛行機
ト申シマシタ、其外ハ御訊ネノ通リ話シマシタ

卅三問 被告ハ其際寺本ニ朝日新聞社ニモ飛行機カラ爆弾ヲ
落シテ爆撃スル様ニナルカモ知レナイ同新聞社ハ国賊
タカラト言フタカ

答 左様申シマシタ

卅四問 其際寺本ハ簡単ニ戒厳令カ布カレルモノテハナイテセ
ウト言ヒマシタカ

答 其日左様申シタト記憶シテ居リマス

卅五問 被告ハ何ト答ヘタカ

答 私ハイヤ今度ノコトハ軍部カ一致シテヤルノタカラ問
題ハナイ五、一五事件ヨリモ大キナ事変カ起ル自分達ノ

ル破壊ハ建設ノ為ノ破壊デ共産党ノ様ナ破壊ノ為ノ
破壊デハナイ、現状ノ儘デハ国家ハ滅ブト思フカラ国
家ノ為ニ皇室中心主義ニ則ツテ破壊ヲシ強力ナ内閣ヲ
作ルノダト説明シマシタ

三六問　被告ハ自分達ノヤル破壊ハ建設ノ為ノ破壊ト言フタノ
ハ被告ガ破壊行動ニ直接ノ関係ガアルト言フ意味デハナイノ
カ

答　左様デハアリマセン
私ノ同志ハヤルコトダト言フ意味デス、私ハ予々左様
ニ考ヘテ居リマシタノデ遂ニ言葉ノ勢デ自分達ト言ツ
タ次第デス

三七問　寺本ハ西園寺公ノ書面デモナイカ大阪ニ帰リ株ヲ売ル
資金ヲ作ル都合ガアルカラト言ツタカ

答　左様申シマシタ
寺本ハ私ト西園寺ガ特殊ナ関係ガアルコトヲ知ツテ居
リ私カラ聞イタト言ツテ資金ヲ作ルコトニ利用仕様ト

考ヘタノダロウト思ヒマス

五八問 被告ハ其時興津警察署長ノ葉書ヤ西園寺公ノ秘書格中川小十郎ノ被告宛ノ手紙抔ヲ見セテ説明シタカ

答 其通リ致シマシタ
多分其時寺本ニ其葉書ヲ貸シテヤツタ様ニ記憶シマス

五九問 被告ハ其際寺本ニ老公ハ興津カラ御殿場ニ七月十一日ニ避暑ニ行カレルノダカ当日右ノ様ナ事変カ起ルノデ自分ハ其護衛ニハ行カナイコトニシテ居ルト言フタカ

答 左様申シマシタ

六〇問 被告ハ寺本ニ自分モ三千円渡ス積リデアツタカコレダケシカナイカラ貴方ニ御委セシテ置クカラ株ヲ一緒ニ賣ツテ下サイト言ヒ百円札デ千五百円渡シタカ

答 ソレハ百円札デ千五百円渡シタコトハ違ヒナイカ私ノ分ヲ株ヲ賣ツテ呉レトハ言ヒマセン
前ニ申シタ通リ寺本ニ株ノ資金ヲ作ル信用ノ為メ私カ三千円渡スト言ツテ置イタカラ其趣旨ノ金トシテ千五百

白川渡シタノデス

六一問 寺本ハ其金ヲ受取ツテ御預リシテ置キマスト言ヒ今晩大阪ニ帰ルト言ツタカ

答 左様デシタ

六二問 寺本ハ大阪ニ帰ツテスグ株ヲ売ルト言ツタコトデアツタカ

答 左様言ヒマシタ

六三問 ソレハ被告ノ分ノ株ヲ売ルト言フ意味デハナイカ

答 左様デハアリマセン

六四問 以上被告カ寺本ニ対シ飛行機ノ爆撃計画ノ話抔ヲシタノハ安田カラ聞イタ事実ダネ

答 左様デス

六五問 寺本ハ左様ナ被告ノ話ヲ信用シタ様子デアツタカ

答 寺本ハ信用シテ居ルモノト私ハ感ジマシタ

六六問 被告ハ以上ノ如ク昭和八年七月ニナツテ初メテ安田カラ改造計画ノ真相ヲ聞イテソレハ安田カ同年二、三月以

未継續シテ計画シテ居タモノダト考ヘタカ

答　左様デス

六七問　被告カ岩村ニ出サセタ資金カ安田ノ手ニヨツテ右ノ計画ニ使用サレタト思ツタカ

答　多分安田カ其計画資金ヲ使ツタノダラウト想像シマシタ

六八問　被告人ハ七月ニナツテ安田ト実行計画ヲ阻止スル手段ヲ執ツタコトハナイノダネ

答　左様デス

被告人　中島勝治郎

右読聞ケタル処無相違旨申立署名捺印シタリ

同日於同所作之

東京地方裁判所

裁判所書記　長谷川酉次郎

XIV

豫審判事　清水鼎良

右謄本也

昭和　年　月　日

東京地方裁判所

裁判所書記

第五回訊問調書

被告人　中島勝治郎

右殺人予備並爆発物取締罰則違反被告事件ニ付昭和九年十二月十八日豊多摩刑務所ニ於テ予審判事清水鼎良ハ裁判所書記長谷川酉之郎立会ノ上前回ニ引続キ右被告人ニ対シ訊問スルコト左ノ如シ

一　問　昭和八年二月中即チ多よ里テ会合スル以前ニ安田鐐之助ト岩村峻ヲ初大阪テ会見サセタコトハナカッタカ

答　左様ナコトハ記憶アリマセン
初大阪テ会合シタノハ多よ里テ会合シタ後テ一回タケテアッタト記憶シテ居リマス

二　問　昭和八年四五月頃被告ハ安田カラ被告ノ出金名義テ綾川武治ニ金三千円ヲ渡スカラ諒解シテクレト云ハレタコトカアッタカ

答　左様ナコトカアリマシタ
四月終リ頃ノコトテ私カ大阪テ怪我ヲスル前テアッタ

ト記憶シマス
赤坂田町ノちかやト云フ待合テ安田ト綾川私ノ三人カ
会合シ其席テ安田カラ御訊ネノ通リ諒解ヲ求メラレ私
モ承知シマシテ慥カ三千円ノ金ヲ安田カラ綾川ニ渡シ
タト記憶シマス

三問　右ノ出金ノ趣旨ハ何テアツタカ

答　安田ノ云フニハ綾川ニ新聞ヲ買收シテ貰ツテ天野ノ指
導テ思想問題ノコトヲ書キ度イノテアルク安田ハ自分
ヤ天野ノ名前ヲ出シテハ具合カ悪イカラ私ニ名前ヲ貸
シテクレト云フコトテアリマシタ
ソレテ金ハ新聞ノ買收費ト云フコトテヤリマシタ

四問　昭和八年三月中初大阪テ安田岩村等ト会合シテ居ル時
ニ唐原ト云フ人モ同席シタカ

答　致シマシタ同人ハ日露戦争時代ノ私ノ親友テアリマ
スカ岩崎ヲ私ニ紹介シタノテ別ニ意味モナク列席シテ
居リマシタ

五　問　被告カ岩村峻等カラ安田鐵之助ニ金ニ万五千円ノ国家革新運動資金ヲ出サセルコトニ盡力シタ動機如何

答　昭和八年初頭ニ於テハ私ハ日本ノ政治ハ政党ニヤラシテハイケナイト考ヘテ居リマシタ

政党ヲ排斥シテ平沼内閣ヲ樹立シナケレハナラナイト考ヘテ居リマシタ

斉藤内閣組閣ノ事情ヲ観ルニ欧米崇拝者テアル幣原喜重郎カ三菱ト結托シ牧野モ加ハッテ一夜協議ヲ遂ケ政党財閥ノ擁護者トシテ斉藤実ヲ内閣ノ首班ニ推スコトニ決メ之等ノ人カ西園寺ヲタマシテ終ニ斉藤内閣ノ出現ヲ見タノテアリマス

斯様ナ事情カラシテ私ハ軍人カ日本国家ノ改造ヲヤルノニハ賛成テアッテ政治機構カラ斉藤内閣ヲ打倒スルコトニ援助シナケレハナラナイト考ヘテ居リマシタ

左様ナ思想的立場カラ安田カ軍人ト共ニ国家革新運動ヲ起スト云フコトテアッタカラ其運動資金調達ノ援助ニ

ヲスルコトニナリマシタ
更ニ一面ニ於キマシテハ安田ヤ其他現役ノ軍人ノ人達ハ斉藤内閣組閣事情ヲ知ラスシテ西園寺カ悪イトハカリ思ヒ込ンデ居リマシタ
私ハ之レカ為メニ佐藤幸徳小磯中将其他ノ軍部ノ人ニ数十回会見シテ斉藤内閣組閣事情ヲ説明シテ西園寺カ悪イノテハナイト了解シタコトモアリマス
安田ノ口調カラ察シマシテ革新運動ノ目標ニ西園寺カサレテ居ルコトカ察知出来マシタノデ私ハ安田ニ対シテハ機会アル毎ニ西園寺ノ為メニ弁解シ西園寺ハ明治大帝ノ元老トシテ置イテ置カナケレハイケナイ決シテ西園寺カ悪イノデハナイ之レヲ殺スト云フ法ハナイジヤアナイカト説キ安田モ私ノ意見ヲ諒解シテクレタノデス
私カ西園寺ハ別条ナイカト聞イタ時ニ安田ハ別条ナイト云フコトデシタ

此ノ西園寺干係ノコトヲ警戒スルコトモ私カ安田ニ接近シテ運動資金調達ノ奔走ヲスルニ至ツタ重要ナ動機テアリマス

此時予審判事ハ被告人ニ対シ本件犯罪ノ嫌疑ヲ受ケタル原由ヲ告知シタル上

大問　何カ陳述スルコトカアルカ

答　別ニ述ヘルコトハアリマセン

右読聞ケタル処無相違旨申立署名拇印シタリ

被告人　中島勝治郎

同日於同所作之

東京地方裁判所

裁判所書記　長谷川西次郎

予審判事　清水鼎良

三

右謄本也

昭和　年　月　日

東京地方裁判所

裁判所書記

第六回訊問調書

被告人　中島勝治郎

右殺人豫備並爆發物取締罰則違反被告事件ニ付昭和十年三月十六日豊多摩刑務所ニ於テ豫審判事清水最良ハ裁判所書記大澤正郎立会ノ上前回ニ引続キ右被告人ニ対シ訊問スルコト左ノ如シ

一問　昭和八年二月末頃被告ハ安田カラ國家改造運動ニ費ヤス資金ノ調達ヲ頼マレタノカ

答　左様デス

二問　當時ハ安田ノ話デハ改造ノ方法トシテ軍隊ノ力ニ依ツテ齋藤内閣ヲ倒スト云フ事デアツタノカ

答　左様デス

三問　尚當時安田ノ話デハ斉藤内閣ヲ倒シテ陛下ニ上奏シテ國家改造ノ目的ヲ達スルノデアツテ宮中ノ事ハ手順カ定メテアルト云ツテ居タカ

答　左傾中ニテ居リマシタ

四問　内閣ヲ倒スト共ニ戒厳令下ニ導イテ強力内閣ヲ出現サセ其ノ内閣ニ依ッテ改造ヲ断行スルト云フ話ハ聞カナカッタカ

答　安田ノ話ハ其ノ趣旨テアリマシタ
強力内閣ハ改造ヲ断行スルニ当ッテハ議会ハ政党カラ成ッテ居ルカラ一、二年休マセナケレハイカナイト云フ話モ安田ハ致シテ居リマシタ
破壊後ノ左傾ナ建設方法ニ付テハ被告モ安田ノ意見ニ賛成テアッタカ

五問　答　左傾テス
其点ハ同意見テアリマシタ

六問　強力内閣ノ首班ニハ誰カ良イト云フ意見テアッタカ

答　昭和八年二月頃私ハ安田ト清水達三郎トニ会見サセ三人テ話シタ結果安田ハ平沼内閣説ニ賛成致シマシ

タ
其處テ私等カ斡旋致シマシテ安田ハ平沼男爵ニ会見シ意見ヲ聞ハシタ結果安田ハ平沼内閣説ニ確実ニ賛成スルニ至リマシタ
其後ニ於テ安田カラ私ニ運動資金調達ノ依頼カアリマシタ
ソウシテ未タ資金カ出来ナイ前ニ安田ハ突然平沼ハ駄目タト云ヒ出シマシタカラ私ハ君ハ平沼氏ニ会見ノ結果平沼説ニ賛成シタノテハナイカト云ヒマスト答ヘテ曰ク只今テハモウ駄目タト云ヒマスカラ私ハ然ラハ陸軍ナレハ宇垣、荒木ヨリ外ニナイテハナイカト申シマスト安田氏曰リ君老人ハ駄目タヨ無論宇垣荒木等ハ問題テナイカ今ノ天下ハ壮年テナケレハ到底駄目テストノ事テシタ
私ハ然ラハ立派ナル壮年ノ人物カアリマスカト訊ネマスト安田氏答ヘテ曰ク幾何モアル現今我国ノ國粋

ハ政党ニ依ツテ天下ハ乱レ又此ノ政党ニ依ツテ国難ヲ打開スルニ於テハ國民ハ政党ニ依ツテ救ハレタ事ニナル

又軍人ニ依ツテ天下ヲ収拾スル時ハ軍人ニ依ツテ救ハレタ事ニナリ何レモ非ナルモノデアル

茲ニ一番良キ方法ハ國民ハ皇室ニヨリテ救ハレタナラハ実ニ満足シテ皇室ノ有難味カ層一層ト加ハル事トナリ最モ良キ方法ト思フ故ニ大化ノ新政ノ如ク此ノ際皇族ノ最モ偉イ方カ御出マシニナツテ収拾サレル事カ最モ良イ事デアルト思フト・ノ意見デアリマシタ

私ハ答ヘテ夫レハ誠ニ結構ナ事デアリマスカ此ノ際ハ内ニ思想問題及外交問題其他種々ナル重大問題カ横ハツテ居ル時デアツテ一大革新ヲ加ヘント欲スルナラハ最モ思ヒ切ツタル大英断ヲ以テ遂行セネハナラヌト思フ

然レハ国民ノ一部ニ於テ自然怨嗟ノ聲ヲ聞カネハナラヌ為ニ累ヲ皇室ニ及ホス事ハ誠ニ恐レ多イ事ダ思想問題ヲ憂フルノ今日重大問題トセネハナラヌ故ニ今ハ臣下ニ於テ思ヒ切ッタル改革ヲ遂行シヤリ過キル位ヤッタトコロデ皇族ノ御出マシヲ仰キ収拾スル様ニサレネハソレハ駄目デアルト申シマシタ
安田氏ハ御尤モノ意見ナルモ今ハ左様ナ迂遠ナ事ヲスル時機デハナイト云ヒマシタ
私ハソレハ大義デナイト申シテ別レテ帰リマシタ
帰リ途徒歩デ色々考ヘテ見マシタ
皇族ノ偉イ方トハ誰方デアラウカ、成程判ッタアノ宮様ノ事ダ之ハイカン、アノ方ヲ担イデハイカヌ、安田氏ハ平素宮様ヲアレ程思フ人カ之ハ謀ッタ、之ハ誰カノ煽動ニ依ル事デアラウ
今ハ安田氏ニ再ヒ注意シテモ聞カヌ之ハ宮様ニ直接御注意申上ケルヨリ外途ハナイト考ヘマシタ

而シテ其ノ時機ヲ窺ツテ居ル中ニ資金カ出来テ安田
ニ提供スルニ至リマシタ
其後安田カラ岩村ニ金ヲ返シタ後六月頃ニ宮殿下カ
軍事工場ノ一部、日本鋼鐵会社御視察ノ時ニ御伴致シ
マシタ
其ノ帰リ途御汗ヲ御流シノ為メ日本橋紀文ニ御立寄
リノ際殿下ヨリ今ノ非常時ニ於テ如何ナル人物カ天
下ヲ收拾セハ良キカトノ御下問ニ対シ奉リ既ニ安田
氏ハ計画ヲ中止シタトハ思ヒマシタカ念ノ為メ私ハ
之ハ良イ機会ト考ヘマシテ種々意見ヲ申上ケタ後萬
一皇族ニ於テノ御出馬ハ誠ニ結構トハ存シマスカ時
機カ一幕早イト思ヒマス
ソレハ皇室ニ累ヲ及ホス虞アリ誠ニ宜數カラサル事
テアルト云フ事情ヲ謹ンテ言上致シテ置キマシタ
以上ノ様ナ顛末テ安田ト私トハ時局ヲ收拾スル内閣
ノ手腕者カ誰カ適当テアルカト云フ事ニ付テノ意見

ヲ異ニシテ居リマシタ

七問　被告ハ同年三月頃ニ於テハ安田ノ国家改造計画ヲ協同シテヤル事ニナツテ居タノカ

答　左様デハアリマセヌ
私ハ安田ト平沼男爵ト連絡スル事ニ盡力シタ丈ケテ建設ノ方ハ任務ハ終リマシタ
而シテ安田カラ其ノ資金ノ調達ヲ依頼サレテ之ニ盡力シタ丈ケテアリマシタ

八問　昭和八年五月末頃安田ハ岩村ニ金二萬円ヲ渡シタ事カアツタノタネ

答　左様デス
私ハ前ニ岩村カラ借シタ金ハ安田カラ返シタモノト信シテ居リマシタ

九問　其後カ其前カ東坂田町ノ待合なか屋テ安田ト綾川武治ト三人テ会合シテ其際安田ハ被告ニ被告名義テ綾川ニ新聞買收費トシテ金三千円ヲ交付スル事ノ承諾ヲ求メ被告ハ承諾シタ事カアツタノタネ

四

答　左様ナ事ハアリマシタ
早イ人ハ既ニ夏服ノ上着ヲ着テ居タ頃デス、カラ安田
カラ岩村ニ金ヲ返シタ後ノ事デ六月頃デアッタト記
憶シマス

問　其ノ出金ノ趣旨ハ天野辰夫ノ指導デ思想問題ヲ取扱
フ新聞ヲ発行スル資金デアッタカ

答　左様デス

二問　其ノ当時其出金ハ国家改造運動ト関聯カアッタノデ
ハナイカ

答　天野サンカ指導スルト云フ事デアリマシタカラ国家
改造運動ト関係カアリ財閥政党等ノ機械思想ヲ宣伝
スル目的デアルト考ヘテ居リマシタ

三問　当時被告ハ安田ノ計画シテ居ル直接行動ハ進行中デ
アルト思ッテ居タカ

答　直接行動ノ方ハ中止シテ新聞等ノ言論機関デヤルノ
ダト思ッテ居リマシタ

三　問　其後同年七月七日ノ朝安田ハ被告ニ実ハ今日決行スル事ニナッタ軍ノ飛行機カ出テ来テ總理大臣官邸ニ爆弾ヲ投下スル今日ハ閣議テアル午前十一時カラ十二時迄ノ間ニ決行スル君ニハ用事カアルカラ宅ニ帰ッテ十一時二十分頃ニモウ一度来テ呉レ、西園寺ノ所ニ行ッテ貰ハナケレハナラナイカラト云ッタノタネ

答　左様テス

四　問　尚当日午前十一時二十分過頃安田ハ被告ニ今日ノ決行ハ駄目タ今日ノ閣議中軍カ出ル民間ノ人モ交ッテ出ル豫定テアッタカ都合テ今日ハ決行ヲ延ハシタ今度ハ十一日ノ閣議中ニナルト云ッタノカ

答　左様テシタ

五　問　翌八日朝安田ハ被告ニ君ニ手柄ヲ立テサセル当日老公ノ所ニ情勢報告ニ行ッテ貰フ心算タト云ヒ被告ハ十日ノ晩カラ興津ニ行ッテ西園寺ノ御用ヲシ

五

ナケレバナラナイト云フト安田ハ君ニ手柄ヲ立テサセルノダカラ仮病ヲ使ツテ行カズニ座テ居レト云ヒ

被告ハ承諾シタノダネ

答　左様デス

一六　問　被告ハ興津行ヲ見合セ十一日ハ安田ノ云フ通リ安田宅ニ行ツテ安田ノ命令ヲ実行スル考ヘデアツタカ

答　安田カ情報ヲ知ラセルト云フ事デシタカラ其ノ情報ヲ家デ待ツテ夫レヲ西園寺老公ニ傳ヘル考ヘデアリマシタ

一七　問　情報ト云フノハ何ウ云フ意味ト思ツタカ

答　直接行動カ実行サレタナラバ其ノ実行ノ情報ヲ傳ヘサセルト同時ニ実行後内閣カ潰レテ了ツタ時ニ戒厳令カ敷カレテモ誰人カ後継者トシテ出馬シテ時局ヲ収拾スルカニ付テハ宮中デハ西園寺老公ニ御下問カアルダラウト想像致シマシタ

ソレデ左様ナ場合ニ備ヘル為メニ安田ハ老公ニ何等

カノ進言ヲスル者ヘテ私ニ誰カヲ連レテ行カセルカ或ハ私ニ書面ヲ託スルカスルノデハナイカト考ヘマシタ

私ハ宮様ノ御出マシニナル事ハ六ツケシイト考ヘテ居リマシタ

又安田ハ平沼内閣デハ駄目ダト云フ意見デアリマシタカラ戒厳令下ニ於キマシテモ内閣ノ首班者ヲ定メル事ハ宮中デハ西園寺老公ニ御下問カアルダラウト考ヘタ次第デス

六 問

安田カ被告ニ手柄ヲ立テサセルト云フタ手柄ノ意味ハ何ウ云フ事カ

答

手柄ト云フノハ再三安田ハ云ツテ居リマシタ

私ハ私ノ進言ヲ容レテ安田カ西園寺老公ノ暗殺ヲ止メル其人代リ決行當日ニ老公ニ情勢ヲ報告シ進言ヲ為シテ貰ヒタイ、ソウスル事ニ依ツテ国家ニ手柄ヲ立テサセルト云フ意味ト解シマシタ

五問 平和ト云フノハ現状破壊後ノ建設ニ付テ被告ニ一役務メサセテ国家ニ平和ヲ立テサセルト云フ趣旨カ

答 左様デス

西園寺ニ情報ヲ持ッテ行ケト云フ一役ヲ私ニ割振ッテクレルト云フ趣旨デアリマス

但シ内閣デ私ニ何カ働カセルト云フ意味ハアリマセヌデシタ

六問 當時被告ハ新シク出現スル内閣ハ国家ノ政治向ヲ怎ウ云フ風ニ改革シテ行カナケレバナラナイト希望シテ居タノカ

答 私ハ當時発表シタ訳デハアリマセヌカ希望シテ居タ事ハ先ヅ外交問題ニ付テ強硬ナ外交政策ヲ採ッテ行カナケレバナラナイト云フ事及農村問題ニ付テ従来ノ如ク産業組合等個人主義的商売根性ノモノデハナクテ一切共存共栄ノモノ出来ナクテハイケナイト考ヘテ居リマシタ

二問　左様ナ政策ヒノ改造ノ外ニ從来ノ国家ノ政治ノ制度改革ニ付テ何カ希望シテ居タ事ハナカッタカ

答　理想的改革ヲ実行スルニハ現在アル様ナ政党ノ職業代議士ノ存在ハ妨害ニナッテ居ルカラ之ヲ変ヘテ農村ノ真ノ代表者カ送ラレル様ニナラナケレハイケナイト思ヒマス

ソウ云フ代議士選出ノ方法ヲ根本的ニ改造スヘキモノト云フ考ヘヲ持ッテ居リマシタ

三問　其外ニモ理想的政策ヲ実行スルニ付テノ妨ケトナル諸制度ハ検討ノ上改革サレテ行クヘキモノト考ヘナカッタカ

答　ソレハ勿論左様考ヘマシタ

然シ具体的ニ何ノ制度ヲ何ウ変ヘナクテハナラナイト云フ事ハ私トシテハ考ヘテ研究シタ事ハアリマセン

此時豫審判事ハ被告人ニ対シ本件犯罪ノ嫌疑ヲ受ケタル事由

ヲ告知シタル上
三問　最後ニ何カ陳述スル事ハナイカ
答　別ニ申上ゲル事ハアリマセヌ
被告人　中島勝治郎
右読聞ケタル処無相違旨申立署名拇印シタリ
同日於同所作之
東京地方裁判所
裁判所書記　大澤正郎
豫審判事　清水泉良
右謄本也
昭和　年　月　日
東京地方裁判所
裁判所書記

七

訊問調書

被告人　佐塚袈裟次郎

右之者ニ對スル殺人豫備被告事件ニ付昭和九年六月十五日豊多摩刑務所ニ於テ豫審判事清水鼎良ハ裁判所書記長谷川酉次郎立会ノ上右被告人ニ對シ訊問スルコト左ノ如シ

一問　氏名年齡職業住居本籍及出生地ハ如何

答　氏名ハ　佐塚袈裟次郎

年齡ハ　四十二歳

職業ハ　無職

住居ハ　目黒区中目黒一丁目八百二十八番地

本籍ハ　長野縣南佐久郡海瀬村大字海瀬五七三番地

出生地ハ　同所

二問　被告人ニ對シ次ニ讀聞ケル事實ニ付殺人豫備罪トシテ豫審請求カアッタカ之ニ付何カ陳述スルコトカアルカ

此時豫審判事ハ被告人外三名ニ對スル昭和八年十月二十一

日付豫審請求書記載ノ公訴事実ヲ読聞ケタリ
答 前ニ検事ニ対シテ申シ述ヘマシタ通リ私ハ具体的ノコ
トニ付テハ何等伺ッテ居リマセン
読聞ケノ警視廰内閣総理大臣官邸ヲ襲撃スルトカ誰々
ヲ何ウスルト云フ様ナコトハ伺ッテ居リマセン
私カ中島カラ具体的ニ聞イタコトハ國民大会ヲ開イテ
全國カラ五萬人位人間ヲ集メテ現状打破ノ演説会ヲ為
シ其際在郷軍人ノ服装ヲシタ者ヲ二、三百人トラックテ
日比谷公園ニ集メテ空砲ヲ打タセルソウスレハ警視廰
カ干渉シ相対峙シテ市内カ混乱ニ陥リ、戒嚴令ヲ布クコ
トニナル戒嚴令ヲ布ケハ新シイフアッショ内閣ヲ作ル
コトカ出來ル其運動ノ資金カ欲シイト云フコトテシタ
岩村カラ安田ニ出シタ金額ハ二回テ二萬五千圓テアッ
タト思ヒマス私ハ中島カラ御蔭テ二萬五千圓出來タ
ト聞イタ氣カシマス
五月ノ末頃テアッタト思ヒマスカ或時松澤カラ私ト岩

崎ニ金ハ返ヘサレタト話サレタコトカアリマス
松澤ノ説明デハ松屋カ金ニ困ツテ安田カ氣ノ毒ニ思ツテ返シタト云フ趣旨デシタ
私ハ松澤ノ突然ノ話デシタカラ嘘デハナイカト云フ氣モシマシタノデ電話テ岩村ニ聞イテ見マシタ　岩村ハ五千圓トカ足リナイカ二萬圓返ヘサレタト云ヒマシタ
私ハ岩村ノ話ヲ聞イテ本當ニ返ヘサレタモノト思ツテ居リマシタ

三問　被告ハ安田カラ岩村ニ二萬圓ノ金カ返ヘサレタコトヲ聞イテ安田ノ計画カ中止サレタモノト考ヘタノカ

答　中止サレタモノト迄ハ考ヘマセンテシタ

四問　被告ハ右ノ話ヲ聞イテ安田カ岩村カラ中島ヲ介シテ受取ツタ金ヲ其侭使ハスニ持ツテ居テ其金ヲ返シタト思ツタノカ

答　其点ハ何ケラトモ念頭ニ浮ヒマセンテシタ

五問　安田カ岩村カラ受取ツタ金ハ使ツテ別ニ金ヲ拵ヘテ岩

村ニ返シタト思ハナカツタカ
答　其桌モ何トモ考ヘマセンテシタ
六問　被告ハ前料カアルカ
答　アリマセン
七問　被告ノ家族ハ如何
答　妻ト子供四人外ニ兄ノ遺児一人テアリマス
八問　被告ノ経歴ヲ申シ述ヘヨ
答　私ハ郷里ノ高等小学校ヲ卆業シタ後自家ノ農業ノ手傳ヒヲシテ居リマシタカ満十八歳ノ時現役志願ヲ致シ近衛歩兵三聯隊ニ入営シ満六年間軍隊ニ勤務シ軍曹ニ昇進致シマシタ除隊後一旦帰郷致シマシタカ間モナク台湾ニ行キマシタ台湾ニハ當時実兄佐塚愛祐カ警部補ヲ致シテ居リ其友人近藤小次郎カ農場ヲ経営シテ居リマシタノテ台中州テ大正六年カラ大正八年迄近藤農場テ働キマシタ　大正八年春ニ一旦帰省致シマシテ其年ノ秋ニ牛込区納戸町ノ田中輝山経営ノ新聞商工新報社ニ

約一年程記者ニ入ッテ居リマシタ
其後山形縣下テ炭燒事業ヲ始メマシタカ失敗シマシテ
東京ニ歸リ東京毎日新聞ニ入社シマシタ當時同社ノ社
長ハ藤田勇テシタカ同人カラ知遇ヲ受ケテ營業部テ働
イテ居リマシタ大正十二年ノ震災テ藤田カ新聞社ヲ罷
メタノテ私ハ藤田ノ玄関番トシテ勤メテ居リマシタ
大正十四五年頃藤田勇ト松澤勝治カ共同テ輸入業藤松
商会ヲ起シテ私ハ其店ニ勤メマシタカ間モナク潰レマ
シタノテ此方モヤメマシタ
松澤勝治ハ此仕事ノ関係テ初メテ知リマシタ
其後藤田カ信念ノ研究ト云フ雑誌ヲ発行シテ居リマシ
タノテ暫ク此方ノ手傳ヒモシテ居リマシタカ昭和六年
カラ七年ニ掛ケテ約一年程藤田ノ家ニ遠去カッテ浪人
シテ居リマシタ
昭和七年八月カラ藤田ノ目黒ノ邸宅ノ買入ニ奔走シ十
一月カラ邸内ノ別棟ノ家ヲ無償テ借リテ住ッテ居リマ

シタ其間昭和八年四月迄藤田カラ報酬トシテ月百圓宛受ケテ居リマシタ其裡ニ藤田ノ家ノ仕事カ無クナツタノテ報酬モ貰ヘナクナリ廣告器械製造販賣業ヲ始メ様ト計画シテ仕事ニ掛ツタ斗リノ時ニ此度ノ事件テ検挙ヲ受ケタ次第テス

三

被告人　佐塚袈裟次郎

右読聞ケタル處無相違旨申立署名拇印シタリ

同日於同所作之

東京地方裁判所

裁判所書記　長谷川酉次郎

豫審判事　清水鼎良

右謄本也

昭和　年　月　日

東京地方裁判所

裁判所書記

第二回訊問調書

被告人　佐塚袈裟次郎

右ノ者ニ対スル殺人豫備被告事件ニ付昭和九年七月三十日豊多摩刑務所ニ於テ豫審判事清水鼎良ハ裁判所書記長谷川西次郎立會ノ上前回ニ引続キ右被告人ニ対シ訊問スルコト左ノ如シ

一問　中島九峯事勝治郎ハ何時カラ知ツテ居ルノカ

答　此度ノ金融関係テ初メテ知リマシタ

二問　松沢勝治ハ何時カラ知ツテ居ルノカ

答　私カ藤田勇ノ玄関番ヲヤツテ居タ当時藤田ト松沢カ共同テ藤松商会ヲ始メ私カ其仕事ヲ手傳フ様ニナリ松沢ト知合ニナリマシタ。松沢トハ同商会ヲヤメテカラ途中暫ク交際シマセンテシタカ、昭和七年秋頃以来チヨイ〳〵会フ様ニナリマシタ

三問　岩崎綏耀トノ関係如何

答　十年位前矢張私カ藤田ノ玄関番ヲシテ居タ当時藤田ト岩崎ハ同縣ノキ係テ岩崎カ出入シテ居タノテ知合ニナ

(1.)

ツテ交際ヲ続ケテ居リマス

四問　岩村峻ハ何ンナ関係カ

答　岩村モ藤田ノ処ニ出入シテ居タノテ顔見知リニナリマシタ

五問　被告ハ昭和八年一月三、四日頃岩村峻ノ家ニ年始ノ挨拶ニ行ツテ自分ノ将来ノコトヲ頼ンタコトカアツタカ

答　さ様ナコトカアリマシタ、暮ノ裡ニ藤田ノ処ヲヤメルコトニ決ツテ同月迄ノ俸給シカ貰ヘナイコトニナリマシタ。其後ハ浪人スルコトニナリマシタノテ岩村ニ年始ノ挨拶ニ行ツテ事情ヲ話シ将来仕事ヲサシテ貰ヒ度イト頼ミマシタ

六問　其際岩村ハ君モ藤田ノ処ニ居ルノタカラ何カ早耳ヲ聞クコトカアルタラウカラ何カ聞イタラ知ラシテ貰ヒ度イ。自分モ株ヲヤツテ居ルカラ聯盟ヲ日本カ脱退スル様ナコトノ早耳テモアツタラ知ラシテ貰ヒ度イトユフタカ

答　左様ナ趣旨ノ話カアリマシタ。藤田ノ所ニ居ルノダカラトユフコトデハアリマセンデシタ。岩村ハ君モ知ツテ居ル通リ僕モ株ノ方ヲ専門デヤツテ居ル聯盟脱退ノ様ナコトカ早耳出来タラ知ラシテ呉レト云フテ居リマシタ。丁度其時期ハ山海関カ落チタトカ落チナイトカ言フ時デ日本ノ聯盟脱退ノ噂カ拡ツテ居タノデ岩村カ左様頼ンダト思ヒマス私ハ岩村ノ頼ミヲ受合ヒマシタ。

七　問　岩村ハ其時年玉トシテ二百円呉レタカ。

答　貰ヒマシタ。

私カ浪人スル話ヲシタノデ岩村ハソレニ同情シテ僕モ余裕ハナイカ、上ケテ置クト云ツテ呉レタノデ貰ツテ置キマシタ

八　問　其後三月頃迄岩村ト会ハナカツタノカ

答　会ヒマセン。

九　問　被告ハ昭和八年三月中京橋区木挽町ノ清水ツル方ニ行ツテ岩村ト会ツタカ。

2、

答　三月上旬頃其処ニ行ッテ岩村ニ会ヒマシタ。私ハ遅々四月モ近ヅクノデ何カ仕事ヲサレテ貰ハウト思ッテ岩村ヲ訪ネマシタ。

一〇問　被告ハ其際岩村ニ何カ仕事カナイカト訊ネ岩村ハ松屋ノ重役、内藤彦一ノ手形割引カ出来マイカ心当リヲ探シテ呉レ内藤ノ松屋ノ肩書付ノ手形テモ良イト云フタノカ

答　左様テス。内藤個人ノ手形ノ割引カ出来マイカ出来ナケレハ松屋ノ内藤ノ手形テモ構ハナイ。金額ハ五万円テモ十万テモ良イ。出来レハ相当ナ御礼ヲスルト岩村ハ言ヒマシタノテ私ハ引受ケテ来マシタ

一一問　其際岩村ハ早耳ノ話ハシナカッタノカ

答　其時ハ致シマセンテシタ

一二問　被告ハ岩村ノ頼ミヲ引受ケテ後、誰カニ内藤ノ手形割引ヲ頼ンタカ。

答　頼ミマシタ。岩村カラ頼マレテカラ二、三日後赤坂区仲

ノ町ノ中尾利三郎ニ頼ミマスト、聞イテ置クト云フ事
テシタ。此ノ係ハ後ニ四、五日経ッテ出来ナイト言フ返
事カアリマシタ。尚其頃岩崎綏燿ニモ同様ノ頼ミヲ致
シマシタ。

一三
問　岩崎ニ右ノ手形割引ヲ頼ンタコトノ経緯ヲ申述ヘヨ。
答　中尾ニ右ノ頼ミヲシテ間モナクノコトテシタ。慥カ銀
座通リテ岩崎ニ会ッテ此話ヲシタト記憶シマスカ場所
ハハッキリシタ記憶ハアリマセン。私ハ岩崎ニ何ッテ
ニ、三日前松屋ノ秘書ノ岩村峻ニ会ッタカ内藤ノ手形テ
金ハ出来ナイカ、出来ナケレハ松屋ノ肩書付ノ手形テ
モヨイカトイフコトタカ君心当リハナイカト話シマシ
タ。岩崎ハ個人ノ手形テハ難シイケレトモ松屋ノ常務
ノ手形ナラ出来ナイコトハナイト思フ、岩村本人ニ会
ッテ一応聞イテ見様ト申シマシタ。
其処テ其日カ或ハ一日置イタカモ知レマセンカ私ト岩
崎ハ岩村ニ会ッテ其話ヲ確メマシタ。岩村ハ深ク話ハ 3、

レナイテ佐塚サンニ話シテアルカ何分宜敷クオ願ヒシ
マスト言ヒ、私ト岩崎ハ兎ニ角奔走シテ見マセウト言
ツテ引受ケマシタ。
ソレカラ二、三日後岩崎ト会ツタ時ニ岩崎ハ松沢勝治ニ
話シテ見様松沢ハ無盡會社モヤツテ居タシ高田商会ニ
モ居タシ実業界ニ顔カ広イカラト言フコトテシタカラ
私モ之ニ賛成シテ両人テ松沢ヲ訪ネテ内藤ノ手形割引
ヲ頼ンタ次第テス。

四問 ソレ迄ハ被告、岩村、岩崎ノ間ニ株式相場ヲスル為メ
ノ早耳ノ話ハナカツタノタネ

答 アリマセン。内藤ノ手形割引ノ依頼タケテシタ。

五問 被告ト岩崎ハ丸ノ内八重洲ビル内ノ東邦商行株式会社
ニ行ツテ内藤ノ手形割引ノ件ヲ松澤ニ頼ンタノタネ

答 左様テス。岩崎カラ松沢ニ話シテ見様ト云フ意見カ出
タノテ其足テ東邦商行會社ニ行ツテ松沢ニ会ヒ私カ岩

村カラ頼マレタ話、松屋ノ内藤ノ手形割引ノ件ヲ大体説明シテ頼ミマシタ、松沢ハ其時自分ノ知ッテ居ル今中島ト云フ人カ白石元次郎ノ財産整理ヲシテ居リ東京大阪神戸ノ大実業家ヤ名士ヲ知ッテ居ルカラ其人ニ話シテ見様ト言フ事テシタ、私ト岩崎ハ中島ニ一度会ハシテ貰レト松沢ニ頼ンテ其日ハ別レマシタ、

一六問　被告ト岩崎ハ其後松沢ノ紹介テ九峯事中島勝治郎ニ会ッタカ

答　会ヒマシタ一両日後岩崎ト共ニ同会社ニ行ッテ見ルト丁度中島モ来合セテ居テ四人テ地下室食堂テ会ヒマシタ

一七問　其会見ノ顛末ヲ申シ述ヘヨ

答　其際私ヤ岩崎ハ松沢ニ頼ンタト同様ノコトヲ述ヘテ中島ニ内藤ノ手形割引ノ世話ヲ頼ミマシタ、処カ中島ハ、左様ナ手形テ金ハ出来ナイ担保テモナイト難シイト云ッテ私達ノ依頼ヲ一蹴致シマシタ

4、

ツシテ私達ハガツカリシタ次第テス
手形割引ノ話カ一段落ツイタ後四人ノ間ニ時事問題ニ付テノ雑談カ始マリ話ニ花カ咲イテ四人テ各自意見ヲ述ヘテ居ル裡ニ松沢ハ経済問題カラ政治問題ニ言及シ現在ノ統制経済ナルモノハ資本統制経済テ大資本家ノ利益ニナル許リテ吾々小資本テ仕事ヲスル者ハ事業カ出来ナイ結局國家統制ニシナケレハイケナイト云フ趣旨ノコトヲ述ヘテ現在ノ政治ヲ批難致シマシタ
中島ハ松沢ノ言葉ヲ受ケテ今宮様ヲ背景トシタ改革運動カアル斉藤内閣ノ倒壊共産党ノ撲滅資本家ノ膺懲ヲ為シ強力内閣ヲ組織スル計画カアルト言フ話ヲ致シマシタ
岩崎ト私モ松沢中島ノ意見ニ賛成シ改革運動ニ共鳴シタ次第テス、其処テ松沢ハ中島カ右ノ運動資金ヲ探シテ居ルカ君等ハ空手段テ金融ノ奔走ヲシテ歩クヨリモ此資金ヲ作ル事ニ奔走シテハ何ウカ之レニハ榊原農場

ヲ担保ニシテ金ヲ借リ度イノデアルカ何処カ出来ル
処ハナイカト言ヒ中島モ亦松沢ノ言葉ヲ裏書スル様
ナ事ヲ言ツテ両名デ私ト岩崎ニ國家改革運動資金ノ
調達ヲ頼ンダノデス
尚此席上デ改革運動ノ具体的方法ニ就イテハ中島カ
國民大会ヲ開ク之レニハ全國カラ五万人位人ヲ寄セ
ルソウシテ在郷軍人ノ服装ヲサセタ者ヲ二、三百人ト
ラツクニ乗セテ國民大会ノ最中ニ送リ込ンデ空砲ヲ
打タシテ國民大会ヲ煽リ警官トノ衝突ヲ惹キ起サセ
市内ヲ混乱ニ陥レル一方首相官邸ニ決死体ヲ送ツテ
斉藤首相外一、二名ヲ暗殺シテ現内閣ヲ打倒スル、其
処デ戒厳令カ布カレテ戒厳令下ニ強力内閣ヲ組織ス
ルト云フ説明カアリマシタ　尚此時ニ確カ中島デア
ツタト思ヒマスカ此運動資金ニハ資本家ノ金ハ使ヒ
度クナイト云フテ居リマシタ其処デ私ト岩崎ハ希望
通リ金カ出来ルカ何ウカ判ラナイカ奔走シテ見マセ
5

ウト言ッテ別レマシタ
一八問　運動資金ノ額ハ言ハナカッタノカ
答　中島ハ五万円位欲シイト言ッテ居リマシタ
一九問　此運動ヲ安田鉄之助カヤッテ居ルト言フ話ハナカッ
タカ
答　其時ノ話テハ中島ト安田カ一緒ニ計画シテ居ルトノ
事テシタ
二〇問　松沢モ中島ト一緒ニナッテ被告ト岩崎ニ右ノ運動資
金ヲ作ル事ヲ頼ンタ訳タネ
答　私ノ其時ノ話ノ感テハ其前ニ中島ト松沢ノ間ニ話合
カアッテ松沢ハ中島ノ私達ニ対スル頼ミノ口添ヲシ
テ居ル様ナ状況テアリマシタ
二一問　其会見テ中島ヤ松沢カラ飛行機ヲ使ッテニ百五十キ
ロノ爆弾ヲ投下スル計画モアルト云フ話ヲシナカッ
タカ
答　其時ニハ飛行機ノ話カナカッタ様ニ思ヒマス私ノ記

憶テハ岩村カラ金ヲ出シタ後松沢カ岩崎ト私ニ左様ナ飛行機ノ話ヲシ岩崎カ飛行機ヲ使ツテ多数ノ人命ヲ失フコトハ日本精神ニ反スルト云ツテ突込ンダコトカアツタト思ヒマス

三問

被告ハ岩崎ト共ニ中島ヤ安田銕之助カ斉藤内閣ヲ打倒シ強力内閣ヲ作リ日本改造運動ヲ為ス為メニ其実行方法トシテ国民大会ヲ開キ一方斉藤首相ヲ暗殺スルコトニ共鳴シ其資金ヲ作ル奔走ヲ為ス決心ヲシタコトハ違ヒナイカ

答

ソレハ違ヒアリマセン　私ト岩崎ハ中島ト別レテカラ日比谷方面ニ歩キ乍ラ此資金ノコトニ付テ話合ヒマシタ　私ハ岩村ニ話シテ見様ト言ヒマスト岩崎ハ岩村ハ金ヲ作ツテ呉レト頼ンテ居ル位タカラ出来ツコナイテハナイカト云フコトテシタ　私ハ何ヲ言フテモ世帯カ大キイカラ借金ハアツテモ五万円位ノ金ハ出来ナイコトハナイ新シイ内閣カ出来テカラ岩村ノ方ノ救済ヲシ

6

テヤレハヨイジヤナイカト言ヒ岩崎モ結局賛成シテ総ニ初メテ岩村ニ資金ヲ出サセ株ト言フコトニナツタノテス

二三問　中島カラ此事件ヲ岩村ノ株式相場ヲヤル下ニ利用サセテ岩村ヲ救済シ交換條件トシテ資金ヲ出サセルト言フ話ハナカツタカ

答　左様ナ話テハアリマセンテシタ、此事件タ株ニ利用スルト言フコトハ私達カ岩村ニ資金ヲ出スコトヲ話シテ其時初メテ岩村カ株ヲスルンタト言フタノテス

後ニ中島ニ岩村ノ話ヲシタ時ニ中島ハ却ウテ喜ンテ左様ナ商人カラ金ヲ出サセルンテアツタラ秘密モ洩レナイシ資本家膺懲ノ趣旨ニモ反シナイト言ツタ位テシタ

二四問　被告ト岩崎ハ其後岩村ヲ訪ネテ中島、桜沢ナト会ツタ話ヲシ中島、桜沢ノ話ノ内容ヲ傳ヘテ金ヲ出シテハ何ウカト勧メタノカ

答　左様テス

其翌日頃私ト岩崎ハ岩村ヲ訪ネ手形割引ノ出來ナイコトヲ話シマシタ　スルト岩村ハ出來ナケレハ已ムヲ得ナイカマア一ツモツト奔走シテ下サイト言ヒマシタ。

其時ハ丁度議会開会中テモアリ政変モアリ相ナ時期テモアリマシタシ又岩村ノ口癖テモアリマスカ時ニ何カ変ツタ事ハアリマセンカネト岩村ハ言ヒマシタ　其処テ私ハ実ハ中島ト言フ人ニ会ツタカ宮様ヲ背景トシテノ改革運動カアル相タト言ツテ先ニ述ヘタ様ナ中島ノ話ヲ致シ資金カ要ルト言フコトタカ無理シテ、モ資金ハ出来マセンカネト聞イテ見マシタ　岩村ハ何時アルンテスカト言ヒマシタノテ私ハ四月八日ニヤル計画ラシイト言ヒマシタ四月八日ト言フノハ中島カ前ノ會見テ言ツテ居タ事実テス

岩村ハ其計画カ確実ナラ金ハ私カ拵ヘマスカネト言ヒマシタノテ岩崎ハ君ハ金ハナイジアナイカト反問シマシタ

7、

岩村ハイヤ無理ヲスレハ出來ルト言ヒ一寸席ヲ立ツテ
社債券様ノモノヲ持ツテ来テ之レテモ三菱ヤ五菱ノ金
ハ出來ルト言ヒマシタノテ私ト岩崎ハ岩村ニ金カ出来
ル見込カアルナト思ツタノテス
其処テ私ハ私達モ中島ニ一度会ツタ丈テ計画ノ内容ハ
確実ニ言ヘナイカラ一度会ツテ見タラ何ウテスカト言
フト岩村ハソレヂア会ヒマセウト言フコトニナリマシ
タ
其処テ私ト岩崎ハ松沢ヲ訪ネテ金ハ出来ルカ中島ニ会
ハセテ呉レナイカト言ツテ中島ノ都合ヲ聞イテ貰ヒ銀
座ノ辺よりテ会フコトニナリマシタ

被告人　佐塚　袈裟次郎

右読聞ケタル處無相違旨申立署名拇印シタリ
同日於同所作之
東京地方裁判所

裁判所書記　長谷川西次郎
豫審判事　清水鼎良

右謄本也
昭和　年　月　日
東京地方裁判所
裁判所書記

8.

第三回訊問調書

被告人 佐塚 袈裟次郎

右者ニ対スル殺人豫備被告事件ニ付昭和九年八月二日豊多摩刑務所ニ於テ豫審判事清水鼎良ハ裁判所書記長谷川酉次郎立会ノ上前回ニ引続キ右被告人ニ対シ訊問スルコト左ノ如シ

一問 昭和八年三月十八日頃京橋区西銀座交詢社ビル附近ノ鳥料理屋多よりテ中島岩村松澤岩崎被告ノ五名カ会見シタコトカアッタカ

答 左様ナコトカアリマシタ

其会見ノ前被告ト岩崎ハ岩村カ献金ノ意思アルコトヲ確メタ後之ヲ松澤ニ傳ヘ中島岩村ノ会見ノ斡旋ヲ頼ミ即刻松澤カ中島ヲ電話テ呼ンテ八重洲ビル地下室食堂テ右ノ四名カ会ツテ中島ニ岩村カ金ヲ出スト云フテ居ルコト及松澤中島ニ会見シタイト云フテ居ルコトヲ傳

二問 ヘ中島等ノ意見ヲ徴シタノテハナイカ

答　左様テシタ
多よりテ会フ二、三日前ニ左様ナコトカアッテ中島、松澤
カ岩村ト会見スルコトヲ承諾シタノテス

三問　被告ト岩崎ハ中島、松澤ニ対シ岩村カ直接行動ノ時期ヲ
教ヘテ貰ッテ之ヲ招機ニ利用スル意思ノアルコトヲ告
ケテ両名ノ諒解ヲ得タノタネ

答　左様テス
其時ニ中島ハ商賣人ナラ却ッテ秘密カ洩レナイテヨイ
ト話シマシタ

四問　左様ナ話ハ何時何處テヤッタカ

答　多よりテ中島岩村カ会フ一両日前テシタカ場所ハハッ
キリ覚エマセン　八重洲ビルノ地下室カ多よりカ新橋
ノ末げんト云フ料理屋カ三ツノ中ノ一ツテアッタト思
ヒマス

五問　被告ト岩崎ハ岩村ニ中島松澤ノ会見承諾ノ旨ヲ傳ヘテ
会見ノ時ト場所ヲ打合セテ前述ノ多より会見トナッタ

譯タネ

答　左様デス

私達ハ岩村ニ対シ電話テ其交渉ヲ致シタ様ニ記憶致シテ居リマス

六　問　被告岩崎ハ右ノ多ヨリノ会見前ニ岩村ヲ訪ネテ中島、松澤ト会見スル以上ハ直接行動ノ時期ヲ教ヘル教ヘヌニ拘ラス金ハ渡サネハナランカ其覚悟ハアルカト云ヒ岩村ニ献金ノ決意ヲ進言シタノテハナイカ

答　私ノ記憶テハ左様ナコトカアッタゾハ中島ト岩村ノ会見前テハナク岩村カ安田銕之助ニ会ハシテ呉レト云ッタ時テアッタト思ヒマス

七　問　右ノ多ヨリニ於ケル中島、岩村、松澤、岩崎被告ノ会見ノ顚末ヲ述ヘヨ

答　晝前後テアッタト記憶シマス私ト岩崎ハ先ニ行ッテ待ッテ居ルト間モナク中島松澤カ来テ顔カ揃ッタノテ私ハ岩村ニ電話ヲ掛ケマシタ　間モナク岩村カ自動車テ

二、

ヤツテ來テ其處テ初對面ノ挨拶カ済ンテ松澤カ財政經済問題ヲ相當長ク述ヘマシタ其間中島ハ松澤ノ説ヲ裏書スル様ナコトヲ述ヘマシタ

中島ハ斎藤内閣ヲ倒ス為メニ國民大会ヲ開クト共ニ斎藤首相ヲ暗殺スル直接行動ノ計画アルコトヲ説明致シマシタ此時ノ松澤中島ノ話ハ前ニ述ヘタ私ト岩崎カ中島ニ初メテ会ツタ時ノ話ト同一趣旨ノコトテアリマシタ

一応中島松澤ノ説明カ終リマスト岩村ハ一両日中ニ金ヲ拵ヘマスト云ツテ辞去致シマシタ

其後四人テ食事ヲシテ雑談ヲシテ別レタト思ヒマス

八問 中島松澤カラ其際右ノ直接行動ノ資金トシテ五萬圓出シテ呉レト云フタカ

答 其事ハ私ト岩崎カ前以テ両者ノ間ニ連絡ヲ取ツテ話シテアリ両方共諒解シテ居タコトテスカラ改メテ話シハ出ナカツタ様ニ記憶シマス

此会見ノ主ナ目的ハ私ト岩崎カ中島松澤カラ聞イタ直

接行動ノ話ヲ岩村カ直接中島等ニ会ッテ確メルト云フ
コトニアッタノデス

九問　此時榊原農場ノ担保ノ話カ出タカ

答　松澤カラ榊原農場ノ話カ出タ様ニ記憶シテ居リマスカ
岩村ハ其話ニハ取合ハナカッタト思ヒマス

一〇問　右ノ農場ノ経営資金ヲ岩村ニ出サセルト云フ趣旨ノ交
渉テハナカッタカ

答　左様テハアリマセン
岩村トシテハ金ヲ借リル身分テスカラ左様ナモノヲ担
保トシテ金ヲ貸スト云フ考ヘハ毛頭ナカッタモノト思
ヒマス

一一問　右ノ会見ノ際岩崎ハ中島ニ對シテ五萬圓ノ費ヒ途ヲ訊
ネ中島カラ印刷費直接行動者ノ手當等ニ付テ詳細ノ説
明ヲシタコトハナカッタカ

答　何ウモハッキリシタ記憶ハアリマセン

一二問　右ノ会見テ安田ト岩村ノ会フ話ヲ決メタノテハナイカ

答　左様ナコトテハアリマセンテシタ
一三　問　其後岩村ト安田鋏之助ヲ直接会見サセルコトニナッタノタネ
答　左様テス　岩村ノ希望カアッタノテ私達ノ取計ヒテ左
様ナコトニナリマシタ
匆よりテ五人カ会ッタ後一両日シテ私ト岩崎ハ木挽町
ノ清水ニ岩村ヲ訪ネ中島ニ会ッテ決心カツイタカト聞
キマスト何ウモアレタケノ話テハ餘リハッキリシマセ
ンネ本人ノ安田サンニ会ハシテ呉レマセンカト云ヒマ
シタ　匆よりノ会見ノ際ニ中島カラ岩村ニ宮様ヲ背景
トスル改革運動テアッテ宮様ノ元御附武官テ現在秘書
テアル安田カ此計画ヲシテ居ルノタト話ヲ致シマシタ
ソレテ岩村ハ本人ノ安田サンニ会ハシテ呉レト云ッタ
ノテス　其處テ岩崎ハ安田サントシテモアレ以上ノ話
ハ出来ナイタラウ又安田サンニ会フ以上ハ話カ聞ケル
カ聞ケナイカ何ケラニシテモ金ハ出サナクテハナラナ

イト云ヒマシタ　岩村ハ金ハ持ッテ行ッテ私カ此度云
ハシテ見セマスヨト自信アリ氣ニ云ヒマシタ
其處テ私ト岩崎ハ向フノ都合ヲ聞イテ見マスト云ッテ
岩村ニ別レ其後私ト岩崎ハ松澤ニ会ッテ岩村ノ右ノ希
望ヲ傳ヘテ安田トノ会見ノ取計ヒヲ頼ミ其後ハ電話テ
打合セヲシテ初大阪ノ会見トナリマシタ

一四　問　初大阪ノ会見前ニ被告岩村中島等ハモウ一度多よりテ
会ッテ協議ヲシタノテハナイカ

答　何ウモ其記憶ハアリマセン

一五　問　同年三月二十三日安田鋕之助、岩村、中島、松澤岩崎被告ノ
六名カ会合シタカ

答　左様テス

一六　問　外ニモウ一人此会合ニ加ハッタ人ハナイカ

答　アリマセン

一七　問　右ノ初大阪ノ会合ノ顛末ヲ申シ述ヘヨ

答　當日午後七時頃一同ノ顔カ揃ヒマシタ　岩村カ先ニ行

ツテ私ト松澤岩崎カ行キマシタ次テ中島安田カ参リマシタノテ中島ノ紹介テ私岩村岩崎カ安田ニ初對面ノ挨拶ヲ致シマシタ暫ク雜談ノ後私ト松澤岩崎ハ席ヲ外シ安田岩村中島ノ三人カ同席テ話ヲサレマシタ
話カ済ンテカラ料理カ出テ岩村ハ先ニ歸リマシタ
私ハ岩村ニ話ハ判リマシタカト聞キマシタカ岩村ハハツキリシタ話ハ判リマセント云ヒマシタ　他ノ五人ハ食事ヲ済マシテ聽テ歸リマシタ　其間安田カラ私達ニ直接行動ノコトニ付テノ話ハ何モアリマセンテシタ

一八　問　此会合ノ目的ハ岩村カ安田ニ直接行動ノコトニ付テ聞ク為メテアツタカ

答　左様テシタ　然シ私達ハ安田ト岩村ノ間ニ何ンナ話カ交ハサレタカ聞キマセンテシタ

一九　問　此時岩村カ安田ニ直接行動ノ資金五萬圓ノ献金ノ約束ヲシタノカ

答　私ハ左様ナ約束カ出來タモノト解シテ居リマシタ

中島ハ初大阪ヲ引揚ケル時私ニ小切手テ預リマシタト云フテチラット小切手ヲ見セマシタ　金額抔ハハッキリ致シマセン

問二〇
此会合ノ際岩村カ中島ニ右ノ直接行動資金ノ一部トシテ現金一萬圓ヲ渡シタノヲ知ラナイカ

答
私ハ其事ハ聞キマセン　私ハ岩村カ金ヲ持ッテ行ッテ詰ヲサセルト云フテ居タカラ勿論金ヲ持ッテ行ッテ渡シタモノト思ッテ居リマシタ　處カ中島カラ小切手テ預リマシタト云ッテ見セラレタノテハア現金ハ渡サナカッタノタナト思ッタ次第テス

問二一
其後岩村ハ右ノ直接行動ノ資金トシテ中島ニ金ヲ渡シタカ

答
渡シマシタ　初大阪ノ会見後一両日過キテ私ハ中島カラ岩村ニ金カ出來タカ何ウカ聞イテ呉レト頼マレテ岩村ニ電話テ聞イテ見マシタ其時岩村ハ一寸手違ヒカ出來タカラモウ一両日待ッテ呉レト云フコトテシタ

五.

ソレカラ一日置イテ岩崎ト私ハ匆よりテ晝食ヲシマシ
タカ其時岩村ニ電話ヲ掛ケテ都合ヲ聞キマスト午後出
來マスカ何處ニ持ッテ上リマスカト云フコトテシタ
ソレテ匆よりニ來テ呉レト返事シテ置イテ松澤中島ニ
通シテ両名ニ來テ貰ヒマシタ晝過頃岩村カ參リマシ
タソレ迄中島カ床ノ間ニ座ッテ岩崎松澤私ノ順ニ丁度
松澤ト中島内向ヒ合セ様ニ座ッテ居リマシタ岩村カ
來マシタノテ中島ハ何ウゾコチラニト云ッテ自分ノ右
隣リニ岩村ヲ座ラセマシタ岩村ハ間モナク新聞紙ニ
包ンタモノヲ中島ニ差出シテ御約束ノモノヲ持ッテ來
マシタ少シ足リマセンカト云ヒマスト中島ハイヤト挨
拶シテ新聞紙ノ侭ソレヲ受取ッテ上着ノポケットニソ
レヲ納メ胸ノポケットカラ小切手ヲ出シテ岩村ニ之ヲ
返シテ置クト云ッテ差出シマシタ岩村ハ後カアリマ
スカラト云ッテ受取ルコトヲ逡ッテ居リマシタカ中島
ハソレテモ兎ニ角返シテ置キマストト云ヒ岩村ハソレヲ

受取ッテ暫ク雑談シテ直ク歸リマシタ　岩村カ歸ッテ
カラ中島ハ我々三名ニ向ッテ之レテ御蔭テ二ッ半ニナ
リマシタト云ヒマシタカラ私ハ岩村カラ中島ニ合計ニ
萬五千圓渡サレタト思ヒマシタ　中島ハ私達ニ向ッテ
君等モ困ッテ居ルテセウカラト云ヒ百圓札ノ千圓東三
ツヲ松澤ノ前ニ出シ松澤カラ其内千圓宛ヲ私ト岩崎ニ
分ケテ呉レマシタ　私ハ斡旋シタ御禮ヲ呉レタモノト
解シテ其千圓ヲ貰ヒマシタ

二三問　中島ハ二萬五千圓ノ内三千圓ヲ除イテ残リノ金ヲ安田
銕之助ニ直チニ渡シタノカ

答　私ハ岩村カ多よりニ金ヲ持ッテ來タ日ニ中島ハ其金ヲ
安田ニ届ケタモノト思ッテ居リマシタ

二三問　被告ハ右ノ金ハ前ニ述ヘタ通リ安田等カ斉藤内閣倒壊
ノ為メノ國民大会並斉藤首相暗殺ノ直接行動ノ資金ニ
使ハレルモノト承知シテ居タノカ

答　其通リ違ヒアリマセン

六、

二四 問　其後被告ハ中島カラ度々後金カ出來ナイカト云フ催促ヲ受ケ其都度岩村ノ處ニ足ヲ運ンダリ或ハ電話テ後金ノ催促ヲシタカ

答　其後ハ左様ナコトハアリマセンテシタ

二五 問　被告ハ右ノ直接行動ノ際ニハ飛行機カ出動シテ首相官邸ヤ警視廳ニ爆弾ヲ投下スル計画ニナッテ居ルト云フコトヲ中島松澤カラ聞カナカッタカ

答　前ニ述ヘマシタ通リ中島ハ四月八日ニ決行スルト云フテ居リマシタカ其日ニナッテ何事モアリマセンテシタ．其後松澤ハ四月二十四日トカ五日トカニ決行スルンダ．ト云フテ居リマシタ　其時松澤ハ中島ノ話トシテ初メテ飛行機カ出動スルト云フテ居リマシタ　警視廳ヲ襲撃スルト云フタカ何ウカハッキリ覚エテ居リマセンカ首相官邸ヲ襲フト云フ話テアリマシタ其時岩崎カ飛行機テ多数ノ人命ヲ犠牲ニスルコトハ日本精神ニ反スル、又出來ルモンヂアナイト云ッテ反對ヲ唱ヘマシタ

二六
問 二、三日シテ松澤ハアレハ違ッテ居タト云ヒ飛行機ノ話ヲ取消シテ來マシタ

答 其後被告ハ計画遂行ノ進行ニ就イテ何ウ思ッテ居タノカ

四月二十四、五日頃ノ豫定日ニナッテ何モ起リマセンテシタ 其處テ私ハ中島ノ云フテ居ルコトハ何ウモアヤシイ実行スルノカ何ウカ判ラント云フ疑ヲ持チマシタ其處テ一面岩村ニ對シテモ顔カ立タナイト云フ氣持チニモナリ又自分ノ將來ノ仕事ノ事モ氣ニナッテ暫ク中島松澤等ト遠去カッテ居リマシタ スルト五月末頃ニ松澤カ安田カラ岩村ニ二萬圓返シタ自分ハ立会ッテ見タト云フコトテシタカラ金カ返ヘサレタ以上モウ自分ハ關係ナイト云フ氣ニナッテ居リマシタ

二七
問 安田カ眞実ニ金ヲ返シタト思ッタカ

答 松澤カラ聞イテ岩村ニ電話テ確メテ見マシタラ岩村ハ少シ足リマセンケレトモ返リマシタカラ御安心下サイ

トスフコトテシタカラ本當ニ返ヘサレタト思ッテ居リマシタ

二八問

安田ハ岩村カラ出タ金ヲ一旦直接行動資金ニ使ッテ別ノ金ヲ調達シテ返シタト思ッタノテハナイカ

答

其点ハ何チラトモ念頭ニ考ヘ浮ヒマセンテシタ

二九問

其後被告ハ安田等ノ直接行動決行ニ付テ関係シナカッタカ

答

致シマセン

其後私ハ廣告機ノ製造販賣ヲ計画シテ着手シ其方ニ專心ニナッテ居リマスト七月十一日ニ所謂神兵隊事件ノコトカ新聞ノ号外ニ出マシタ私ハ此事件ニ安田カ関係アルノテハナイカト考ヘ岩崎ニ会ッテ岩崎カラ松澤ニ聞イテ貰ヒマシタ　スルト安田ハ関係ナイト云フ返事テアリマシタカラ私ハ一先ツ安心シテ居リマシタ

三〇問

被告ハ中島、岩村カ内藤彦一ヲ安田ノ家ニ案内シテ行ッタコトヲ知ッテ居ルカ

答　知ッテ居リマス
愷カ多ヨリテ岩村カラ金ヲ出シタ後大分経過シテ五月
頃テハナイカト思ヒマス私ヤ岩崎、中島、松澤カ多ヨリニ
居ルト岩村カ自動車テ内藤ト一緒ニ多ヨリニ来テ岩村
タケ座敷ニ上ッテ中島ニ案内ヲ頼ミマシタ
其時私達ハ内藤サンニ上ッテ貰ッテ一寸御挨拶ヲシタ
イト云ヒマシタカ岩村ハ座敷ヲ見廻シテコンナ所テハ
具合カ悪イト云フ口吻ヲ洩シ中島ヲ促シテ三人テ自動
車ニ同乗シテ安田方ニ出掛ケマシタ

三問　同年六、七月頃ニナッテ岩村カ直接安田ニ金ヲ遣ッタコ
トヲ知ラナイカ

答　全然知リマセン

被告人　佐塚袈裟次郎

右読聞ケタル處無相違旨申立署名拇印シタリ

同日於同所作之
東京地方裁判所
裁判所書記　長谷川　酉次郎
豫審判事　清水　鼎　良

右謄本也
昭和　年　月　日
東京地方裁判所
裁判所書記

八、

第四回訊問調書

被告人　佐塚袈裟次郎

右殺人予備被告事件ニ付昭和九年十二月十八日豊多摩刑務所ニ於テ予審判事清水鼎良ハ裁判所書記長谷川酉之郎立会ノ上前回ニ引続キ右被告人ニ対シ訊問スルコト左ノ如シ

予審判事ハ被告人ニ対シ本件犯罪ノ嫌疑ヲ受ケタル原由ヲ告知シタル上

一、問　何カ陳述スルコトカアルカ

答　別ニ申上ケルコトハアリマセン

右読聞ケタル処無相違旨申立署名拇印シタリ

被告人　佐塚袈裟之郎

同日於同所作之

東京地方裁判所

裁判所書記　長谷川酉吉郎

予審判事　清水鼎良

右謄本也

昭和　年　月　日

東京地方裁判所

裁判所書記

第五回訊問調書

被告人 佐塚袈裟次郎

右ニ對スル殺人豫備被告事件被告事件ニ付昭和十年四月十三日豊多摩刑務所ニ於テ豫審判事清水鼎良ハ裁判所書記大澤正郎立會ノ上前回ニ引続キ右被告人ニ對シ訊問スルコト左ノ如シ

一、問 昭和八年三月即チ被告カ安田銕之助ト共ニ國家改造資金調達ニ盡力シタ當時被告ハ安田等カ當時ノ斎藤内閣ヲ打倒シタ後ニ如何ナル建設計画ヲ意図セルモノト思惟シタカ

答 私ハ日本精神ヲ標傍スル最モ強力ナル内閣ヲ組織スルモノト考ヘマシタ 強力ト言フノハカノ強イ内閣デ組織ハ今ノ侭ト思ツテ居リマシタ

其強力内閣ノ出来ル経路ハ予審ノ第二回訊問ノ際述ヘタ通リ戒厳令カ敷カレテ戒厳令下ニ強力内閣カ組織サレルモノト思ツテ居リマシタ 然シ自分トシテハ如何

一、

二　問　様ニ国家ヲ革新スルノカ當時考ヘテ居リマセヌテシタ
被告ハ戒嚴令下ニ強力内閣カ出来ルト云フ事ハ政治カ
一時軍ノ手ニ移サレテ軍ノ手テ治安ヲ維持シタリ其ノ
カテ平沼内閣ヲ組織スルモノタト考ヘテ居タノカ

答　當時ハ左様ナ具体的ナ事ハ考ヘマセヌテシタ　今考ヘ
テモ左様ナモノテハナイカト漠然ト考ヘル次第テス

三　問　被告ハ當時日本ノ制度上何カ変更ヲ希望シタ事ハナカ
ツタカ

答　私自身トシテハ左様ナ希望ヲ抱イテ居リマセヌテシタ
自分トシテ當時資金調達ヲ受ケテ奔走シタノハ世ノ中
ノ情勢ヤ氣分ニ押サレテ中島ヤ松澤ノ言フ事ハ日本ノ
国ノ為メニナル事ト思ツテ資金ノ調達ヲシテヤツタ丈
ケノ事テアリマス

此時豫審判事ハ被告人ニ対シ本件犯罪ノ嫌疑ヲ受ケタル原
因ヲ告知シタル上

四　問　最後ニ何カ述ヘル事ハナイカ

答

松澤ヤ中島カラ手形デ金ヲ作ツテ歩クヨリコノ方ニ尽力シテハ何ヲカト言ハレ私ヤ岩崎抔ハ出来ルカ出来ナイカ判ラナイケレトモ兎ニ角奔走シテ見様ト話シテ其後ハ非常ニ気持カ積極的ニナツテ兎ニ角ヤツテ見様ト言フ考ヘニナツテ居リマシタ

被告人 佐塚 袈裟次郎

右読聞ケタル処無相違旨申立署名拇印シタリ

同日於前所作之

東京地方裁判所

裁判所書記 大澤 正郎

豫審判事 清水 影良

右謄本也

昭和　年　月　日

東京地方裁判所

裁判所書記

訊問調書

被告人　松澤勝治

右者ニ対スル殺人放火豫備被告事件ニ付昭和九年十月二十五日豊多摩刑務所ニ於テ豫審判事清水鼎良ハ裁判所書記中野俊一立会ノ上右被告人ニ対シ訊問スルコト左ノ如シ

一問　氏名、年令、職業、住居、本籍及出生地ハ如何

答　氏名ハ松沢勝治
年令ハ當五十年
職業ハ元會社員
住居ハ東京市下谷区竹町十番地
本籍ハ大阪市西区本田町三丁目三十七番地
出生地ハ長野縣松本市大名町八百九十三番地

二問　被告人ニ対シ次ニ読聞ケル事実ニ付殺人豫備罪トシテ豫審請求カアツタカ之ニ付何カ陳述スル事カアルカ

此時予審判事ハ被告人外三名ニ対スル昭和八年十月二十一日附予審請求書記載ノ公訴事実ヲ読聞ケタリ

一、

答

私ハ金ヲ出サセル紹介ヲ致シマシタカ其金ヲ出スニ至ッタ趣旨カ全然違ヒマス

此点ニ就テ私ノ弁解ヲ一度リ述ヘサシテ戴キ度イト思ヒマス

先ヅ本件ニ関係シタ動機ヲ申上ケマス

昭和八年二月頃佐塚カ二年振リデ私ヲ訪問シ今年カラ藤田勇カラ離レ無収入トナツタカラ色々ト後援願ヒ度イトノ事テアリマシタ

彼ハ家族モ多イシ氣ノ毒タト思ヒ出来得ル事ナラハ援助致シマスト申シマシタ

彼ハ私カ日本鋼管會社ト連絡ノアル事ヲ知リ同會社ニ水道鉄管ノエナメル引ヲ勧誘シテ呉レト申シ其エナメル引ノ発明者ヤ干係者ヲ同伴シ屡々私ノ店ニ来ル事ニナリマシタ　私ノ店ノ應接間ニ東久邇宮殿下ノ御写真カ飾リアリ夫レ等カラ殿下ヲ中心ニ清浦中島等カ多数政治家ヤ実業家ト接触シ居ル事ヤ中島カ西園寺公ノ御

覚エ目出度ク出入シテ居ル事ヤ政界ノ巨頭ヤ宇垣朝鮮
総督平沼男爵ニ連絡アル等ト毎日中島ヤ清浦カラ話シ
ヲ聞イテ居ルト申シタノテ彼ハ非常ニ中島ニ興味ヲ持
ツタノテアリマス　私ハ只日頃昼食ノ時ニ話合フ事ヲ
申シタノテ特別ニ中島ヲ推奨シタノテハアリマセヌ
有リノ侭ヲ申シタノテアリマス
次テ三月上旬佐塚岩崎両名カラ中島ヲ紹介シテ貰ヒ度
イト申シ来リマシタ　岩崎ハ其時中島ニハ自分ノ同郷
ノ先輩ニ紹介シテ貰フ事ニナツテ居ルカ佐塚ト一緒ニ
私カラ紹介シテ貰ヘハ一層好都合タト申シマシタ　私ハ
中島ト懇意テハナイカ紹介仕様ト申シマシタ
佐塚ハ此時ヨリ以前ニ中島カラ政界ノ動キヲ聞イテ夫
レヲ材料ニ仕事ヲシ度イ様ナ事ヲ雑談中ニ言ツタ事カ
アリマス　故ニ何カ目的カアルナラ知ラレテ呉レト申
シマスト佐塚ハ「昨日上海事件ヲ早耳シテ鐘紡株ヲ売
リ非常ニ損ヲシタ人カアル自分モ多少関係カアリ今後
二、

其穴埋ヲ中島カラ材料ヲ取ツテ始末シ度イト思ウ岩崎
モ損ヲシタ本人ニ会ツテ諒解シテ居ルカラ宜敷ク頼ム
ト申シマシタ　私ハ其時何ト言フ人タト訊キマスト佐
塚ハ長島ト云フノダト云ヒ嘘ヲ付キマシタ
私ハ佐塚等ノ話シヲ其翌日食堂テ清浦、小野金六、中島等
ノ前テ話シマシタ
スルト中島ハ三月末国際聯盟ヲ脱退スレハ非常時内閣
トシテ有力ナル内閣カ出来ル筈テアル夫レカ出来ヌ様
ナレハ又ニノ五、一五事件モ起ルタラウシ飛行機ノ爆撃
モ起ルカモ知レナイ自分ハ西園寺公ノ警固ヲ仰セ付カ
ツテ居ル関係カラ憲兵隊ヤ警視廳ト連絡アリ夫レ等ノ
消息ヲ知ツテ居ル自分ハ霞ケ浦ヤ横須賀ヘ時々行キ鎮圧
シテ居ルノタ等ト色々申シマシタ　サウシテ中島ハ先
方ノ人ハ何人ナリヤトノ事テアリマシタ　私ハ先ノ人
ハ知ラナイカ其人ヲ知ツテ居ル人カラノ話シテアルト
申シマシタ處是非其人ニ會ヒ度イトノ事テアリマシタ

其際清浦小野等モ私ニ向ツテ紹介スル様申シマシタ
其處デ私ハ此旨ヲ佐塚岩崎ニ話シ中島ノ都合ヲ待ツテ
居リマシタ数日シテ中島カラ今度ノ政変ノ材料及ヒ今
度ハ非常手段トシテ飛行機カ飛出スカモ知レヌ夫レヲ
前以テ知ラセル約束ヲスルカラ其報酬トシテ先ニ金ヲ
出シテ貰ヘナイカトノ事テアリマシタ私ハ夫レハ非
常ニ困難ト思ウカ中島ノ早耳スル材料ニ対スル信用如
何テアルト申シマスト中島ハ自分ノ事ハ立派ナ保證人
ヲ立テルトノ事テ其金額ト使途トヲ左ノ通リ申シマシ
タ

(一) 東久邇宮殿下ノ元御附武官安田鉄之助カ今度満洲
國ノ承認ヲ得テ奉天ヲ中心トシ周囲数里ニ亘ル土地ヲ
貰ヒ受ケ特別区域トシ之ヲ東安府農場ト名付ケ至急建
設スル事ニナツタ　之ニ五萬円ヲ提供シテ貰ヒ度イ東
安府ハ東久邇宮ノ東ト安田ノ安ノ字ヲ取ツテ名付ケタ
モノテアルト言ヒ暗ニ殿下ノ思召ニ依ル事ヲ仄メカシ

二、

マシタ私ハ殿下ノ思召ト知リ此處ニ初メテ真劔ニナツタノデアリマス

(二)中島ハ東安府農場ノ説明書トシテ次ノ三ツノ書類ヲ私ニ渡シマシタ

(イ)標原某ト安田トノ契約書写、之ハ標原某ガ張作霖時代ニ大金ヲ出シテ獲得セル权利ヲ安田ニ譲渡シタモノデアリマス　(ロ)東安府農場トナル迄ノ歴史、之ハ大部ノ印刷物詳細ノ図面添付ノ物デアツテ満鉄デ発行シタ文章ノ様ニ記憶シマス　(ハ)満洲大学設立趣意書、計画書、規則書ト謄写版刷ノ物デアリマシタ

(三)東安府農場ノ目的ハ其収入ヲ以テ満洲大学ノ経費国防費ノ一部満洲國ヘ納金等ヲ支弁シ主トシテ満洲ノ文化ニ力ヲ入レル事ニナツテ居ルト言フ事デシタ

(四)土地數十萬坪デ將来無限ノ財産トナルヘキモノデ僅カ五萬円位デ獲得出来ルナラハ何人デモ金ヲ出ス是非詳細ヲ承リ度イト言ツテ私ハ骨折ル事ニ致シマシタ

中島ハ絶対ニ之ハ秘密ニシテ貰ハヌト困ル又書類ハ他ヘ貸サヌ様ニシ私ニ完全ニ保管シテ呉レトノ事テアリマシタ

以上ノ様ナ次第テ私ハ日頃清浦カラ安田ハ御附武官ヲ廃メ東久邇宮殿下ニ献身的ニ奉公シテ居リ殿下ト常ニ御一緒テアルト聞キ又実際ヲ見タ事モアリマスカラ間違ヒナイ事ト堅ク信シマシタ

昭和七年十一月頃清浦豊秋カラ奉天ニ居タ安田鉄之助宛ニ金一千円ヲ送ツタ事カアリマス　清浦ハ其金ヲ東邦商工会社カラ出シテ呉レトノ事テアリ常務取締役テアツタ私ト芦田秀雄二人カ反対シマシタ　清浦ハ安田ヲ援助シタイカラ出シテ呉レト言フ事テシタカ私達ハ会社ノ商賣ニナル様ナ具体的ナ目的カナケレハ金ヲ出ス事ハ出来ナイト反対シタノテス　清浦ハ個人トシテ金ヲ送ルカラト言ヒ芦田ト協議シテ會社カラ清浦個人ニ対スル貸金トシテ仮出金ノ項目テ金ヲ一千円出シ清

四

浦カラ安田ニ送ッタ事カアリマス
私ハ東安府農場ノ事ヲ聞イテ昨年ノ十一月頃安田カ奉
天ニ行ッテ居タノモ此農場ノ目的テアッタノタナ其為
メニ清浦カアノ金ヲ出シタノタナアト想像致シマシタ
次ニ其後ノ事件ノ経過ヲ申述ヘマス
私ハ東安府農場ノ事ヲ佐塚岩崎ニ話シ彼等両名ハ之ヲ
岩村ニ通シ岩村ハ中島ノ材料ニ依リ五萬円ヲ東安府ニ
出ス事ヲ承諾シ岩崎ハ其金ノ預金帳迄見タト申シテ来
リマシタ　佐塚カラハ一應岩村ニ會ッテ更ニ説明シテ
確カメ呉レトノ話シアリ佐塚岩崎ト共ニ私ハ岩村ニ新
橋某料亭テ三月中旬ノ或ル日午后五時頃三十分程初メ
テ會見致シマシタ　其時初メテ先方カ岩村ト判リマシ
タ　夫レ迄ハ長島ト言フ人タト許リ思ッテ居リマシタ
私ハ東安府ノ説明ヲ致ス為メ安田ト標原ノ契約書ヲ読
上ケ更ニ他ノ書類ヲ示シマシタ處岩村ハ詳細ハ両人ニ
話シテ貰ヘハ宜敷イ至急中島ト會見シタイトノ事テア

リマシタ　彼ハ東安府農場ニ興味ヲ感シテ居ラヌ様印
象ヲ受ケマシタ　此会見時機ハ中島岩村ノ會ウ前テア
リマシテ会ッタ場所ハ名前ヲ忘レマシタカたよりテモ
来源テモアリマセヌ
次テ佐塚岩崎中島ト烏森ノ来源テ會見シ政界ノ模様ヲ
話シ少ラス材料ヲ提供スルト言フ事ニナリマシタ　其
後彼等ハ八重洲ビル地下室ノ公衆食堂錦水テ数回會見
シ私モ参加シテ相談シ中島ハ
(一)内藤ニ満洲ニ於テ相當ノ地位ヲ与ヘル事及ヒ殿下
ニ拝謁セシムル事　(二)岩村ノ穴埋ハ株ノ方テ整理出
来ヌ場合農場ノ方ノ权利テ整理スル事等ヲ約束致シマ
シタ　次テ中島ト岩村佐塚岩崎私ハ銀座ノ鳥屋たより
テ會見シ其際更ニ安田ノ説明ヲ聞ク事ニナリマシタ
尚安田中島ニ金ヲ渡スニ就テハ相當ノ保證者ヲ得タイ
ト云フ事ニナリ唐澤ト云フ陸軍予備少將カ参加スル事ニナリマシタ　同少
將ハ名前ハ知リマセヌカ三菱重工業會社ノ兵器掛ノ有

五

名ナ人テアリマス
次テ三月下旬安田、中島、岩村、佐塚、岩崎、唐原、私七名日本橋ノ初太阪テ會食シマシタ中島ハ唐原閣下ヲ連レテ来テ三十年間ノ知己ナリト称シ関係者一同ヲ安心サセマシタ六時半頃食事前安田中島岩村テ密談シタイカラ他ハ席ヲ外シテ呉レト中島カ言ヒ出シ私ハ意外ニ思ヒマシタカ善意ニ解釈シテ別席ニ移リマシタ 別席テ唐原閣下カラ中島安田等ノ事ヲ良ク聞キマシタ安田等ノ話ンハ非常ニ長ク一時間半位カカリ八時頃佐塚カラ話シカ終ツタト通知サレ元ノ座敷ニ帰ルト岩村ハ帰ツタ後テアリマシタ 此一時間半ノ秘密談合カ陰謀ヲ計画セル事トハ全然思ヒマセヌテシタ 中島ハ頻リト岩村ヲ賞メ彼ノ為メニ大イニ尽カシテ遣ルト称シ安田ハ岩村ノ苦シイ事情ヲ聞イタノミト申シ全ク私ハ要領ヲ得ス別レタノテアリマス 其時食事ヲ共ニシタノハ唐原閣下ヲ加ヘテ六人テ岩村ハ先ニ帰リマシタ

初大阪テ会見後數日シテ中島カラ岩村カ二萬円出ス事ニナリ先付小切手ヲ貰ヒ現金ト交換スルカラたよりニ来テ呉レト言ハレマシタ
たよりテ岩村ト中島カ話合ヒ岩村ハ中島ニ紙包ミヲ渡シ直クニ歸リマシタ
中島ハ佐塚ト岩崎私ニ対シ世話料トシテ一千円宛ヲ渡スト言ヒマシタ　私ハ僅カニ萬円ノ金テ手數料三千円ハ不當テアル安田カ困ルタラウト申シマシタ處手數料トシテハ二萬円ノ五分千円トシ二千円ハ自分カ出スノテアル將来佐塚岩崎等ニ色々頼ム事モアルカラ今日中川印刷会社カラ二千円借リテ来タ安心シテ各自一千円宛受取ツテ呉レトノ事テアリマシタ中川ト言フノハ良ク知リマセヌカ中川小十郎テハナイカト思ヒマス私ハ元来手數料ヲ目的トシタ事テモナイカラ此金ハオ預カリ致シ諸君ノ為メ有効ニ使ヒマセウト言ツテ内千円ハ私カ貰受ケマシタ

四月上旬頃後ハ安田中島等ハ内藤岩村等ト直接會合シ佐塚岩崎等ハ疎外セラレ両名ハ什ンナ話シヲ安田等カシテ居ルカ聞カシテ貰ヒ度イ安田中島等ハ徳義ヲ知ラヌモノナリト私ノ所ニ愚痴ヲ言フテ来マシタ私ハ私ニ対シテモ同様ニ疎外スル事カ明カテアリマシタカラ却ツテ其方カ好都合テ直接早耳ノ材料ヲ知ラシテ遣ツタ方カ面倒カナクテ良イト思ヒマシタ併シ佐塚岩崎等ニハ氣ノ毒ト思ヒ居泉閣下ヲ招キ両方ヲ諒解サセルヘク宴會等ヲ開イテ遣リマシタカ無效テアリマシタ

之ハ四月中旬頃日本橋待合中村テノ事テアリマス

五月初旬頃安田中島等カ五千円ヲ岩村カラ出サセ新聞ヲ経営シテ非常時日本ヲ認識サセルノテアルト言ツテ居リマシタ　私ハ之点ノ事カラ考ヘテ不審ニ思ヒマレタト言フノハ四月ノ中旬ニ政変カアルト言ツテ居リ其後四月下旬ニアルト言ヒ何モ政変カナクテ経過シ五月ニナツテ又金ヲ出サセ様ト言フノカ不審テアリマシタ

五月四日中島ハ清浦白石元次郎等ト関西ヘ旅行シ西ノ宮
テ自動車ノ衝突カアリ打撲傷ヲ被ヒ西ノ宮回生病院テ
療養シテ居ツタ事カアリマス中島ハ五月十五日頃帰京
シ熱海ヤ甲州ノ温泉ニ行ツテ五月二十五日頃私等ト話
シカ出来ル様ニナリマシタ
中島ノ不在中及帰京後私ハ板倉永助弁護士小林長次郎
両氏カラ重大ナル事ヲ聞キマシタ此両人ハ私ヤ中島ニ
紹介シタ人テアリマス両氏ノ話シニ依ルト安田中島等
カ宮殿下ヲ奉シテ不穏ナル運動ヲナシテ居ル而モ清浦モ中ニ居
ル事カ明カナル故君ノ会社テ其運動費ヲ出シテ居ルノ
テハナイカトノ事テアリマシタ　尚若イ君ヲ煽動シ萬
一間違ヒテモアレハ大変ナ事テアル詳細ハ小林カ知ツ
テ居ルトノ事テアリマシタ　小林ハ蒲田ニ居リマシタ
カ番地等ハ存シマセヌ
其当時小林カラ安田中島等カ不穏ナル行動ヲシテ居ル
ト言フ長文ノ手紙カ来マシタカラ私ハ先ツ佐塚岩崎ニ

七、

安田中島ト絶縁スル為メ隊テ岩村ノ出シタニ萬円ヲ返サヌ事ニシ度イト申スト彼等モ今日迄安田中島等ノ不信行為ヲ憎ミ居リ岩村モ怒ツテ居ルカラ返金シテ貰ヘハ満足スルナラムトノ事テアリマシタ佐塚岩崎ニハ小林モ手紙ヲ示シマシタ五月二十七、八日頃私ハ小林ノ手紙ヲ中島ニ示シ最初ノ話シト全然相違スルカニニ萬円ヲ返シテ呉レト申シ佐塚岩崎岩村モ兼知ノ上タト言フト中島ハ小林ヲ疎外シタカラ斯様ナ悪口ヲ言フノテアル旨分カ説明シテ誤解ヲ解ク金ノ方ハ安田ト相談ノ上返事ヲスルト申シマシタ而シテ月末ニ至リニ萬円ハ返金スル事ニナツタト返事ヲ受ケマシタ　六月七、八日頃千台中島カラ電話カアリ今安田邸ニ居ルニ萬円ヲ岩村ニ返金スルカラ念ノ為メ立會ツテ貰ヒ度イトノ事テシタ　直チニ安田邸ヘ参リマスト應接間ニ安田中島岩村カ居リ私カ腰ヲ掛ケルト安田ハ別室カラ封入セル物ヲ一包ミ持来リ改メテ次ノ通リ申シマシタ　「御兼知ノ通

二三八

リ政界モ安定シ當分政變モナイカラ豫テ約束セル政變ヲオ知ラセスル事カ出来ナイ先日出シテ貰ツタ金ヲ御返却スル悪シカラス承知シテ貰ヒ度イ尚ニ萬円ノ内一萬二千円ヲ中島カラ入手セリ外ニ五千円直接入手シテ合計一萬七千円ヲ受取ツテ居ル依ツテ利息三千円ヲ加ヘ此處ニ二萬円ヲ現金テ御返シシマスカラ御受取願ヒ度イ」ト言フ事テシタ岩村ハ此侭内藤ニ渡シマスカラ金額ヲ明記シテ貰ヒ度イト言ヒ中島カ表紙ニ金ニ萬円ト書入レマシタ　私ハ安田ニ禮ヲ述ヘ更ニ岩村ニ対シ御承知ノ通リ佐塚岩崎私ハ安田中島及ヒ貴殿ノ承知ノ上テ三千円ヲ貰ヒマシタ　今安田氏ノ話ニ依レハ五千円ハ中島氏カ受取ツテ居ルノテ此五千円ニ就テハ岩村中島ノ間テ決裁シテ貰ヒ度イト申入レ両人共承知シマシタ其處テ私ハ之テ双方ニ一切関係カナクナリ又今迄ノ事ハ全部解消セル事ヲ承知願ヒ度イト念ヲ押シテ別レマシタ

八、

以上ノ様ナ事件ノ経過デアリマシテ特ニ御賢察願ヒ度イノハ唐沢閣下ヲ列席セシメタ事デス　閣下ハ彼等ヲ信用付ケル事ニ利用サレタモノト見ル外アリマセヌ
私ハ中島カラ首相暗殺等ノ大ソレタ事ヲスル資金ヲ調達セヨト依頼サレタ事ハ絶対ニアリマセヌ私ハ東安府農場設立ニ費用ガ要ルト言フ話シテ中島カラ聞イタカラ念ノ為メ安田ニ直接確カメタ處間違ヒナイトノ事デシタカラ此話シニ骨ヲ折ツタノデス
私ハ今日迄政治運動ヤ思想運動ニ　関係シタ事ハ一度モアリマセヌ　又安田中佐等等ガ什ンナ人タカ知ラナイ私ガ彼等カラ恐ルヘキ陰謀ヲ聞タ訳モナイシ疑カヒカ少シテモアレハ断然拒絶シテ居リマス　中島安田等カ東安府農場ヲ以テ私ヲ欺シ岩村ト直接交渉スル迄ノ手段トシテ利用シ密談スルニ至ツテ初メテ彼等ノ野望ヲ岩村ニ打明ケ岩村ハ利益ノ為メ早耳ヨリモ此方カ確実タト思ヒ両名ノ意見カ合致シタモノト考ヘラル

ルノテアリマス
彼等ノ秘密會見カラ私達ヲ除外シタノモ當時ハ善意ニ解シテ居マシタカ今日ニ至リ考ヘレハ全ク私等ヲ欺シタ事ヲ秘センカ為テアツタ事ハ明瞭テアリマス　尚東安府農場関係書類ハ安田カラ岩村ニ二萬円ノ返金カアツタ翌日中島ニ東邦商工會社テ手渡シ致シマシタ

被告人　松澤勝治

右読聞ケタル處無相違旨申立署名拇印シタリ
同日於前記出張先
東京地方裁判所

裁判所書記　中野俊一

豫審判事　清水鼎良

右謄本也

昭和　年　月　日

東京地方裁判所

裁判所書記

第二回訊問調書

被告人　松澤勝治

右者ニ対スル殺人放火予備被告事件ニ付昭和九年十月二十六日
豊多摩刑務所ニ於テ豫審判事清水鼎良ハ裁判所書記中野俊一立
会ノ上前回ニ引続キ右被告人ニ対シ訊問スルコト左ノ如シ

一　問　前科ハアルカ
　　答　昭和二年九月頃神戸地方裁判所テ贈賄罪ニ依リ罰金百
五十圓ニ處セラレタ事カアリマス

二　問　夫レハ什ウ云フ事ヲシタ為メカ
　　答　大正十二年七月頃オ盆ノ頃テス私カ高田商会ノ神戸出
張所長時代ニ税関ノ官吏ノ代表者二名カ会見ヲ申込ン
テ来テ運動会ヲスルカ金ヲ寄附シテ呉レトノ事テアリ
マス當時三井三菱鈴木等カ毎年一回位宛招待シテ旅行
等ヲシテ居リマシタ其為メ高田商会タケ何モシナカツ
タノテ非常ニ税関ノ圧迫ヲ受ケマシタ様ナ状況テシ
タカラ私ハ三百圓ヲ寄附スル事ヲ認メマシタ之カ右ノ

犯罪テシタ大正十四年高田商会破綻後発覚シ責任者ト
シテ私一人カ罪ニ問ハレタノテス

三

問　被告ノ経歴ヲ述ヘヨ

答　明治四十三年春東京高等商業学校ヲ卒業致シマシタ直
ケニ合資会社高田商会ニ入社シ大正五年同商会神戸出
張所長トナリマシタ
同商会破綻後株式会社高田商会カ出来マシタ私ハ引続
キ平取締役トナツテ大阪支店ノ副支配人格テ常勤致シ
テ居リマシタトコロカ前ニ述ヘタ贈賄事件テ退社スル
事ニナリマシタ
退社後昭和三年四月頃上京シテ同年十一月頃藤松商会
ト云フ屋号テ輸入商ヲ営ミマシタ此事業ハ藤田勇カラ
資金ヲ借リテ私個人テ経営シタノテス藤田ハ大正十四
年頃私カ高田商会大阪支店ニ居タ当時同商会ノ常務取
締池田謙治カラ紹介サレテ大阪テ同人ヲ招待シテ面識
ニナツタ人テス其後交渉ハアリマセヌテシタカ私ハ高

田商会ヲ廃メテ上京シ遊ンテ居リマシタカラ一度藤田ノ家ヲ訪問シ仕事ノ話シヲシタ處担保ニナル様ナ財産カアッタラ出スト云フ事ニナリ高田商会ノ株式四百五十株ト土地三百坪ヲ担保ニ入レ藤田カラ五千円借リテ之ヲ資金トシテ丸ビルニ事務所ヲ置イテ佛蘭西貿易ヲ主ニ始メタノテストコロカ當時贅澤品ノ輸入税カ高クナッテ事業失敗シ昭和五年十一月藤松商会ヲ廃メ藤田ニハ担保品ヲスッカリ渡シテ決済ヲ付ケマシタ

廃メテ直ク同窓ノ友人中原健一等カ経営シテ居タ丸ビル三階ノ二葉商会ヲ共同経営シマシタ同人等ハ主ニ金融ヲヤッテ居リ私ハ内地人ノブローカーヲヤリマシタ共同経営ト云ッテモ事業ノ共同テハナク只事務所ノ維持費ヲ半分宛負担シテ居ッタタケテス

昭和六年十一月頃ニ二葉商会ヲ解散スル事ニナリ私モ一人テ丸ビルニ事務所ヲ持ッカカナカッタノテ此方ノ仕事ヲ廃メマシタ夫レカラ引続イテ中原カ取締役ヲシテ

ニ

居タ大阪ノ金融業モーリスプラン株式会社ノ東京ノ責任者トナツテ仕事ヲスル事ニナツタカ中原ハ急カハシイ身体テアツタノテ私ニ手傳ツテ呉レト云ヒ私モ遊シテ居タノテ承諾シテ銀座西五丁目テ此仕事ヲ手傳ヒ翌年七月迄続キマシタ中原カ大東火災保険会社ノ常務ヲ廃メテ此方ノ仕事ヲ専心スルニ至ツタノテ私ハ中原ト手ヲ切ツタ次第テス其後同年九月高田商会ノ後援テ資本金二十萬円五萬圓拂込ノ東邦商工株式会社ト云フ貿易業ノ会社ヲ設立シ取締役トナリ次テ常務取締役トナリ会社ノ仕事ヲシテ居リマシタ

四 問

東邦商工株式会社ノ設立ノ関係及ヒ会社ト被告トノ関係ニ就テ述ヘヨ

答

私ハ中原ト別レテカラ夏中遊ンテ居リマシタ其頃ニ元浅野物産ニ居タ友人佐久間荘一カラ日本鋼管会社ノ白石元次郎カ不景気ノ為メ非常ニ困ツテ居ルカラ協力シテ助ケテ呉レナイカト依頼サレマシタ其処テ私ハ色々

考ヘテ見タ結果鉄ノ仕事ハ将来有望テアルト見込ヲ付
ケ一方高田商会ノ七月ノ決算報告ヲ見ルト輸入ノ利益
カナイカラ将来内地ノ製造業者ト連絡ヲ執ツテ仕事
ヲスルト云フ事カ書カレテアツタノテ高田商会ノ常務
取締役和田勝郎ニ会ツテ日本鋼管会社ノ白石カ困ツテ
居ルト聞イタ鋼管ノ仕事ハ有望タシ高田商会ノ方針モ
変ツタサウタカラ白石ヲ助ケルト同時ニ日本鋼管ノ品
物ヲ扱ツタラ付ウカト云フ意見ヲ進献シマシタ
和田ハ非常ニ賛成シ早速幹部協議シテ私ノ意見ヲ採用
スル事ニナリマシタ其処テ私カ佐久間ニ話スト同人ノ
先ニ川崎窯業株式会社ノ専務小野金六カ居リ佐久間カ
ラ同人ヲ紹介サレマシタ八月初メ頃小野ト会ヒマシタ
カ話シノ結果小野ハ是非一ツ白石ヲ助ケテ呉レ鋼管ノ
品物ヲ扱ヒ得ル様ニシテ上ケルカラトノ事テ取敢ス二
萬圓タケ白石ノ小切手ヲ割引イテ呉レトノ申込ヲ受ケ
マシタ色々交渉ノ結果九月初メニ高田商会カラ白石ニ

二

二萬圓ヲ貸シテ遣リマシタ
其処テ高田商会ノ社長松野文六郎ト白石カ会見スル事ニナリオ互ヒニ諒解提携スル事ニナリマシタ色々相談ノ結果鋼管專屬ノ小サイ別働隊ヲ作ッタラ什ウカ資金ハ高田商会カラ出ス白石ハ其会社ノ顧問ニナルト云フ意見カ出テ話シカ纏ッテ東邦商工会社カ出来タノテス会社カ出来上ッタ頃小野カ懇意ノ清浦豊秋ヲ社長ニ持ッテ来小野ハ事務ニ当リ佐久間ト外ニ高田商会カラ芦田秀雄カ常務ニ這入リ私ト川崎窯業ノ三浦嘉一カ平取締役トナリ九月ニ十五六日頃登記カ済ミマシタ私ハ常勤トナリテ二百五十圓ノ俸給ヲ貰ヒマシタ十月頃カラ鉄材ノ景気カ良クナッテ次第ニ利益ヲ上ケル事ニナリマシタ
会社ノ営業ハ私カ日本鋼管ノ鉄材ヲ買ッテ賣ル方ヲ受持チ佐久間カ同会社ニ機械類ヲ賣ル方ヲ受持チ二人タケテ仕事ヲシ他ノ重役ハ会社ニ出テ来テモ営業ニハ殆

ント関係シマセヌテシタ

高田商会トノ関係ハ買フ方モ売ル方モ口銭ヲ折半ニスル事ニナツテ居リマシタ十二月迄ニ数十萬圓ノ商賣カ出来テ三四萬円ノ純益ヲ上ケマシタ十二月ニナツテ白石及ヒ高田商会ノ諒解ノ下ニ私ハ常務取締ニナリ引続キ営業ヲ致シテ居リマシタ

五 問 被告人ノ家族ノ状況ヲ述ヘヨ

答 妻ト二十歳ノ長女十一歳ノ長男カ居リマス母カ健在テス郷里ノ兄カ世話ヲシテ居リマス

六 問 資産状態ハ如何

答 合資会社高田商会ニ二十年程勤メタ間ニ約三萬七千円位ノ資産カ出来マシタ内二萬圓ハ同商会ニ預金シテアツテ会社破綻ノ時僅カニ二分ノ拂戻ヲ受ケタタケテシタ其後株式会社高田商会ノ株ヲ四百五十株持チ夫レカラ上京シテ藤松商会ヲヤツテ居ル向ニ株式ヤ土地ヲ藤

田ニ取ラレテ仕舞ヒ引続キ中原健一ト別レル頃ニハ僅カニ千圓位ノ金シカ残ラナカツタノテス
東邦商工ハ元来高田商会カ私ノ為メニ仕事ヲ与ヘル為メニ作リ上ケタノテスカ此会社テハ毎月ノ給料ト昭和七年末及ヒ八年六月末二回ニ各九百圓位ノ賞與ヲ貰ヒ私カ刑務所ニ収容サレタ後退職スル事ニナツテ退職資金千圓ヲ貰ヒマシタ
其外ニ資産ハナク現在テハ家族達ハ生活ニ困ツテ居ル次第テス之迄ハ五十圓ノ家賃ノ家ニ居リマシタカ最近ハ親戚ノ借家ヲ十五圓テ借リテ住マツテ居リマス

又問 佐塚袈裟次郎トハ什ウ云フ関係カ

答 私カ藤田勇ノ家ニ訪問シテ居タ頃同人ハ玄関番ヲシテ居タノテ顔見知リニナリマシタ夫レカラ間モナク藤松商会ヲ始メタ頃藤田カ佐塚ヲ使ツテ呉レト云ツテ来タノテ百圓ノ月給ヲ出シテ使ツテ居リマシタ藤田ノ貸金関係カアルノテ其所主見タ様ナ恰好テ来テ居リマシタ

藤松商会ヲ廃メルニ當ッテ藤田ハヒドイヤリ方ヲスル
シ佐塚モ思ニソムクヤリ口デアッタカラ私ハ良イ感シ
ハ持タス同人等トハ全ク絶縁状態ニナッテ居リマシタ
私カ東邦商工ヲ始メタ後昭和七年一月頃佐塚カ訪ネテ
来テ藤田ト別レタ話シヤ藤田ニ対スル不足ナ言ヒ分ヲ
述ヘテ私ニスガッテ来マシタ其時ハ金ノ援助ハ出来ナ
イカ出来ルタケハ仕事等テ援助仕様ト挨拶シテ置キ
マシタ其後私ノ所ニ訪ネテ来ル様ニナリマシタ

八

問 岩崎綴耀トハ什ンナ関係カ

答 同人ハ藤田ノ同郷ノ者テスカ當テ昭和三年頃藤田カ八
千代生命ノ小原達明検挙時代ニ藤田モ警視廳ニ留置サ
レタ事カアリ私ハ留字宅ヲ見舞ニ行ッタ事カアリマス
藤田ハ二、三日テ出テ来テ何処カテ雪辱ノ宴ヲ開イタ事
カアリマス其頃藤田ノ自宅ヤ宴会場テ岩崎ト会ッテ面
識ヲ得マシタ其後藤松商会時代岩崎ハ佐塚ヲ訪ネテ屢
々ヤッテ来マシタ又私ノ学校ノ友達テ瓦斯会社ノ下請

ヲヤッテ居ル大島勝次郎ト云フ者カアリマスカ岩崎モ大島ヲ知ッテ居タ関係テ大島ヲ中心トシテ居タ岩崎ハ私ノ所ニモ訪ネテ来テ居リマシタ併シ共同テ仕事ヲシタ様ナ事モナク只雑談ノ相手等ヲヤッテ居タヽケテ何ヲ商賣ニシテ居ルカト云フコトモ一向ニ存シマセヌテシタ藤松商会ヲ廃メテ後モ岩崎トタケハ大島ヲ通シテ会ッテ居リ二葉商会モーリスプラン会社時代モ同様テアリマシタ東邦商工会時代ニナッテカラモ何時ノ間ニカ訪ネテ来ル様ニナリマシタ長イ間接シテ居リマスカ深イ交際ヲシナイノテ岩崎ノ正体ハ未タニ良ク知リマセ

五

九

問　又清浦豊秋ハ何時カラ知ッテ居ルノカ

答　清浦豊秋ハ東邦商工ノ社長ニ就任シタ前後カラ初メテ知ッタノテス小野金六カ清浦ヲ社長ニ推薦シタ時高田商会ノ松野社長ハ反対致シマシタ清浦カ八千代生命取締役時代失敗アリ其他事業界テ評判カアマリ良ク

ナカツタラシイノテス夫レヲ小野カ極力釋明シ清浦老
伯カラモ依頼サレテ居リ是非一人前ニシタイ自分カ責
任ヲ持ツカラ曲ケテ承諾シテ貰ヒ度イト云フ事テアリ
マシタ高田商会側テハ老伯カ夫レ程心配シテ居ル事ナラ
ト云フ事テ承諾致シ当時日本橋ノ或ル料亭テ高田商会
重役清浦、私、小野等ノ顔合セカアリマシタ此時初メテ清
浦ニ面識ヲ得マシテ社長就任以後ハ同シ会社内テ始終
顔ヲ合ハセル様ニナリマシタ
併シ東邦商工ノ事務所ハ八重洲ビル三階ノ二室ヲ借受
ケ一方ハ私達ノ営業ニ使ヒ他ノ一方ハ別ノ入口テアツ
テ社長専務ノ重役室ト面会室ニ當テテアリマシタ夫レ
テ清浦ハ何時モ別ノ入口カラ社長室ニ行ツテ居タノテ
サウ度々会ツテハ居リマセヌテシタ社長ト常務ノ間柄
テアリマスカ私ヤ芦田ハ高田商会系統ノ者テスカラ浦
浦ト打解ケテ懇意ニナツテハ居リマセヌテシタ
会社ノ仕事ハダンダン発展スルシ其内白石元次郎ノ借

金ノ整理ヲ清浦カ引受ケテ中島勝治郎ニヤラセ白石トスツカリ懇意ニナツタリシテ清浦ノ態度カ次第ニ傲慢ニ為ツテ行キマシタ四月二十日頃清浦カ高田商会ノ悪ロヲ云ツタ事カラ私ト衝突シタ事カアリ其時中島達カ仲裁シマシタカ清浦中島等ニ対シ私ハ餘リ悪意ヲ持チマセヌテシタ

一〇

問 中島勝治郎ハ何時カラ知ツタカ

答 昭和七年十一月頃平林甚輔ト云フ者カ中島ヲ連レテ東邦商エニ来テ清浦ト会ヒ夫レカラ清浦ト中島ハ棒組ニナツテ始終会社ニ来テ居リマシタ其間ニ神戸方面ニ中島カ清浦ヲ連レ出シ相当豪遊シタラシイ事カアリ非常ニ懇意ニナツテ居リマシタ昭和八年二月頃カラハ白石ノ財産整理ヲスル事ニナツテ会社ノ応接室ニ債権者ヲ呼寄セテ其折衝ニ暮シテ居ル様子テシタ斯様ニシテ居ル間ニ三日ニ一遍位ハ会社ノ食堂テ私ヤ芦田達トモ顔ヲ合ハセル様ニナリ中島ハ何時モ大気焔

六

ヲ上ケテ私達ハ聞キ手ニナッテ居マシタ中島ハ清浦社
長ヲスッカリ丸メ込ンデ居タノデ私達ニ対スル態度ハ
マルデ清浦ノ手先カ何カノ様ニ見下シテ居リマシタタ
カラ中島ト私トハ二人キリニナッテ詰ヲシタ様ナ事モ
アリマセヌ

被告人　松澤勝治

右読聞ケタル処無相違旨申立署名拇印シタリ
今日於前記出張先
東京地方裁判所
裁判所書記　中野俊一
予審判事　清水鼎良

第三回訊問調書

被告人　松澤勝治

右者ニ対スル殺人放火予備被告事件ニ付昭和九年十一月八日豊多摩刑務所ニ於テ予審判事清水鼎良ハ裁判所書記中野俊一立会ノ上前回ニ引續キ右被告人ニ対シ訊問スルコト左ノ如シ

一問　被告カ安田鐐之助ニ直接話ヲスル様ニナツタノハ何時カラカ

答　中島カラ東安府農場ノ事ヲ聞イタ後ノ事テス

其以前ハ東邦商工ノ社長室等テ安田ノ顔ヲ見タ事カアリ又中島清浦等カラ断片的ニ安田ノ噂ヲ聞イタ事カアリマスカ直接話シヲシタ事ハアリマセヌテシタ

二問　昭和七年暮カラ昭和八年春頃ニカケテ清浦豊秋中島等ヲ中心トシテ東邦商工会社内ニ次ノ様ナ会話ヤ事件カ発生シ当時被告ハ見聞シテ居タカ

此時予審判事ハ昭和九年十月三十一日附同被告人作成ニ係ル上申書ヲ読聞ケタル上之ヲ本調書末尾ニ添付シタリ

一

答　其通リ遠ヒアリマセヌ

三問　昭和八年三月十日前後東邦商工会社内テ佐塚岩崎両氏カラ松屋ノ内藤彦一ノ手形割引ノ周旋ヲ頼マレタ事ハナイカ

答　岩崎カラハ聞イタ事ハアリマセヌ　佐塚カラハ其頃話シカアリマシタ
佐塚ハ松屋ノ仕事ヲシテ居ルカ松屋ノ内藤ノ手形ハ切レナイカト云ヒマシタ
私ハ松屋ノ営業状態ナラ無論切レルタラウト思ツテ其通リ返事ヲシ直チニ同僚ノ佐久間ニ聞イテ見マシタ
佐久間ハ手形ノ割引等ニ就テハ専門的ニ良ク知ツテ居リマシタカ内藤ノ手形ハ余リパツトシナイト云フ話シテシタ
其処テ私ハ佐塚ニ餘リ面白クナイト云フ返事ヲシ此手形割引ノ事ヲ引受ケマセヌテシタ

四問　右様ナ話シカアツタノハ中島カラ安田干係ノ金ノ話シ

カアル前テアッタカ
答 左様前テアッタト思ヒマス
五 問 被告ハ手形割引ノ事ヲ中島ニ頼ミ中島佐塚岩崎等ヲ会ハセタ事ハナイカ
答 左様ナ事ハアリマセヌ
六 問 昭和八年三月中中島ハ東邦商工会社テ被告ニ色々世間話ヲシタ後テ安田鎌之助カ急ニ三萬円カ五萬円金カ要ルト云フカ調達ノ方法カナイカト云ヒ被告ハ何ニ使ウカト訊キ中島ハ國家改造資金ニテモ使ウノタラウト云ヒ被告ハ考ヘテ見様ト云フタ事ハナイカ
答 國家改造等ト云フ事ヲ聞イタ事ハアリマセヌ
七 問 中島ハ左様ナ趣旨ノ会話ヲシタト当予審廷テ述ヘテ居ルカ如何
此时予審判事ハ中島勝治郎ニ対スル第二回訊問調書ノ一八及ヒ一九問答ヲ讀聞ケタリ
答 絶体ニ左様ナ事ハアリマセヌ

八問

答

之ハ私カ最初述ヘタ通リ佐塚岩崎等カラ中島ヲ紹介シテ呉レト頼マレ中島ニ話シヲスルト中島ハ三月末國際聯盟ヲ脱退スレハ非常時内閣トシテ有カナル内閣カ出来ル筈テアル夫レカ出来ヌ様ナレハ第二ノ五、一五ヿ位モ起ルタラウシ飛行機ノ爆撃モ起ルカモ知レナイ等ト云フ話シヲシ次テ佐塚岩崎ニ中島ノ話シヲ取次キ次テ数日後中島カラ政変ノ材料及ヒ非常手段トシテ飛行機カ飛出スカモ知レヌ夫レヲ知ラセル約束ヲスルカラ其報酬トシテ先ニ金ヲ出シテ貰ヘナイカ報酬トシテ出サレタ金ハ東安府農場ノ建設ニ使ウノテアルカ之ニ五萬円提供シテ貰ヘナイカト云ハレタヿカ眞相テアリマス後ニナッテ岩村ヤ松屋ノ内藤等カ安田ニ金五萬円ヲ出スヿニナッタノタネ

初メ五萬円ト云フ申込テシタカ初大阪テ安田岩村等カ会ッタ後中島カラ岩村カ二萬円出スヿニナッタト云フ話シヲ聞キマシタ

九 問 岩村カ出スノデハナク松屋ノ重役内藤彦一カ出スヿニ
ナッタト云フノデハナカッタカ

答 岩村ハ内藤ノ秘書タト云フ話シヲ聞イテ居リマシタカ
ラ或ハ内藤カ出スノカナト想像シテ居リマシタ 只岩
村ト内藤トノ間ニ何ンナ利害干係カアルノカ其邊ハハ
ッキリシマセヌデシタ

一〇 問 岩村等ハ東安府農場ノ建設資金タト知ッテ金ヲ出スヿ
ニナッタノカ

答 初一回ノ訊問ノ際述ヘマシタ通リ私ハ新橋ノ某料亭テ
岩村ニ会ッテ東安府農場干係書類ヲ讀上ケ其農場建設
資金タト説明シマシタカラ知ッテ居ル筈デス

一一 問 内藤ニシテモ岩村ニシテモ手形割引ヲ頼ム位ノ窮状ニ
アッタ際ニ何故東安府農場建設資金ヲ出ス考ヘニナッ
タト思フカ

答 岩村等ハ東安府農場ノ建設ニ興味ヲ持ッテ居タ譯デハ
アリマセヌ中島カ政変ノ材料及ヒ非常手段トシテ飛行
ニ

機カ飛出スカモ知レヌ其情報ヲ前以テ早耳テ知ラセル
ト云フ事ニ興味ヲ持チ其早耳ニ依テ相場ヲシテ儲ケル
目的デアッタト思ヒマス

一二 問 中島ハ何故ニ左様ナ情報ノ早耳ヲ為シ得ルノカ

答 中島ハ西園寺公ヲ初メ平沼宇垣其他政界ノ巨頭ノ所ニ出
這入リシ尚畏クモ宮殿下ニモ接近シテ居タノデ政変ノ
情報位ハ取リ得ルモノト私ハ考ヘテ居リマシタ

一三 問 沖ニノ五一五ヲ件即チ非常手段ニ依ル政変ハ事前ニ中島
ハ何故ニ前以テ知リ得ルノカ

答 西園寺公ノ手係テ憲兵隊ヤ警視廳トモ連絡アルト云フ
テ居リ又白石ノ整理ノ時ニ憲兵隊ヤ警視廳ヲ利用シタ
様子モ見エノミナラス霞ケ浦ヤ横須賀アタリノ少壮士
官ノ情勢モ知ッテ居ルト吹聴シテ居タノデ中島ハ左様
ナ情報モ取リ得ルト私ハ考ヘテ居リマシタ

一四 問 警視廳ヤ憲兵隊カラ非常手段ノ情報ヲ取ッタトコロデ既
ニ官邊ニ於テ認知シタ以上非常手段ノ決行ハ弾圧サレ

ルノカ普通テアリ株式相場ニ利用スル方法ハナイテハ
ナイカ

答　政変ノ情報ト云フ事カ当面ノ問題テアリマシタ
中島ノ話シハ政変カ起リ若シ政友会ニ内閣カ行ケハ如
ニノ五二一五事件カ起ルタラウト云フ事テアッテ其事カ
確実ニ起ルカ什ウカト云フ事ハ判リマセヌテシタ
只左様ナ空氣カアルト云フ事タケテ其情報ト云フノハ
付ケタリニ過キマセヌテシタ

一五問　一体政変ノ情報ト云フノハ其当时ニ於テハ株式ヲ賣ル
方ノ材料ニナルノカ或ヒハ買附ケル方ノ材料ニナルノ
テアッタカ

答　非常时内閣カ出来タラ株式ハ暴落スルト中島ハ云フテ
居リマシタカラ初メハ賣ル方ノ情報テアリマシタ

一六問　何故ニ普通ノ手段ニ依ル強力内閣カ出来タラ株式カ暴
落スル事ニナルノカ

答　左様ナ点ニ就テ迄ハ中島カラ聞イテ居リマセヌ　只私共

四

ノ常識トシテ当时景氣カ良クナッテ来テ居リマシタノ
ニ政策ノ不明ナ非常時内閣カ出来タラ敏感ナ株式界ノ
事テアリマスカラ株式ハ暴落スルノテアラウト想像致
シテ居リマシタ

被告人　松澤勝治

右讀聞ケタル処無相違旨申立署名拇印シタリ

今日於前記出張先
東京地方裁判所

裁判所書記　中野俊一

予審判事　清水鼎良

上申書（其三）

去ル十月廿六日御訊問ノ際私カ会社ノ食堂デ清浦ヤ中島カラ聴キマシタヿヲ詳細上申セヨトノ御言ニヨリ左ニ有ノ侭ノ事実ヲ申述ヘマス

東邦商工株式会社ハ高田商会ノ別働隊テアリマシテ高田商会カ八重洲ビルノ七階全部ヲ借リテ居ルノテ東邦商工株式会社モ矢張リ仝ビルディング内ニ居ルノガ便利デアリマシタカラ其ニ階ノ一室ヲ借リ一室ヲ営業部トシ一室ヲ社長専用ニ当テタノテアリマス元来清浦ハ高田商会トハ全然干係ナキ人デ日本鋼管株式会社ノ白石元治郎側ノ小野金六折入ッテノ依頼ニヨリ社長ニ祭リ込ンダモノデアリマシテ清浦ノ事ハ小野ガ一切責任ヲ負フヿニ高田商会ヘ申入テアッタノデアリマス

清浦ハ世間ニ兎角ノ評判ノアッタ人物デアリマシタカ清浦老伯ノ依頼ニヨリ小野カ彼ヲ引立テタノデアリマス

清浦ハ営業ニ干スルヿハ全ク経験ナキ為一切干係セス又小野ハ半身不随ノ病人ニテ第一線ニ立ッテ営業ハ出来ナイノテ二人ヲ別

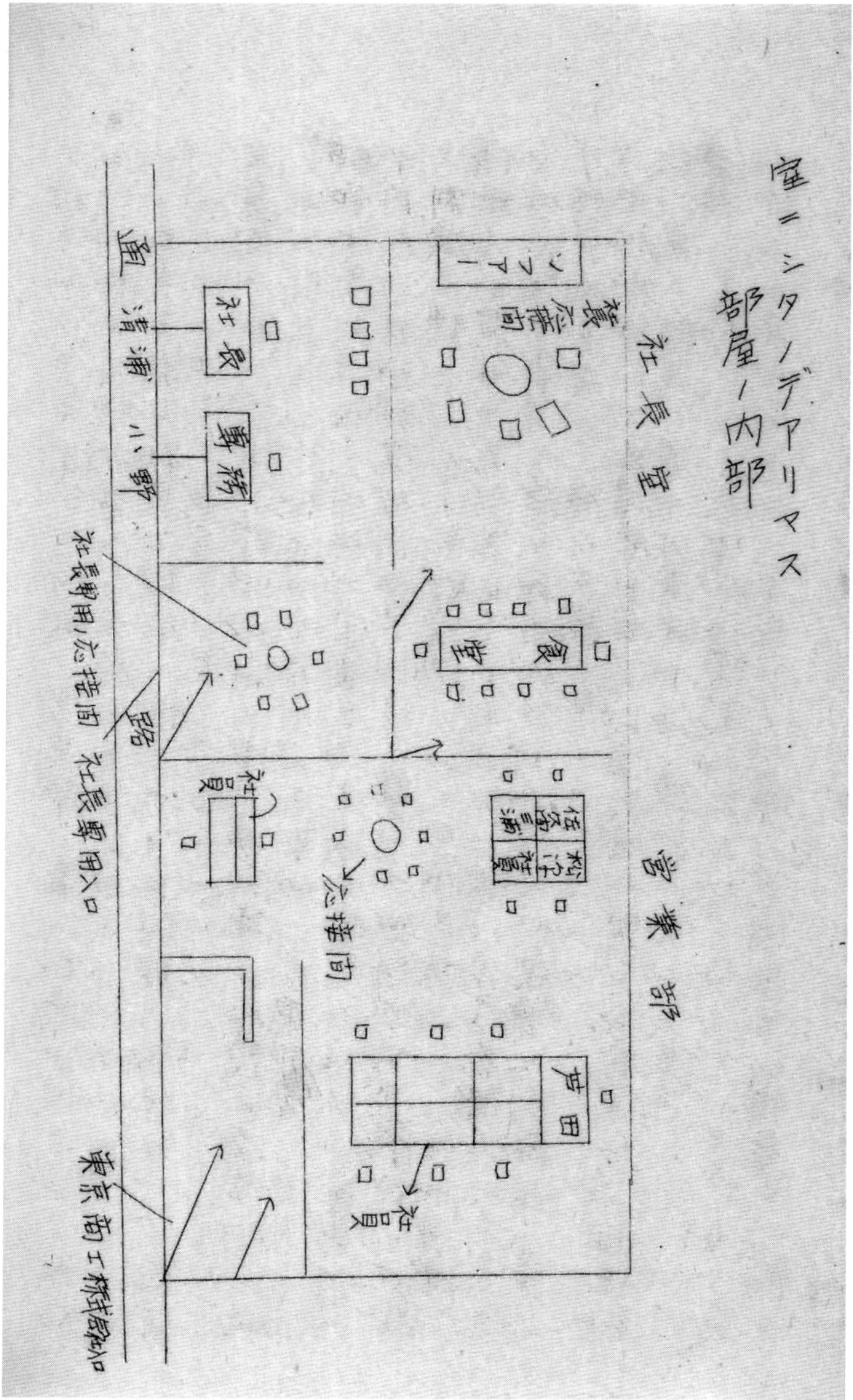
部屋ノ内部
社長室
営業部
ソファー
応接間
食堂
社長
専務
清浦
小野
通路
社長専用ノ応接間
社長専用入口
応接間
社員
戸田
社員

ノ様ニナッテ居リマシタ故ニ営業部ノ者ハ社長ガ何ヲシテ居ル
カ如何様ナ人物ガ出入シテ居ルカヨク分ラナカッタノデアリマ
ス　私共カ時々社長ノ部屋ヘ伺ヒマスト何时モ来客カアリ来客
ノナキ时ニ仕了ノ報告ナド致シテ居リマシタ
又畫食ノ时ハ清浦小野佐久間三浦芦田私等カ会食シ清浦カラ彼
ノ処ヘ出入スル人物ニツキ話ナドアリマシタ
昭和七年九月末ニ会社ノ営業ヲ始メ間モ無クインフレ景氣ニテ
十月ニ八日本鋼管会社カラ九月ニ買ッタ鉄材カ大暴騰致シ非常
ニ利益ヲ得マシタ　当时清浦ノ処ヘ平林甚輔ナル人物ガ清浦ヲ
援助スル意味ニテ出入シテイマシタ　彼ハ元来大阪ノ人テアリ
マスカ常ニ東京ニ居リ麻布仙台坂ノ戎申倶樂部ニ了務所ヲ置イ
テ何カ仕了ヲシテ居ツタ様テアリマス
戎申倶樂部ハ一名清辰ト云フ人清水辰之助(?)ヲ中心トシタ古イ
政治家ヤ財界ノ浪人ノ集マル処ノ様テアリマシタ
清浦ハ平林ヲ訪ネテ屢同倶樂部ヘ出入シテ居ツタノテアリマス
清浦ハ日本鋼管会社ノ重役トノ交際ノ意味ヤ又ハ得意先開拓ノ
ニ

意味デ毎月待合ノ費用四五百円ヲ降ラス自動車費用百五十円位
ヲ費ッテ居リマシタ　社長給料ハ参百五拾円トナッテ居リマシタ
(一)ノ清浦ト中島ハ峰トノ干係
清浦カ戊申倶樂部ニ出入シ居ル際昭和七年十一月頃平林ノ紹
介ニテ中島ヲ知ッタ様テアリマス　其当時平林ハ中島ヲ同伴
シテ屢清浦ノ処へ来タ様テアリマス
其当時清浦ハ建築業者ノ清水組ト連絡ヲツケタキ希望ニテ清
水組ノ重役清水氏ヲ知ッテ居ル元外交官ノ藤井実ナル人物ニ
中島ノ紹介ニテ会ッタ様テアリマス
清浦中島藤井三人ハ屢社長室テ会合シテ居リマシタカ藤井ノ
話カラ三井ノ大阪ニ於ケル大建築ノ請負ヲ清水組ニサセル様
ニ運動スルコトナリ三人テ大阪へ旅行致シマシタ　ソレハ確
カ十一月中頃ノコトト思ヒマス　一週間程シテ清浦ハ帰リ食堂
ニテ我々ニ関西ニテ大散財ヲナセル顛末ヲ話シマシタ
清水組ノ請負ノ如何ニナッタカハ聞キマセンテシタカ清浦ハ
中島ニ神戸ニ誘引サレ花隈町ノ梅田樓ト言フ待合テ流連シタ

数藝者等ヲ連レ有馬ヘ行ッタ様ナ話テアリ中島ノサービス
ニ非常ニ満足セラレテ居ッタ様テアリマシタソレカ十二月
ニナッテ其时ニ干係セル藝者等カ上京シテ来タトカ云ヒ清浦
ハ中島ト諸々飲廻リ中島トハ十年ノ知己ノ様ニナッタノテア
リマス　其後両名ハ毎日会ッテ居ッタ様テアリマス
清浦ハ毎日会社ヨリ帰ル时ハ必ス赤坂ノ小春ト言フ妾宅ヘ行
ッタノテ私共高田商会側ノ者ハイヤナ氣持ニナリ殊ニ小春ノ
遊興費毎月三四百円位アリマシテ不愉快ニ感シマシタカ私共
ハ小野ニナダメラレ沈黙シテ居ッタノテアリマス
後日清浦カラ聴キマシタカ神戸ノ梅田樓ニ於ケル遊興費カ弐
千円程テ中島カ負担シ彼ノ豪遊振ニ驚イタナドト申シテ居ッ
タヿモアリマシタ
斯様ナ次第テ中島ハ清浦ニ密接ナ干係ヲ結ビ平林清浦中島カ
何カ策動シテ居ッタ様テアリマスカコレハ戊申倶樂部ヲ中心
トシテ居ッタノテ私ニハヨク分リマセンテシタ
昭和八年二月頃白石元次郎ノ財産整理ヲ小野ヤ清浦カ手傳フ
ニ

ルトナリ両人カラ中島ヲ白石ニ推薦シタ様デアリマシタ
中島ハ中川小次郎（元西園寺公秘書）ニ引立テラレ居リ白石ト中
川トハ大学ノ同窓デアル処ヨリ白石ニ中島ナルモノヲ信用シ
中島ニ依頼スル様ニナツタノデアリマス 中島ハ関西カラ島
西小川ト云フ人物ヲ呼ヒ寄セ白石清浦小野中島島西小川其外
白石ノ部下三名位カ社長室ヲ占領シテ色々画策シテ居リマシタカ
タ 私共営業部ノ者ニハ内容ハ絶対秘密ニセラレ居リマシタカ
ラ分明致シマセンガナンデモ不良債務カ五拾万円程アリ高利
債十数名カラ借リタモノト称テアリマシタ 元金ハ参拾万円
程ノモノカ一年タタヌ内ニ五拾万円トナリ日歩三十銭以上ニテ
アッタトノ事テアリマシタ
中島ハ斯ル利債ヲ圧迫スル警視廳ト連絡ヲ取ツテヤツタカ高
利債連中カ下級警察官ト連絡アル為上ノ命令カ行ハレス彼
等ヲ脅カス事カ出来ス失敗シタカラ憲兵隊ヲシテ彼等ヲ取
押ヘ威圧シテ結局日歩五銭六厘以内ニ返済スル事ニシタナ
トト私共ハ断片的ニ清浦ヤ小野カラ聽キマシタ

二月三月四月頃毎日前記ノ人々カ別室ヲ占領シテ居リ晝食ノ時以外ハ清浦小野等ト話ヲスル事モ出来マセン位テアリマシタ晝食ノ際中島ハ得意ニナツテ政治問題ニツキ氣焔ヲ挙ケ西園寺公ノ処ヘ伺候スルトカ平沼男爵宇垣朝鮮總督等ト連絡アルトカ海軍青年将校等カ強硬ニテ何時第二ノ五、一五事件カ起ルカモ知レヌトカ國際聯盟ヲ脱退後ハ非常時内閣カ出来ル四月中ニハ政変アルトカ申シ私共ヲ煙ニ捲キ私共ハ驚ロキノ目ヲ見張ツタノテアリマス　実際ニ中島カ政界財界ノ知名ノ人ヲ電話テ呼ヒ出シ話ナトスルノヲ目撃シ驚イタノテアリマス又政府要路ノ人例ヘハ黒田大藏次官ナトヲ電話テ呼ヒ話ヲスルノテ私共ハ彼ノ実カニ驚ロイタノテアリマス

白石ノ整理カ順調ニ進ミタ為清浦中島ハ完全ニ白石ニ取入リ日本鋼管会社ノ五百万円社債ノ低利借替ヘノ跡始末ヤ東久通宮殿下ニ日本鋼管会社ノ工場（川崎市ニアリ）御視察ヲ願ツタリ浅野同族（白石ハ故浅野総一郎ノ婿ナリ）ニテ東久通宮殿下ヲ御招待セシメ厚イ御言ヲ賜ハリ彼等ヲ感泣セシメタリシタノテ白石ト完全

四

ナ握手カ出来タ様ナテアリマシタ
白石ハ昭和七年九月頃破産ニヒンシテ居ッタ時ハ一時高田商会ニ
テ救ヒタル処十日ヨリ鉄材ノ暴騰ニテ当時白石ハ鋼管会社ノ株
弐五百株モ持ッテ居リ株價二十円以下テアリマシタ処カ翌年
四五六月頃ニハ株式百円ヲ突破スル有様トナリ白石ハ非常ナ利
益ヲ一挙ニ何百万円ヲ回復シタノテアリマス此白石ニ彼等ハ
完全ニ取入ッタノテアリマスカラ益々慢心シ私共ヲ馬鹿ニシ
タノテアリマス　遂ニ高田商会ノ恩義モ忘レ不穏当ナル言
動カ屢アリマシタカラ私ト清浦トハ衝突シ中島ハ事ノ如何ヲ
問ハス清浦ニ加担シ私ヲ屈服シタノテアリマスソコテ中島ナル
人物モ分リ私ハ漸ク彼カラ遠サカリ又彼等モ私ヲ遠ケタノテア
リマス　六月頃カラハ中島ハ会社ノ営業ニ迄色々口ヲ出ス様ニ
ナリマシタ　例ヘハ鋼管会社ノ使用スル重油ヲ私ハ日本石油
ニ交渉セントシタ処中島ハ小倉石油ノ社長小倉氏ト懇意ナリト
テ小倉石油ニ話ヲ持込ンダリ兎皮ノ取引ヲ「ソビエート」政府ト
ナサントスレハ彼ハ其方ノ専門家ナリナト称シ色々ト清浦ト共ニ

ニロヲ出ス様ニナリ営業カ素人ノ清浦ヤ中島ニ「セイチユウ」セラル
、称ニナリマシタカラ私ヤ芦田ハ高田商会ト協議シ何ントカ改
革セントシテ居ツタ際私ハ拘禁セラレタノテアリマス
其後高田商会ハ東邦商工株式会社カラ手ヲ引キ会社ハ浅野物産
会社ニ居ツタ人トカニ肩替リシタカラ私ニ辞職セヨト去ル一月
佐久間荘一カ市谷刑務所ニ来タリ申入レアリ私ハ辞職シタ次才
テアリマス
前述ノ如ク中島清浦ノ干係ハ遊興ニ味カラ共鳴シタモノテヿ業
トカ人格トカニ共鳴シテ出来タ交友干係テハアリマセン
(二)東久邇宮殿下ニ干シテ清浦中島カラ聴キタルヿ
宮殿下ト清浦老伯トハ深イ干係アリ日本新聞協会総裁ト会長
トノ干係モアリ宮殿下ハ清浦家ノヿニツキテハ特ニ配慮遊サ
レ居ルトノヿテアリマシタ
(イ)昭和七年十一月頃宮殿下カ名古屋ヨリ御上京セラレタ際清浦
季雄騎兵大尉ヤ西大尉ノ紹介ニテ清浦豊秋ハ宮殿下ニ拝謁シ
御晩餐ヲ共ニセラレタ様テアリマス　其時有難イ御言ヲ頂キ

其後御殿ヘ伺向シテ宮殿下御自署ノ御写真等ヲ賜ハツタトノ
コトデアリマシタ
其御写真ハ社長応接間ニ飾ツテアリマシタ
(ロ)十二月頃清浦ノ肝入リニテ中島藤井実清水組ノ社長清水氏等
ニテ宮殿下ヲ両国ノ亀清ニ御招待申上ケタコトカアリマス
コレカ中島ノ殿下ニ御近付ヲ得タ始メテアリマス
(ハ)昭和八年一月四日清浦ノ肝入リニテ六甲倶楽部ニ宮殿下ヲ御
招待申上ケ席上餘興トシテ中島ノ武術ヲ御観覧ニ供シタトノ
コトデアリマス
其時ノ主ナル出席者ハ鈴木政友会総裁黒田大蔵次官加藤朝鮮
銀行総裁渋沢栄之助片山繁雄(元三井信託副社長)市来乙彦(元大
蔵大臣)平林甚輔清水辰之助其他不明デス
其席デ中島ハ特ニ宮殿下ヨリ御言ヲ賜リ其後屢々清浦ト共ニ
御殿ヘ伺向スル様ニナツタ様デシタ
(ニ)一月下旬カト思ヒマスカ中島ハ宮殿下ニ御供シテ京都ヘ来ラ
レマシタ ソレハ中島カ自分デ彫刻セル明治大帝ノ御木像ヲ

中川小次郎ノ経営セル立命館大学ニ寄附シ生徒ノ精神作興ニ
資セントシタノデアリマス
其開幕式ニ宮殿下ノ御臨場ヲ仰イタノデアリマス　其時モ中
島ハ御譽ノ御言ヲ賜リ有難イ光栄ニ浴シタノデアリマス
(ホ)ニ月頃芝公園ノ紅葉館ニ清浦ノ所入ニテ政界財界ノ知士ヲ集
メ宮殿下ヲ御招待申上ケタ称デアリ其頃カラ清浦中島等ハ書
食ノ際後継内閣ハ平沼男爵ナリナト吹聴シヤシタ　確カ紅葉
館ノ席上ヘハ早川鉄次本多熊太郎等モ居ラレ彼等カ宮殿下ノ
御近付ヲ得タ様申シ早川本多ハ平沼男・爵ノ四天王ノ内ナリ
ナト申シ大ニ気声ヲ挙ケテ居ラレヤシタ
(ヘ)ニ月頃ト思ヒマスカ宮殿下カ煙草専売局工場ノ御視察ノ際清
浦中島ハ御供ヲ御付カッタ様ニ聴キヤシタ
(ト)中島ハ平林甚輔ノ懇意ニシテ居ル片山繁雄（元三井信託副社長）
ヲ将来ノ日本銀行総裁タトカ興業銀行総裁タナトト吹聴シ片
山ニ取入リ中島ノ所入リニテ宮殿下ノ御前ニテ片山ノ財政意
見ヲ言上サセタ事カアリヤシタ

片山ハ非常ニ光栄ト思ヒ中島ヤ清浦ニ色々ト好意ヲ示ス様ニナリマシタ

其後片山ハ日蘇貿易株式会社ヲ設立スルヤ平林中島等ヲ其取締役ニ致シマシタ 中島ノ又ケ人ナキヤリ方ニ驚イタノデアリマス（日蘇貿易会社ハ金額二十五万円払込会社デ目的ハ日本トソヴィエート政府トノ貿易ニアリマシタ）

(チ) 三月初中島ハ國際聯盟ノ脱退ニツキ参謀本部ガ左右謀議シテ居ルコトヲ聴キ宮殿下ヲ参謀本部ニ御伺ヒ致シ脱退ヲ進言シテ貰ウ様ナコトヲ申シテ居タコトガアリ彼ガ完全ニ宮殿下ニ取入ッタノデ私共ハ驚イテ居リマシタ

(リ) 四月頃星ケ岡茶リョウニ於テ宮殿下ヲ御招キ致シタコトガアリマス 其時ハ黒田大蔵次官 結城興業銀行総裁 原邦三（愛國生命保険社長）中川小治郎 白石元治郎 清浦 中島等ヲ呼ンダ様デアリマス

(ヌ) 五月頃清浦中島ノ肝入デ宮殿下ニ日本鋼管会社工場（川崎市）及浅野製鉄所（神奈川市）ヲ御視察願ヒ清浦ハ其時ハ特ニ御同車ノ光栄ニ浴シタトノコトデアリマシタ

(ル) 其後間モナク浅野ノ芝ノ屋敷ニ宮殿下ヲ御招待致シ浅野一門白石小野金六等ハ御晩餐ヲ供ニセラレタトノヿデアリマス

清浦中島ハ何时モ御供ヲスルノデアリマス

以上ノ外宮殿下ヲ御煩ハシ致シタヿハ色々アルデショーカ其裏面ニハ清浦中島カ安田ヲ通シ宮殿下ノ御承諾ヲ得タ様デアリ餘リ甚タシキノデ別当ナトカ心配シ清浦等カ注意セラレタ様ナウワサカアリマシタ

彼等ノ内ニハ宮殿下ノ酒席デ酔ヒ倒レテ眠ッタモノナトアリ心アル人ハ不敬ヲ恐レテ居ッタナトト云フコトヲ後日聴キマシタ

六月頃宮殿下仙台第二師團長ニ御栄轉遊サレテ後ハ一切ヤミマシタ

(ヲ) 西園寺公ニ対スル中島ノ談話

中島ハ常ニ西園寺公ノ知ヘ何々スルト得意ニナッテ吹聴シタモノデアリマス

而モ老公ト何日モ対談スルナトト聴キ及ヒ私共ハ中島ニ敬意ヲ払ッタモノデアリマス

彼等ハ中川小次郎ト特別懇意ナ干係カラ老公ノ処へ出入スル様ニナッタモノト思ヒマシテモ疑ヒマセンデシタ 彼ノ談話ハ大略左ノ通リデアリマシタ

(イ)中島ハ時々明日ハ興津ノ西園寺公ノ処へ様子伺ヒニ行クカラ会社ニハ来ヌナトト清浦小野等ニ話シテ居ルノヲ聴キマシタ
中島ハ思想團体ノ行動ヲ老公ニ申上ケテ御注意申上ケルノデアルナト申シテ居リマシタ
又西園寺公ノ処へ色々ノ脅迫状ナトカ来テ居ルソレヲ自分ニ見セテ貰ヒ思想善導ノ手配ヲソレ〳〵スルノデアルナトト申シマシタ

(ロ)私共食堂ニ居ル社員等カ好奇心カラ老公ノ起居食事ノコトナトヲ中島ニ訊ネマスト老公ハ鰻ノ白焼カ御好キデ自分モ差向イテ頂戴スルコトカアル左様ナ時ハ自分ハ特ニ元気ヲ示ス為熱酣一杯ヲ貰ヒ鰻ニカケテ気麗ニ平ケテ見セルノデス ソースルト老公ハ中島ハ何時モ元気ダナーナト ト申サルートノコトデアリマシタ

(ハ)西園寺公邸ヲ警護セル憲兵ヤ警察官ニハ中島ハ自分カ居ル間ハ皆クツロイテ休ンテ居ツテ宜敷ト申シ時々食事ナト振舞ツタリスルノテ彼等モ自分ノ行クノヲ喜ンテ居レリナト申シマシタ

以上ノ様ナ事ヲ会社ノ食堂テ何人ノ前テモ中島ハ屡々面白ク談話シタノテ清浦初メ皆承知シテ居リマス

私ハ之等ノ事カ全然中島ノ出駄羅目テアッタト検事ヨリ廷ニ於テ聴キ全ク驚イタノテアリマス

彼ハ前身ヲ一切言ヒマセン私共ヲ信用セシムヘク私共ノ手ノ届カサル西園寺公ヲ持出シテ誑シタノテアリマス

実ニ不都合千万ナ事ト思ヒ残念テタマリマセン

(四)平沼男爵ニ対スル中島ノ談話

一月頃宮殿下ヲ紅葉館ヘ御招キシタ当時ト思ヒマスカ早川鉄冶郎本名熊太郎ト中島ハ提携シ後継内閣ノ首相ニ平沼男爵ヲカツクト称シ清浦ト共ニ戊申倶楽部ノ人々ト往復シテ居ツタ様テアリマス

リコト平沼男爵ヲ宮殿下ニ御遠ケシ中島清浦等カ平沼男爵ニ
取入ラントシ致シテ居ッタノテス又其計画ヲ裏切リ元外交官藤
井実カダシヌイテ平沼男爵ヲ宮殿下ノ処ヘ御近付ケタノ
テアリマス
其付中島清浦等ハ藤井ヲ恨ミ遂ニ絶交シタノテアリマス
私共政治ト云フモノヲ知ラヌ者カラ見レハ実ニ滑稽ナ
事テ社員同志テ笑ッタ事カアリマス　ソレカラハ彼等ハ餘
リ平沼男爵ノ話ハ致サナクナリマシタ

(五) 宇垣朝鮮総督ニ対スル中島ノ談話
中島ハ宇垣総督トハ永イ交際テアッテ深イ諒解シテ居ル様
常ニ申シテ居リマシタ
日本鋼管会社ノ技師長カ鉄鉱山調査ニ朝鮮ニ出掛ケル際中
島ノ宇垣総督宛紹介状ヲ持ッテ行キマシタ後日技師長カ帰
ッテ来テノ話ニ中島ノ紹介状カ非常ニ有効テアリ調査モ
容易ニ出来タト喜ンテ居リマシタ
中島ハ朝鮮総督秘書東京駐在ノ安井某トカ山脇春樹ト

言フ様ナ人ト共ニ政界ノ情報ヲ宇垣總督ニ送ッテ居ル様申シテ居リマシタ

(六) 鈴木政友会總裁ニ干スル清浦中島ノ談話

清浦ハ鈴木後援会トカノ会員デ毎月十七日カニ日本橋ノ百尺ト言フ料理屋デ鈴木總裁ト会合スルト申シテ居リマシタ

鈴木總裁ノ処ヘ常ニ出入シテ居ル仙場ト言フ人カ度々清浦ノ処ヘ来リ仙場ト中島ハ非常ニ懇意ニナリ清浦ト共ニ赤坂其他ヲ飲ミ廻ッタ様デアリマス

仙場ハ時々私共社員ノ室ニ入リ晝食ナトスル事モアリマシタカラ私ハヨク知ッテ居リマス

(七) 警視廳及憲兵司令部ニ干スル中島ノ談話

中島ハ西園寺公ノ警護ヲスル干係カラ老公カ御殿場等ヘ旅行セラルル際ハ必ス附添トナッテ居ル左様ナ次第デ警視廳カラヤ憲兵司令部トハ連絡シ過激思想ノモノヲ監視シテ居ルカラ彼等ノ行動ハ予メ判ルノデアル 嘗テ三井ノ團サンカ殺サレタ時其当時前以テ三井ノ重役ニ注意スル様申入レテ置イタヲ

カアルナト申シヤシタ

(八) 海軍将校ニ干スル中島ノ談話

中島ハ海軍ノ青年将校ノ内ニハ五、一五ノ事件ノ餘憤カ殘ツテ居リ不穏ナ空氣カアル横須賀航空隊ノ者カ西園寺公邸ノ上ヲ飛行機テ廻ツタリス 過日大型爆弾六個カ紛失シテ居ルトカ又何日カ、トンナ事カ起ルカ判ラヌカラ自分ハ時々霞浦ヤ横須賀ヘ行キ彼等ノ動勢ヲ探リ居ルノテアルナトト申シ私共ヲ驚愕セシメタノテアリマス

(九) 安田鉄之助ニ干スル清浦中島ノ談話

安田ハ七年十二月頃カラ時々清浦ヲ訪ネテ来マシタカ要談ヲシテ直ニ帰ツタリ清浦ト共ニ何処ヘカ出掛ケタリ或ハ清浦中島等ト何処ヘカ宸ルナトニ出掛ケマスノテ私共営業部ノモノハ彼ト直接話ス様ナ事ハアリマセンテシタ

清浦中島等ハ安田等ヲ極メテ賞讃シテ居リマシタ

安田ハ将来大将迄モナリ得ル経歴ヲ持チナカラ宮殿下輔佐ノ為軍職ヲ辞シ宮殿下ニ身命ヲ捧ケテ御奉公シテ居ル人テアル

宮殿下ハ皇族ノ中ニテ特ニ優レタル尊イ御方デ将来天皇陛下ノ御相談ノ御相手トモナル可キ御方デアルカラ安田ハ大切ニ御奉仕シテ居ラルルノデアルトノ事デアリマシタ

私共モ安田ト云フ人ハ立派ナ人デアルト思ッテ居リマシタ

又安田ハ宮殿下ノ御殿ノ内ニ住ヒ宮殿下ノ御手元金ヲ頂戴シテ生活シテ居ルナトトモ清浦カラ聴イタ事カアリマシタ

清浦中島ハ常ニ安田ニ敬意ヲ表シテ居リ小春ヲ中心トシテ諸々斡旋ヲスル様デアリマス（[illegible]カ彼等三名ハ二三度関西ヘ遊ビニ行ク様デアリマス）

四月ノ花時ニ彼等三名ノ外ニ白力島西等ト大阪ヤ紀州ノ温泉ヤ神戸ナトヘ豪遊シタ様ニ承リマシタ

彼等ノ行動ハ全然私共ニハ秘密ニシテ居リマスカラ詳細ノ事ハ判リマセヌカ雑談ノ際ニ洩レ聞クノデアリマス

(廿)中島ノ自身ニ関スル説話

(1)彼ハ兵庫県御影ノ旧家デ両親カ存命セラレ居リ菊正宗精酒ノ製造元嘉納家トハ親戚ニナリ居ルトノ事デ相当ノ名望家ノ様ナ話デアリマス

一〇

彼ハ北海道ニ漁場ヲ持テ居リ其收益ニテ生活シテ居ルカ
ラ金ノ為ニ節ヲ屈シナイシ又金儲ノ事ハ一切干係シナイ
ナトト申シテ居リマシタ
住友ヤ三井ナラ毎度手当トシテノ纏ツタ金ヲ呉ルカ自分
ハイツモ辞退シテ居ルナトト申シマシタ
回
彼ハ住友家トハ深イ干係カアル様ノ事シ関西ヘ行クト住
友ノ最高ノ人ニテ理事ノ小倉恒吉カラ御馳走ニナルナト申
シ私共ヲ驚カシタルモノアリマス
満洲事件カ起ツタ当時住友カラ三万円旅費ヲ貰ヒ彼ハ
直ニ満洲ヘ行キ馬占山ヲ帰順スル様説得シタトカ
馬占山カ十六才ノ時カラ自分カ世話シタナトト云フテ私
共ヲ煙ニ捲キマシタ
以上ノ様ナ話シノ彼ノ方身ハヨク判リマセンケレトモ多数ノ知
名ノ士ト交際アリ清浦ナトモ彼ヲヒヲ極メテノ誉メ金銭ニ「テン淡」
テアルナトト聞イテ居リマシタカラ私ハ彼ヲ相当ノ人テアル
ト思ヒテ一ノ敬意ヲ私シテ居リマシタ

(十一) 中島ノ政見及思想ニツキ

私共ハ中島カラ、政治的意見ト言フ可キモノヲ聴イタヿカアリマセンテシタ
彼ハ断片的ニ共産党ヲ撲滅シナクテハナラヌソレニハ赤イ連中ヲ昔ノ様ニ全部島流シニスルノカヨイトカ又时ニ時ヿ問題ヲ消息通ラシク面白ク話ス程度テアリ自身ノ主義ヤ政見ノアル人トハ思ハレマセンテシ、又彼ニハ左様ナ頭ノアル人トハ思ハレス、支那浪人風ノ処カトコカアリマシタ
然シ大官連ニ取入ル可キ音オニハ驚ヒイテ居リマシタ
彼ハ宮殿下ヲ始メ奉リ平沼宇垣等ニ機会カアレハ近付キウマク其間ヲ遊泳シタモノテ杖ナ者テアレハ何人テモ縁アリ次第取付ク人テアリ偶々斎藤内閣ニハ適当ノ取入ル可キ縁ト機会ヲ得ナカツタノテアリマスカ若シヨキ縁カアツタトスレハ彼ハ喜ンテ飛込ンテ行ツタモノト思ハレマス
私ハ彼カ今度ノ様ナ大ソレタヿヲ計画シテ居ツタヿヲ承リ驚ロキ入ツタノテアリマス

二

彼ハ私ニハ絶対秘密ニシテ居リマシタ
彼ハ宮殿下ヲ戴イテノ有力ナル政治家ヤ財界ノ名士ヲ自由ニ引廻シタノデアリマス
彼等ノ内ニハ中島ヤ清浦ヲ手ナスケテノ宮殿下ニ特ニ御近付キヲ願ッタ者モアリマシタ様デス　ソコヘ中島等ハ付込ミ幇間的態度ニテ彼等ニ取入ッタ様デ中島等ハ毎晩ニケ所ノモ三ケ所モカラ招待セラレテ居ッタ様デアリマス
清浦中島等ハ私共ニ対シ面白ク其間ノ消息ヲ洩シタ事モアリマシタ
私ハ彼カラ斉藤首相ヲ暗殺スル程ノ政府ニ反対ス可キ意見ノ片鱗タモ聴イタ事カナカッタノデアリマス
其位デアリマスカラ私カ彼ト思想的ニ共鳴スルナトト云フ事ハ有リ得ル事デハアリマセン
私ハ政治家デモナク又政府ニ反対スル様ナ思想ト云フモノヲ持ッテ居リマセン　又中島ト政府反対ノ事ナト語合ッタ事ナトハ全然アリマセン

中島カ岩村ト会ツタ頃ハ斉藤内閣ハ近イ内ニ辞メル様ナ状テ
アリ当时政友会ナトカ政府ニ反対スル様ナ事カ新聞ニ出テ居
ツタ时代テアリマス
三月下旬ニ日本カ國際聯盟ヲ脱退スル迄斉藤内閣カ持續スル
カ脱退後ハ辞職スルナラントハ一般ニ想像シテ居ツタ事テア
リマス
左様ナ内閣ヲ破壊スル為ニ首相ヲ暗殺スナトト言フ事ハ全ク
夢想タモ致サナイ事テアリマス
其当时中島ハ自己ノ財産整理テ高利貸征伐ニ没頭シテ居ツ
タノテアリマス
其中島カ大ソレタ陰謀ヲ画策シテ居ルナト全ク想像モ出来
マセンテアリマス
中島ハ西園寺公初メ多数ノ政治家ニ知己カアリ宮殿下ヲ御招
待シテ有力ナル政治家ニ接觸スル機会カ多イノテ其消息ヲ
聽イテ仕事ヲセントシタノカ佐塚岩崎等テアリマス
私ハ佐塚岩崎等ノ希望ニヨリ中島ニ政事ノ早耳カ出来レハツ

レテ仕ヲラシタイト云フテ居ル者カアル旨ヲ話シタノデアリマス　ソレヲ中島ハ何ニデモ機会ヲ捉ヘテ利用スル所謂機会主義ナ男デアリマスカラソレヲ安田ニウマク話シ込ミ両人共謀シテ東安府農協ナルモノヲ持チ来リ私利ヲ謀ルノデアリマス

私ハ清浦カ彼等ト連絡シテ居ルトハ申シ上ゲマセンカ私ニ是非中島ヲ紹介シテクレヤレト申シタ事ハ事実デアリマス
安田中島清浦等ハ屡々酒食ヲ共ニシテ居ルノデスカラ彼等ノ秘密カ判リツツナモノデアリマス　其清浦ニ判ラナカ筈位デスルノ私ナトニ分ラヌノハ当然デアリ　アノ（清浦カ彼等ノ陰謀カ知レハ私ニ注意スヘキ筈ト思ヒマス）
私カ常ニ申上ゲテ申シマシタ通リ五日来頃中姫長谷区ヤ板倉主助ノ注意モアリ驚ロイテ中島ヲ攻メマシタ処ガ彼ハ否認ナルモヤ林等ノ中傷ナリト申シ又安田ハ二万円迄ハ除モ陰謀ナルナ寸毫モ話シマセヌ全ク彼等カ私ヲ謀シタノデアリマス

ソレカラ仮ニ私カ彼等ノ陰謀ニ参加シテ居ルトスレハ胸襟ヲ開イテ語リ合フ可ク酒食ヲ供ニスル位ノ事ハアル可キ筈デアリマス

彼等ハ連日清浦等ト飲ンデ居ルノデス

別ニ大シタ用事モナキニ関西迄モ遊ビ廻ツテ居ツタノデス

然ルニ私ハ安田中島等ト語リ合ツタ事ナク一度モ彼等ニ呼ハレテ行ツタ事ハアリマセン否寧ロ中島ノ如キハ私ヲ馬鹿ニシタ態度ニテ遂イニ私ハ清浦中島等ト衝突スル様ナ事ニナツタノデアリマス

何卒此等ノ事実ヲ御賢察下サイマシテ私ヲ御救ヒ下サル様ヲ懇願致シマス

以上ハ私カ数ケ月ノ間ニ清浦中島カラ聴イタ事デアリマス

今日中島ト云フ人ハ嘘ヲ平氣デ云フ人デアル事ヲ感ジテ居リマス

私カ中島ヲ佐塚岩崎等ニ紹介セル当時ハ私ハ彼ニ大ニ敬意ヲ払ツテ居リマシタ

彼ハ政界ノ裏面ニ居ル消息通デアルト思ッテ居リマシタ
然シ彼ガ嘘付キデアルナド、ハ思ッテ居リマセンデシタ
彼ハ権力ノアル人ニハ何人ニデモ迎合スル人デ自分ノ主義ヲ立
テソレヲ守ッテ行クト云フ様ナ人デハ全然ナカッタノデアリマ
ス
故ニ彼ガ今度ノ事件デモ或日ニ迎合シテ甚ダ卑劣トナリデ私ヲ誣シ
大ソレタ事ヲ起シタモノト思ハレマス
或日中島某ガ宮殿下ヲ戴ク処カラ世間ノ人間ガ全ク馬鹿
ニ見エ慢心シテ其処ヘ魔ガサシ今度ノ様ナ事ヲナシタモ
ノト思ハレマス
最后ニ私ノ心持ヲ申上ゲマス
私ハ昭和七年九月以来富国商会ノ援助ヲ受ケ東郵商工株式
会社ヲ守リ立テルニ真剣ニ努力シ今度ノ事デ昭和八年
九月廿六日警視庁ニ拘禁セラレル迄寸暇ナキ有様デアリ
マシタ
僅カ数人ノ社員ヲ使ヒ月二十万円ノ商売ヲ致シテ居タ富国商会

ノ後援ハアリマシタトハ云ヘ兎モ角好成績デアリマシタ
私ハ高田商会ノ恩義ニ報ユル為熱心ニヤリマシタ
私ハ相当年輩デモアリマスノデ東邦商工株式会社ト運命ヲ共
ニスル覚悟デ居ツタノデアリマス
私ハ政治的ノ野心ナト全然ナキノミナラズ今度ノ事カ幾分デモ
政治運動資金ノ如キモノナラハ私ハ最初カラ相談ニ乗ラナカツ
タノデアリマス
次ニ今度ノ事ハ最初中島カラ私カ依頼サレテ私カ骨折ツタ様ニ
検事局ノ起訴カナツテ居ル様ノデスカ左様ナ事デハアリマ
セン　コレハ佐塚カ中島ノ政治的知識ヲ利用シテ金儲ケヲナサ
ント考ヘ私ノ知ヘ中島ヲ紹介シテ呉レト申込ンデ来タノデアリマ
ス
ソレヲ中島ハ機会主義ナ男デスカラ安田ト相談シ策ヲ用ヒ私ヲ
誑シテ佐塚ノ申込ヲウマク利用シタモノデアリマス
佐塚ハ其当時ノ話ニ上海事件ヲ材料ニシテ岩村ト仕事ヲシタ
事カアルノデ今度國際聯盟脱退ニヨリ何カ材料ヲ見付

一四

ケ仕ヲナサントシタモノト思ハレマス
其処ニ当時彼ハ私ノ店ニ雇書記中島ナル者ノ政治通ナルヲ
知リ中島カラ耳新ラシヤ早耳材料ヲ得テ一仕事ヲセントシ
先ヅ岩崎ト相談シタ処、岩崎ハ中島ナルモノノ人物ヲ已ニ知
ツテ居リ同郷先輩カラ紹介シテ貰ツタ事ニナツテ居
ルノデ佐塚ノ案ニ同意シ両人カラ岩村ニ相談シタモノノ様ニ
思ハレマス　私ニ対シ佐塚岩崎カラ初メテ中島ヲ紹介シ
呉レト申シテ来タ時ニハ彼等ハ既ニ岩村ト相談済デアツタ事ノ
ラス
私ハ其時彼等ノ先ノ人ハ何人カト申シマスト彼等ハ「ナカシ」ト
云フ人ダト申シマシタ
其ヲナシタナルカ後デ岩村ト分ツタノデアリマス
彼等ハ中島ヲ岩村ニ紹介シ、仕事ヲナサセ様ノ上海ノ件ノ
材ノ山堀メテ廿セ彼等モ何程カノ恩恵ニ預ラント考ヘテ居タ
ノデアリマス
私ハ仕事ヲ為シテモ悪イ事デハナイ、宇耳材料ヲ得テ一仕事

ヲスルハ商人ノ「ギビン」デアル或ハ其為損ヲスルカモ知レヌ故決
シテ不正ナ事テハナイト思ツテ彼等ノ希望ニ添ツタノデアリマ
ス
然ルニ私カ中島ヲ彼等両名ニ紹介スルヤ岩村ハ私ノ存在ヲ欲シ
ナイト云フノデ私ヲ排斥シ岩村中島安田等カ会合シ私ヲ誑シ今
度ノヿヲデカシタノデアリマス
私カ存在スレハ少シテモ不穏ナヿカアレハ直ニ打毀シテ居リマ
ス実ニ残念ナ次第デアリマス
佐塚岩崎ハ岩村カラ金ヲ貰ツテ働ク手先デアリマス
岩村ノ命令ニヨリ動クノデアリマス
岩村ハ安田中島等ト共ニ私ヲ誑シタヿハ二万円返却ノ芝居ニテ
明瞭デアリマス
岩崎佐塚等ハ岩村ト毎日会合シテ居ルカラ岩村カラ陰謀ヲ聴イ
テ居ツタヿト思ヒマス
然シ岩崎ハ明瞭ニ私ヲ誑シテ居ル前上申書御参照願ヒマス迄ノテ
ス ソコデ佐塚岩崎カラ岩村ニ対シ私存在ハ誑シテ居ルカラト云

フヿヲ云フテ居ルモノト思ハレマス
岩村ハ私カヿ情ヲ知ラヌモノナルヿヲ知ツテ居ルカラ最後ノ芝
居ヲ打ツタノデアリマス
私ハ中島ヲ佐塚岩崎ニ紹介後ハ彼ト話ヲシタヿナトアリマセン
私ハ彼ト何等ノ干係モアリマセン
私ハ彼カ非常ニ苦境ニ居ルヿナト其当时全ク知リマセンテシタ
佐塚カラ右様ナ話ハ少シモ聞イテ居ラス寧ロ佐塚ハ彼ヲ非常ニ
「ヤリ手」ダナト推奨シテ居ツタ位デアリマシテ私ハ彼ハ松屋ノ内
藤專務ノ秘書タカラデパートノ松屋ニ勢力ヲ持ツテ居ラルル人
ト思ツテ居リマシタ
ソレ故当時私ハ友人カラ就職口ヲ探シテ呉レト頼マレテ居リマ
シタ一青年ヲ幸イ彼ニ依頼シ松屋ニ採用シテ貰フ様ニ佐塚ニ言
フタヿカアリマス　ソレハ田中ト云フ青年テ履歴書ナト佐塚ニ
渡シタ位ニナツテ居リマス
私ハ岩村カ新聞テ知リマシタ様ナ大借財ヲシテ居ル人物タナト
トハ少シモ存シマセンシ又今度ノ様ナヿヲシテカス人トハ毛

頭思ッテ居リマセンデシタ
次ニ佐塚岩崎等ハ当时生活ノ安定ヲ欠イテ居リマシタカラ私ハ正当ナヿナラハ出来ル丈援助ハスル積テ居リマシタ故ニ佐塚ニ対シテハ鋼管会社ノ二級品ノ鉄管ヲ安ク卸シテヤルカラソレヲ商賣セヨトカ又岩崎ニハ王子製紙会社ニ干係カ深イトノヿテアルカラ王子製紙ニテ使用スルグレー(グレートハ製紙ニ是非必要ノ和英ノ粉末デアリマス)ヲ売込ム様世話シテヤッタリシマシタ何レモ成功致シマセンデシタ 然シ彼等カ僅カノ金テ岩村ノ手先トナリ今度ノヿニ参加シタトスレハ誠ニ氣ノ毒ナ次第テアリマス
岩崎ノ云フ処ニヨレハ何カ中島ト政治的ニ共鳴シテ参加シタ様申シテ居リマスカ本件ノ動機カラ考ヘマスレハ左様ナヿハナイ筈テ初メカラ金儲カ目的テアッタノテアリマス
次ニ岩崎ハ中島カラ陰謀ノ相談ヲ受ケタ際私カ立会ッテ聴イテ居ッタ様陳述シテ居リマスカ左様ナヿ実ハ全然アリマセン中島ハ屡申上ケマス通リ陰謀ノヿハ私ニハ全然秘密ニシテ居ルノテ

岩村カラ二万円ハ出シテ貰ツタカ之レハ東安府農場建設ニ使用スルモノデアルト云ヒ又私カ小林板倉ノ忠告ニヨリ彼ヲ攻メタ時ニハ彼ハ小林ノ中傷ナリト云ヒ又安田中島岩村ニテ芝居ヲウツテ私ヲ誑シタ等ヨリ見テ岩崎カ云フカ如ク私ノ面前ニ於テノ左様ナ陰謀ヲ話ス筈ハアリマセン　岩崎カ唯私ヲ本件ニ捲込マントスル邪念ニ過キナイノデアリマス

何故彼ハ私ヲ捲込マントスルヤ不審ニ堪ヘマセンカ恐ラク彼ハ僅カノ金デ岩村ノ手先ニナツタ事ヲ覆ヒタイ為テハナイカト思ハレマス

私ハ岩村ト因縁ハ少シモナク又金儲ケヲシヨウト云フ考モナカツタノデアリマスカラ岩崎モ左様ナ立場ニナリタイ為私ヲ捲込ムノデハナイカト思ハレマス　而シテ彼ハ金銭的不純ナ考カラ本件ニ参加セルモノデハナイ國家的ノ考カラ参加シタノダト云ハントスルノデハナイカト思ハレマス　次ニ岩崎佐塚ハ私ノ処ヘ中島ノ不信ヲ攻メ屡苦情ヲ申込ミタモノデアリマス　ソレハ中島カ岩村ニ直接取入ツテ自分等ヲ「ネグレクト」スル浪人道徳ニ

反スルト云フコトデアリマシタ
其間彼ガ云フ如ク私ガ國民大会開催ノ費用ヲ二万円中島ガ取ツテ居ルコトヲ知ツテ居ルトスレバソンナ國民大会ナンテモノハ一度モ開カレタコトナイノデアリマスカラ彼等カラ其レニ関スル苦情ヲ聞ク筈デアリマス　私ハ岩崎ヤ依塚カラ國民大会ノ苦情ヤ首相暗殺云云ノコトナド一度モ聴イタコトガアリマセン今度彼ノ陳述ニヨリ初メテ知ツタノデアリマス　又彼ハ当上申書其二ニ於テ申上ゲマシタ通リ「唐原少将ノ証言ニヨリ二万円ヲ出シタノデアル」ト云ツテ私ヲ誣ヒタコトハ事実デアリマス
彼ハ中島カラ五万円ノ小切手ヲ見セテ貰ツタリ又岩村中島ノ会談ニヨリ二万円以上出シタコトハ承知シテ居ルノデアリマス
私ハ右様ナ小切手ヲ見タコトモナク又岩村ガ中島ニ小切手ノ残金ガアルカラ保管スル様云ツタナド云フ会話ハ全ク聴イテ居リマセン　彼メ私ヲ誣ヒタコトハ明瞭デアリマス　又彼ノ陳述中唐原少将ノコトハ一言モアリマセンガ同郷ノ先輩ニ迷惑ノ及ブ様トノ考カラカモ知レマセンガ事実ヲ曲ゲテ居ルコト

一般ノ方デアリマス　之等ノ点モ併セ御明察ヲ御願ヒ致シマス
次ニ私ハ一個ノ会社ノ責任者デアリマスカラ　生活モ安定シ他ヲ
省ミル暇ナドナイ位多忙デアリ又景氣モヨク会社ノ営業モ非
常ニ発展シテ居ルノデ愉快ニ日々活動致シテ居ルノ
デアリマス
私ガ彼ニクミシタト云フタリ又ハ政治運動ナドニ干係スルトハ信用
地ニ落チ営業ハ出来ナクナリマス
岩崎佐塚等ハ無職無資産ノ者デス　唯私ノ宗教的同情心ヨ
リ彼等ヲ何カト同情シテ温情ヲ以テ引立テテヤッタノデ
アリマス
私ハ彼等ト共ニ岩村ナドトニ捲込マレルモノデハアリマセヌ　只
佐塚ガ其当時岩村ハ私ノ存在ヲ好マヌト云フタ言語ニモ分ッテ
明瞭デアリマス　即チ私ヲ排斥シタノデアリマス
岩村ハ非常ナ借金ガアリ所謂毒血主義デアルノダト思ヒ
マス　一方安日中島等ノ慢心セシ者ト陰謀ヲ企テタモノデ
岩崎佐塚ハ岩村ノ手先トナッタモノデアルト思ヒマス

ソコデ中途カラ私ヲ排斥シ今度ノヿ体ヲテカシタモノデアルノ
デ私カ外在スルヿカ彼等ノ為不便デアッタノデアリマス
彼等カ私ヲ排斥セル心ヿモ今日デハ明瞭デアリマス
私ハ昭和二年税千ヿ件以来宗教生活ニ入リ念佛三昧ニヨリ静寂
ナル境地ニ入リ邪念ヲ去ル可ク修養シ来ッタモノデアリマス
華ヒ家族モ信仰ヲ得テ法悦ノ生活ヲ致シテ居ッタノデアリマス
南クモ恐ロシキ陰謀ナトニ参加スル意思ナト全然アリマセンノ
デアリマス
私ハ中島カラ食堂（店ノ）ニ於テ其当時聯盟脱退後ハ政変カアル若
シ政党ニテモ政权カ行ケハ次ニ五、一五ヿ件カ起ルカモ知レヌ
今度ハ飛行機デ爆弾ヲ落スカモ知レヌトカ多数社員ノ前デ得意
ニナッテ云ッテ居ルノヲ聴イタノデアリマス
ソレハ別ニ秘密ノ話デモナク彼ハ店ニ於テ何人ノ前デモ云ッタ
ヿデアリマス ソレヲ私ハ佐塚ヤ岩崎ニ世間話トシテ話シタノデ
スカソレニ中島ヤ安田カ干係シテ居ルナトト云フヿハ聴イタヿ
モナク又話シタヿモアリマセン ソレハ全ク中島ヤ安田等ニ干

係ナク渉ニ若者ノ事テ彼等カ日頃有カナル政治家ナトニ会ツテ居ルノデ何レカラカ聴イテ来テ云フモノト思ツテ居リマシタ
以上私ノ知ツテ居ル事ヲ有儘ニ赤裸々ニ申上ケタノデアリマス
トーカ私ノ潔白ナル心事ヲ明白ニシテ頂ク様伏テ懇願致シマス

以上

昭和九年十月卅一日　松澤勝治

右本人ノ自署拇印タル事ヲ証明ス

豊多摩刑務所
看守　河原寅吉

東京地方裁判所
予審判事　清水鼎良殿

右謄本也

昭和　年　月　日

東京地方裁判所

裁判所書記

一九

第四回訊問調書

被告人　松澤勝治

右者ニ対スル殺人予備被告事件ニ付昭和九年十一月二十七日東京地方裁判所ニ於テ予審判事清水澄良ハ裁判所書記長谷川酉次郎立会ノ上前回ニ引続キ右被告人ニ対シ訊問スルコト左ノ如シ

一問　昭和八年三月末頃銀座角ノ玉テ中島、岩村、宮崎、佐保、被告五名会合シ其際中島ハ岩村ニ対シ悪政治家悪財閥ヲ暗殺シ空中カラ爆撃ヲセリ在郷軍人二個中隊ヲ動員シテ警官隊ト戦ハセ帝都ヲ騒セ戒厳令ヲ布カセル計画ヲ樹テ、居ルカ其費用ニ要スル五万円ハカリ出シテ貰ヒ度イソウスレハ右決行ノ時期ヲ事前ニ知ラセテヤルカラソレニヨッテ株テ儲ケレハ松屋ノ整理位何ンテモナイテハナイカト云ヒ岩村カ右計画決行ノ時期ヲ教ヘテ頂ケ

八五万円位ハ何時デモ出シマスト云フタコトハナカッ
タカ

答　私ハ左様ナ話ハ聞イテ居リマセン

二問　其頃島森ノ末線ト云フ島屋デ中島、佐塚、岩崎被告ノ四
人カ集マッタ右ノ同シ趣旨ノ話ヲシタコトハナカッタ
カ

答　左様ナ話ハ聞キマセン
但シ右ノ両会合ノ時ニ中島ハ微装的ナ話トシテ海軍問
題カ解消シテ居ナイカラ若シ政変カアッテ内閣カ政友
会ニ行クコトニナレハ五、一五事件ノ様ナ騒動カ起キル
ト云フ様ナ政治的ナ意見ヲ述ヘマシタ
然シ之レハ中島等カ計画シテ居ルト云フノデハナク又
左様ナ騒動ノ資金ニ金カ要ルト云フ譯デハアリマセン
デシタ

三問　中島ノ末線、多々良ノ両度ノ話ニヨレハ中島カ左様ナ計
画ヲ樹テ、実行スルト云フノデハナク中島ト気脈ヲ通

シテ居ル一派カ其事ヲ決行スルノデ中島ニハ決行ノ時期カ手ニ取ル様ニ判ルト云フノデハナカツタカ

答　気脉ヲ通シテ居ル一派カ決行スルト云フノデハアリマセン中島ハ西園寺公ノ警衛ニ当ツテ居ルノデ警視廳憲兵隊ト連絡カアルノデ左様ナ不穏計画ノ空気カ判ルト云フコトデシタ

四問　右ノ外五ノ会合デ更ニ中島ハ自分ノ背後ニハ安田中佐ト云フ東久邇宮様ノ元御附武官デ現在デモ宮様ノ御手許金ヲ頂戴シテ居ル確カリシタ人間カツイテ居リ今度ノ計画ニハ自分ハ安田ト行動ヲ共ニシテ居ルノダカラ同人ヲ紹介スルカラ詳シイ事情ヲ直接聞ケト岩村ニ云ツタノデハナイカ

答　安田中佐ト云フ話ハ出マシタソレハ宮様ノ東安府農場ノ計画ニ付テ同人ヲ紹介スルト云フ趣旨デシタ

五問　其際被告ハ岩村ニ安田カ立派ナ人デアルコト安田ト中島カ親交カアルコトヲ證明的ニ説明シタノデハナイカ

答　私ハ説明シタカモ知レマセンカ又今ハツキリ覚エテ居
リマセン

六問　右ノ多与王ノ会合ノ後京橋ノ料理店初大阪テ安田、中島
岩村佐塚岩崎等ト会合シ其際被告等ハ別席シテ安田、岩
村中島三人タケテ話ヲシタコトカアツタカ

答　左様ナコトカアリマシタ此時唐原少将モ来テ居ラレマシタ

七問　右ノ初大阪テハ二回会ツテ居ルノテハナイカ

答　私ハ一回タケシカ行ツテ居リマセン

八問　被告ハ右ノ中島、岩村、安田ノ別席ノ会談テハ中島安田カ
ヲ岩村ニ対シ不隠計画ノ内容ヲ話シ決行時期ヲ事前ニ
教ヘル条件テ費用ヲ要求シ岩村ハ之ヲ出スコトヲ承諾
シタモノト想像シタノテハナイカ

答　左様ナ想像ハ致シマセン
私ハ東安府農場ノ内容ヲ話シ其費用ヲ出サセルコトニ
シ別ニ中島等カ改変ノ情報ヲ岩村ニ教ヘル約束ヲシタ
モノト想像致シマセンタ

九問　ソレデハ被告等ヲ別席ニ遠ケテ安田、岩村、中島三人デ密議スル必要ハナイデハナイカ

答　東安府農場ノ計画ハ絶対ニ秘密ニシテクレト云フ話カアリマシタシ其上岩村カ改選ノコトニ付テハ私共ニハ知ラセズニ自分丈知リタイト云フ希望ヲ持ツタノデ三人タケノ話ニナツタト想像致シマシタ

一〇問　初大阪ノ会見ノ帰リ道中島ハ被告ニ対シ話カツイテ岩村カラ小切手ヲ受取ツタト云フタカ

答　左様ナ話ハ聞イテ居リマセン

一一問　被告ハ中島ニ其債金融斡旋ノ手数料ト云フ意味デ五分宛貰ヒ度イ安田サンニモ話シテクレテ諒解ノ上貰ツテクレト云ヒ中島カ快諾シタト云フ事実ハナイカ

答　岩崎カラ此話カ纏ツタラ千円宛位貰ヒ度イト云フ希望カ出テ居タノテ其話ヲ中島ニ通シテ承諾ヲ得タコトハアリマス

一二問　被告ハ被疑者トシテ昭和八年十月十二日岡田予審判事

ノ取調ヲ受ケタ際「私、佐塚、岩崎カ中島ト本年三月銀座ノ多ヒ玉テ会ツタ際緒読聞テノ様ナ計画ノ出来テ居ル話ヲ聞イタノハ事実テアリマスカ其時具体的ニ警視総監総理大臣ヲ殺ス様ト云フ話カアツタ訳テハナク漠然ト五、一五事件ノ様ニ愚賊閥、悪政治家ヲ暗殺シ飛行機テ空中カラ爆撃シ戒厳令ヲ布カセル様ナ計画カ出来テ居リ其様ナ政界賊界ノ機微ノ事情ヲ事前ニ知ル便宜カアリ其決行時期ヲ事前ニ知ラセリ様ニスレハ株ノ売買テ儲カリ松屋ノ整理位何テモナイカラソレヲ知ラセル報酬トシテ五万円位内藤カラ出サシテ貰ヒ度イ其金ハ右ノ計画ヲ実行スル費用ニ使ツノタト云フ趣旨ノ話カアツタノテアツテ我々モ其趣旨ヲ諒承シ中島ノ申出ヲ承諾シ岩村峻ニ其旨ヲ告ケ岩村ハ内藤ヘ然ル可ク話シ結局其金カ岩村カラ中島ノ手ニ渡ツタノハ事実テアリマス」ト述ヘテ居ルノテハナイカ

答

答　右様ニ述ヘタコトハ違ヒアリマセンカ実ハ其当時検事カラ警察デ取調カ三回アリ述ヘ度イコトハ述ヘマシタカ取上ケテ頂ケズ丁度其頃愛宕警察デハ不良少年狩リカアリ留置場カ混雑シテ睡眠モヨクトレズ疲労困憊シテ居リ其疲労ノ侭デ予審判事ノ取調ヘヲ受ケマシテ真実デナイコトヲ述ヘタノデス

ソレデモ予審判事ノ前デハ詳シイ事情ヲ述ヘタイト思ヒマシタカ今日ハ簡単ニ調ヘルト云フコトデアリマシタシ殺人ト云フ罪名ヲ聞イテ吃驚シテ殆ト失神状態ニナツテ答ヘタノデ不実ヲ述ヘタノデス

一三問　予審判事ハ簡単ナ取調ヘニ於テモアノ五一五事件ノ様ニ悪財閥悪政治家ヲ暗殺スル計画実行ニ使用スルト云フ金ヲ諒承ノ上斡旋シタト云フ趣旨ノ根本事実ヲ何故ニ認メタカ

答　非常ニ疲レテ居タコトハ殺人ト云フ罪名ニ驚イタコトデ失神シテ東安存ト云フコト杯ハ考ヘ出スコトモ出来ナ

四

カツタ次第テス

一四問　昭和八年三月中被告カ佐塚、中島、岩崎ト協力シテ岩村カラ安田ニ金五万円ヲ用立テル約束ノ斡旋ヲシ結局其頃岩村カラ中島ヲ通シテ安田ニ金二万五千円ヲ交付シタコトハ違ヒナイノタネ

答　其事実違ヒアリマセン

金額ハ私ハ二万円ト思ツテ居リマシタ

其金ノ使途ハ之レ迄私カ度々弁明シテ来タ通リテス

被告人　松澤勝治

右読聞ケタル処無相違旨申立署名拇印シタリ

同日於同庁作之

東京地方裁判所

裁判所書記　長谷川西次郎

豫審判事　清水鼎良

右謄本也
昭和　年　月　日
東京地方裁判所
裁判所書記

第五回訊問調書

被告人　松澤勝治

右殺人予備被告事件ニ付昭和九年十二月十八日豊多摩刑務所ニ於テ予審判事清水鼎良ハ裁判所書記長谷川酉次郎立会ノ上前回ニ引続キ右被告人ニ対シ訊問スルコト左ノ如シ

予審判事ハ被告人ニ対シ本件犯罪ノ嫌疑ヲ受ケタル原由ヲ告知シタル上

一　問　何カ陳述スルコトカアルカ

答　私カ安田ト岩村ノ間ノ金ノ受授ノ斡旋ヲシタノハ報酬ヲ目当ニシタノテハアリマセン

佐塚カラ頼マレテ居タコトヲ世話シテヤリ度イ考ト更ニ安田ノ東世府農場ト云フモノニミセラレタコトカ此事件ニ入ッタ重大ナ原因テス

被告人　松澤勝治

右読聞ケタル処無相違旨申立署名拇印シタリ

同日於同所作之
東京地方裁判所
裁判所書記　長谷川　酉才郎
予審判事　清水鼎良

右謄本也
昭和　年　月　日
東京地方裁判所
裁判所書記

第六回訊問調書

被告人　松澤勝治

右ニ対スル殺人豫備被告事件ニ付昭和十年四月十三日豊多摩
刑務所ニ於テ豫審判事清水鼎良ハ裁判所書記大澤正郎立会ノ上
前回ニ引続キ右被告人ニ対シ訊問スルコト左ノ如シ

一　問　被告ハ昭和十年四月七日附テ東京地方裁判所検事局依
野検事宛ニ上申書ヲ出シタノダネ

答　左様デス

一　問　其ノ上申書ニハ過日ノ御訊問ニ因リ私ハ非常ニ感銘
スル所カアリマシテ茲ニ私ノ関係シタル事実ヲ一切承
縷々ニ申上ゲマシテ公明ナル御処刑ヲ受ケ度イト思フ
テ居リマス。私ハ已ニ衰老期ニ向ヒ獄役生活ノ苦痛ヲ
シミジミ感ジマシタ為メニツイ浅間シク々成ル可ク軽
イ御処刑ヲ願フノ余リ今迄御手数ヲ煩ハシ誠ニ申訳ア
リマセヌ　何卒御許シ下サル様懇願致シマス　私ハ只

今少シモ偽リナキ心持ヲ以テ事実ヲ有リノ侭ニ書イテ居リマス」ト記述シテアルカ其通リ違ヒナイカ

答　其通リ違ヒアリマセヌ

二問　何故ニ左様ナ気持ニナツタノカ

答　自分ノ陳述ノ不透明ナ為メニ事件ノ真相ヲ誤ラシテハナラナイト思ヒ又私自身カ非常ニ重大ナ責任ヲ感シ茲ニ私自身カ関係シタ事ヲ綺麗ニ述ヘテ事件ノ真相ヲ判然サセル義務カアルト感シマシタ此レハ検事カ事件カ非常ニ大キナ問題テ関係者カ六十余人モアル事ヲ聞キマシタ又左様ナ人々カ自分ノ死ヲ賭シテ国家ノ為メニヤツタノデアルト云フ事モ聞キマシタ此レ故ニ私ノ陳述ニ依ツテ事件其ノモノヲ誤ルノハ此レ等ノ人々ニモ相済マヌト感シマシタノデ自分ノ利害ヲ考ヘスニ陳述シテ裁判ヲ受ケ度イト思フ次第テアリマス

四問　被告ハ関係シタ事実ヲ精シク述ヘルノミナラス被告事件ニ関係シタ当時ノ心持ヲ判然リ述ヘル決心カ付イ

五問

答

テ居ルノカ

ソレハ決心致シテ居リマス

右ノ上申書ニヨルト安田鐵之助トノ知合関係ニ付テ被告ハア私カ彼ヲ知ッタノハ昭和七年十二月カラテアリマシテ彼カ私ノ居ニ清浦豊秋ヲ訪ネテ参リマスノテ清浦ノ紹介ニテ面談スル様ニナリマシタ　其当時カラ彼カ日本ノ前途ヲ憂ヘ老人政治ヲ打破シテ若イ者ノ力強キ政治ト為シ諸段ヲ釐革シ積悪ノ根源ヲ一掃シナクテハナラヌ今迄ノ政党財閥ハ勿論ノ事過去ノ為政者モ総職ハ悔ヲ為シ更始一新シテ神国日本ノ進運ニ扶翼シナクテハナラヌ又上皇室ノ御安泰ヲ祈ルト共ニ下下層ノ農漁村民ノ困苦ヲ救済シ世相ノ不安ヲ一掃セネハナラヌ又満洲事変以来国際関係ハ弥ニ険悪テアルカラ準備ノ充実ハ最モ急務テアッテ豫算ヲ云々言ッテ居ル時テハナイ挙国一致国難ニ当ラナクテハナラヌホト申シテ居リマシテ私ハ彼ノ主張ハ尤モナル事ト共鳴シテ居リマ

二、

答

シタ
昭和八年二月頃彼ハ彼ノ憂国ノ主張ヲ平沼男爵ニ進言シ男爵ノ蹶起ヲ促シタト彼カラ承ハリマシタ
ニ、三日頃私ハ清浦カ中島ト共ニ彼ト食事ヲシタリシテ彼ノ私心ナキ精神ヲ知リ大イニ敬意ヲ払ヒ私ノ思想的ニ共鳴シテ居ッタ友人校倉ホニモ之ヲ話シ彼ヲ声援シテ居リマシタ　前上申書ニ申上ゲタ通リ彼ハ多数ノ政界財界ノ有力者ト屡々会食シタリシテ居リ彼ト常ニ行動ヲ共ニセル中島ヤ清浦ホカラ彼ノ主張ヤ行動ハ毎日聞カサレテ居リマシタカラ三月上旬頃彼ノ運動資金ノ話ノアッタ時ニ平沼男爵擁立ノ為メニ要スルモノト直感致シマシタ位デアリマスト述ヘテ居ルカ左様カ
其通リ違ヒアリマセヌ　私カ安田ニ私心ノナイ事ヲ認メタ一例トシテ附言致シマス
昭和八年一月五日安田ハ東久邇宮殿下ノ御供ヲシ私ノ知合デ海軍ノ指定製作所デアル茅場四郎ノ工場ヲ視察サレタ事カアリマシタ

六
問

茅場ノ発明ニ係ル機械ハ軍事上非常ニ重要ナモノテ殿
下モ御喜ビニナラレマシタ　其ノ際陸軍ノ技術本部ノ
方モ一緒ニ視察ニ臨マレ機械ノ優秀ヲ認メマシタ　其
知レテ陸軍ノ方カラモ茅場ニ註文スル様ニナツテ二、三日
頃ニハ都テ註文カ多過キテ茅場ハ金融カ付カナイ、状態
ニナリマシタ処カ安田ハ茅場ノ為メニ三菱銀行ニ出向
イテ茅場ノ人物信用国家的ニ必要ナ機械テアル事ヲ説
明シテ金融ノ世話ヲシテヤツタ事カアリマシタ　此ノ
事実ヲ見テ私ハ普通ノ人ノ為シ得ナイ事ヲ安田カヤツ
テ呉レルノニ全ク彼カ私心ノ無キ人物テアル事ヲ知リ
大イニ敬意ヲ払ヒマシタ
彼告ハ右ノ上申書ノ中ニ中島九峯吉勝治郎トノ知合チ
係ニ付テ私カ彼ヲ知ツタノハ矢張リ昭和七年十二月
頃テ毎日清浦ヲ訪ネテ私ノ為ニ来テ居リマシタ
西園寺公初メ政界ノ巨頭ニ接近シテ居リ　政界ノ動キハ
何テモ判ル様ナ事ヲ申シテ居リマシタ　又中島ハ西園
三、

七
内容

幸ニ警団ノ関係カラ右翼ノ過激ナ思想ヲ持ッタ者等ニ
連絡ヲ保チ常ニ彼等ノ行動ヲ注意シテ居ル、マタ近来
海軍飛行隊ノ連中ノ中ニ過激ナ者カ居リ自分ハ夫等ノ
者ノ行動ヲ探ッテ居ルナトト申シテ居リマシタソレニ
依ルト第二ノ五、一五事件カ何時アルカモ知レヌ殊ニ霞
ケ浦辺ハ険悪テ今度ハ飛行機テ首相官邸ヲ爆撃スルカ
モ判ラヌホト申シテ居リマシタ彼カ安田ト共鳴シテ行
動ヲ共ニシテ居ルニ不拘其ノ主張カ常ニ断片的テアリ
マシタカラ私ハ思想的ニ共鳴セル友人板倉小林等ト研
究セル日本精神ニ関スルパンフレットヤ経済政策ニ関
スル書イタ原稿等ヲ彼ニ与ヘテヤッタリナトシテ居リ
マシタト述ヘテ居ルカ其通リカ
其通リ違ヒアリマセヌ
問 被告人ハ右ノ上申書中ニ黒崎達平事綏耀トノ知合関
係ニ付テ「彼ハ永イ間日本精神修養ニ関シ政治運動ヤ
思想問題テ動イテ居ッタ様テアリマス 昭和七年七月

三一〇

私カ遊ンテ居ル當時ノ友人恒遠終筆ト共ニ私ハ時局問
題ヲ論ツタ事カアリマス彼ハ一度モ既成政党ニ入党
シタ事ハナクソレヲ唯一ノ誇リトシテ居リ既成政党員
ハ総テ傀儡物ナリ今後ハ吾人ノ天下ナリト申シテ居リマ
タ一ツノ見識ヲ持ツテ居リマシタ」ト述ヘテ居ルカ右
様カ

答
八問
答

其通リテス
佐塚銀次郎トノ関係ハ前ニ述ヘタ通リカ
右様テス　只藤田ト分裂シタ當時佐塚カ策動シタ事カ
アツテ私ハ快カラス思ヒ佐塚トモ一時ハ絶縁シテ居リ
マシタ其後岩崎ノ口添ヘテ私ニ交際ヲ求メテ参リ私
ハ彼カ子供カアツテ氣毒ナ立場テアルノニ同情シ出来
ル丈ケノ援助ヲ約シテ其後再ヒ私ノ宅ニ出入スル様ニ
ナリマシタ

九問

被告ハ右ノ上申書中ニ思想ノ変遷トシテ「私ハ昭和二
年神戸ニ於テ涜職事件ニテ刑罰ヲ受ケテカラソレ迄ノ

事業関係ヲ一切整理シテ昭和三年春上京シ浄土宗ノ信仰生活ヲシテ居リマシタ偶々藤田勇ナル仁カ援助スルト言フノテ個人商店ヲ起シマシタカ思ハシクナク困ツテ居ル処ヘ例ノ弗貨問題ノ為メニ金輸出禁止テ為替ノ大暴落トナリ私ノ営業タル輸入貿易ハ全然出来ナクナリ失敗致シテ仕舞ヒマシタ　弗貨問題ノ内容ヤ政府ト結托セル事情其内ニ介在セル人カラ聞イテ実ニ財閥ナト言フモノハ不都合テアルト思ツテ居リマシタ　其処ヘ例ノ五、一五事件ナルモノカ勃発シタノテアリマス之ハ今迄ノ腐敗セル政党財閥ニ対スル公憤ノ迸リテアリ又老耄ノ事大思想ヤ事勿レ主義ノモノニ対シ若人ノ鬱勃タル気魄ヲ投伴ヒタモノテ私ハ彼ノ青年将校ノ純真ナル国ヲ思フノ精神ニ非常ニ感激シタモノテアリマス　昭和六年頃カラ私ハ失業状態テ遊ンテ居リマシタカラ日本精神ニ関スル文献ヲアサツテ居リマシタ
昭和七年七月日本精神運動者先輩権藤成卿ヤ小林長次

郎ホト會合シ思想問題ヤ経済問題ヲ話シ合ヒマシタ私ハ其時田甫テハアリマシタカ米買問題ノ眞相ヲ彼ホニ話シタ処彼ホモ大イニ憤慨シタリシタモノテアリヤス　然ルニ七年九月頃ヨリ景氣回復ノ機運カ見エマシタカラ私ハ自分ノ本業ニ返リ満田商會ノ後援テ東邦商工株式會社ヲ造リ金カ出来タラハ校倉ヤ小林ノ日本精神ノ宣傳運動ニ援助シテヤラウト思ッテ居リマシタ其當時小林ハ日本精神ト言フパンフレットヲ作リ又諸方江演ホヲシテ居リマシタ　昭和八年二月頃安田中島ホカ平沼男爵ヲ齋藤内閣ノ後ニ持ッテ来ル運動ヲシテ居ル旨ヲ校倉ホニ傳ヘタル処誠ニ國家ノ為メ良キ事ナリトシテ共鳴シ別動隊トシテ男爵ニ直接面會シ憤起ヲ促シテ居タノテアリマス　ソレカラ今度ノ事件カ起ッテカラ安田カ岩村カラ二萬円貰ッタ後私ハ二萬円計リノ金テ安田カ何ヲスルノカ諒解ニ苦シンタノテアリマスカ其當時齋藤内閣ト政友會トハ今ニモ分裂スル如キ

五、

情勢デアリ余命幾何モナキ斉藤内閣ヲ倒スニ暗殺スル
ナドハ信ジラレマセヌデシタ　其時校倉等ハ政友會ト
斉藤内閣トヲ争ハセ平沼男爵ヲシテ漁夫ノ利ヲ得サセ
ントシ図ツテ居リ大イニ有望デアルト云フ事ヲ聞キ校倉
小林等ヲ中島安田等ニ紹介シタノデアリマス
其後政友會ハ斉藤内閣ヲ倒シテモ自分ニ政権ノ来ラザ
ルヲ知リ分裂ヲ見合ハセタノデ斉藤内閣ハ維持出来タ
ノデアリマス　ソレカラ五月初旬ニ至ツテ今度ハ政民
両党合同ニテ斉藤内閣ヲ倒ス運動ガ進行致シマシタガ
六月ニ至リ陸軍ガ斉藤内閣ヲ支持スル事ニ方針ガ定マ
リ政界ハ安定シタノデアリマス　其間私ハ政治問題ハ
別トシテ彼等ノ日本精神ノ主義宣伝ハ全ク私心ナキモ
ノデアリマスカラソレニ対シ金五百余円ヲ援助シテヤ
ッタ事モアリマス
斯様ナ次第デ安田、中島等ヲ知ル以前カラ非常時日本
ノ指導精神ハ日本精神ナラザルヘカラスト絶叫シテ居

リニカ自主的外交トナリ聯盟脱退トナリワシントン
海軍協約ノ破棄トナツテ居ルノデアルト思ツテ居リマ
ス　斯様ナ次第デ私ハ國民思想トシテハ日本精神デナ
ケレハナラヌ此ノ思想ノ許ニ總テ政策ハ行ハレ國內ノ
不平不安ヲ一掃シ日本國民ハ一彈トナツテ列強ニ向フ
ヘキモノデアルト思ツテ居リマスト述ヘテ居ルカ此
ノ通リ違ヒナイカ

答　其通リ違ヒアリマセヌ

一〇

問　斎藤內閣ト政友會トハ今ニモ分裂スルカ如キ情勢デア
リ余命幾何モナイト見エタノハ何時頃ノ事カ

答　昭和八年四月ノ事デ丁度議會終了後デアリマス　其頃
ノ新聞紙上ニ鳩山、三土両大臣カ辞職スル事ヤ両大臣
カ辞職スレハ斎藤內閣カ倒レルデアラウ事ハ頗ル確ト傳
ヘラレテ居リマシタ　ソレデ私ハ斎藤內閣ノ余命幾何
モナイト信シテ居リマシタ　五月初頃ニ至ツテ斎藤
內閣ハ居据リト言フ事ニ方針カ定ツタ模様デシタ　其

一一

問 答

処テ政民会同テ斉藤内閣ヲ倒ス運動カ進行致シマシタカ其事ハ桜會方カラ聞キマシタ

桜會、小林ハ何ンナ人物カ

桜會ハ弁護士テスカラ専ラ日本主義運動ニ携ハリ此方面テハ先輩テアリマス 小林ハ職業ハアリマセヌカ警視庁ヤ陸軍ニ出入レテ居ル若テパンフレット等ヲ出シテ日本主義運動ヲヤツテ居リマス

一二

問 答

被告人日本主義運動ヲ如何ニ理解シテ居ルノカ

私個人トシテハ前ニ述ヘタ通リ佛教ヲ信仰シテ居リマスカ日本国民全体トシ又日本主義精神ヲ奉シナケレハナラナイト考ヘテ居リマス 要スルニ日本ノ萬世一系ノ国体ニ本ツ遵イテ居ル運動テアリマシテ天皇ト庶民カ一体トナル即チ上ハ仁愛ヲ以テ庶民ニ臨ミ庶民ハ忠誠ヲ以テ上ニ仕ヘ其ノ一致スルトコロニ日本国家精神カ生レルト私ハ思ヒマス

今上陛下ノ宣ヘル「国ヲ家ト思ヒ庶ヲ赤子ト思フレト

一三

内

ノ御趣旨カ下萬民ノ心ニ響キ萬民カ一切ヲ投出シテ忠ヲ尽ス心持カ日本精神テアルト思ヒマス此ノ日本精神ヲ把握シタ人カ政治ニ携ハリ日本精神ニヨツテ政治ヲ行フ事ヲ希望スル者之カ日本主義運動ノ根本問題ト私ハ考ヘテ居リマス

被告ハ右上申書中ニ事件ノ経過トシテ一昭和八年初旬佐塚、岩崎カラ中島ヲ紹介シテ貰ヒ度イト私ノ所ヘ申シ来リマシタ其際岩崎ハ中島ニハ同郷ノ先輩カラ紹介シテ貰フ事ニナツテ居ルカ佐塚ト共ニ紹介シテ貰ヘハ好都合テアルト申シマシタ　私ハ如何ナル用件カト尋ネマスト中島ハ政治上ノ意見交換シテ観察ニナリ近頃ノ政界ノ模様テハ政変モ間近イ様タカラ其ノ機微ヲ早ク知ツテ仕善トシ度イト言フノ事テアリ若シ政変前以テ知ラシテクレル様ナラハ相当ノ運動費ヲ出サス途モアルトノ事テシタ　私ハコノ話ヲ尽念ノ際中島ニ雑談的ニ話シマシタ　中島ハ日頃カラ屡々聞カサレテ居

七、

リマシタ政治談ヲ繰リ返シテヰマシタ大體左ノ様ナモノデアリマス
聯盟ヲ脱退スレハ日本ノ決意ヲ示ス為メ斉藤内閣ニ代ッテ強力ナル非常時内閣カ出来ル筈デアル其ノ首班トシテ平沼男爵ヲ挙ゲテ居ルカ一方ニ朝鮮総督ノ宇垣ト言フ者カ居ル宇垣ハ牧野内大臣ト密接ナル関係カアルカラ或ハ宇垣ノ方ニ政権ハ廻ルカモ知レヌソレ故自分ハ宇垣ノ方トモ連絡ヲ取ッテ居ル又政友會ニ対シテハ鈴木総裁ノ所ト連絡ヲ持ッテ居ル故政情ハ手ニ取ル様ニ判ル又近頃過激ナ右翼団体カ険悪デ何時第二ノ五、一五事件カ勃発スルヤモ知レヌ又霞浦辺ハ険悪デ今度ハ飛行機デ首相官邸ヲ爆撃スルカモ知レヌ先日モ爆弾カ大型ノモノ六箇紛失セリトノ事デアル自分ハ時々霞浦ヤ横須賀ヘ行キ其動静ヲ探リ居ルホト申シソレホノ情報ヲ知ラスノハ易イ事デアルト申シマシタ二、三日過キマスト中島ハ私ノ所ヘ東安府農場ノ書類ヲ持参シ其ノ農場ノ地図ニ就キ説明シ宍田カコノ権利ヲ獲得スル事ニ當局ト諒解済ミテアルカラ安田ヲ信シテ之ヲ担保トシテ金ヲ二、五萬円作ツテ貰ヒ度イ其金ハ安田ノ政治運動資金ニスルノテアル政変ハ必ス四月中ニアルシ政変ノ模様ニヨツテハ突発事件カ起リ海軍飛行機ノ爆弾ヲ落ス様ナ事カアルカモ知レヌ若シ左様ナ事カアレハ自分ニハ判ルカラ先方ヘ話シテ貰ヒ度イトノ事テアリマシタ　私ハ東安府農場ノ事ハ考ヘテ見ルカ政変ノ早耳テ金ヲ出サス事ハ面白クナイト言ツテ断ハリマスト中島ハ自分ヲ先方ヘ紹介サヘシテ貰ヘハ宜敷イノテ私ニハ決シテ迷惑ハカケヌ　又話ハ直接スルカラ私ニ責任ハナイ様ニスルト申シ清浦ヤ小野カラモ中島ヲ紹介シテヤリ給ヘト言ハレ私ハ承知シマシタト述ヘテ居ルカ其通リカ

答　其通リ違ヒアリマセヌ

問　中島ハ安田ノ國家改造資金トスルトハ言ハナカツタカ

答　左様ニハ申シマセヌ

一五問 中島ノ話デハ安田ノ政治運動ト云フノト政変カ四月中ニアリ政変ノ模様ニヨツテハ突発事件カ起リ海軍飛行機ノ爆弾ヲ落ス様ナ事カアルカモ知レヌト云フ事ハ連絡ノナイ別々ノ事件デアツタノカ

答 私ハ連絡ノナイ様ナ話ニ聞キ取ツテ居リマス

一六問 然ラハ安田ノ政治運動トハ何ヲスル運動ト思ツタカ

答 平沼内閣ヲ擁立スル運動デアルト私ハ思ヒマシタ

一七問 平沼内閣建設ノ為メニ当時ノ斎藤内閣ヲ破壊スル運動ヲ安田カスルモノト思ハナカツタカ

答 左様ニハ思ヒマセヌデシタ 政変ハ別ノ手ニ行ハレル其処ニ平沼内閣ヲ押シ込ム運動ヲスルモノト私ハ考ヘテ居リマシタ

一八問 被告ハ更ニ太ノ上申書デ語ヲ続ケテ「ソレカラ茲ニ安田カ参リマシタ際中島カラノ話ヲ安田ニ念ヲ押シマシタ 安田ハ東安府ノ農場ハ出来ル事ニナツテ居ルト言明シマシタカ私ハ之ハ担保トシテハ困難ナモノデアル

ト申シテヤリマシタ、ソレカラ政変ヲ知ラスト云フ條件ノ金デ安田カ政治運動ヲスルノハ面白クナイデハナイカト申シマスト彼モソレハ厭ダナアト申シマシタカ中島ト相談シテカラソレハ先方ト會ッテカラノ條件次第デアル成ル可ク東安麻ヲ主トシテ話シテクレト申シマシタ　中島ハ自分カ借リテ自分カ先方ヘ知ラスノデ安田ハ関係カナイ萬事自分カ承知シテ居ルカラ宜敷イト申シ安田ハ兎ニ角先方ニ會ッテハ何ウカ先方ハ如何ナル人カト問ハレマシタ　私ハ先方ノ金ヲ出ス人ハ知ラナイト申シマスト第一其ノ人ヲ調ヘテクレトノ事デアリマシタ私ハ安田ニ対シ政治運動ノ目的ヲ聞キマスト彼ハ長時間平沼男爵ト話ヲシタ確信ヲ得タカラ運動シ度イト思フト申シ私ハ今迄屡々聞イテ居リマシタ通リ斉藤内閣ヲ倒シ平沼内閣ヲ作ル考ヘテアルト思ヒマシタ」ト述ヘテ居ルカ此ノ通リ違ヒナイカ

答　其通リ違ヒアリマセヌ

九、

一九問　安田ノ話ヲ聞イテ斉藤内閣ヲ倒シテ平沼内閣ヲ作ル事
ヲ安田カ計画シテ居ルト思ッタノカ
答　左様ニ思ヒマシタ
二〇問　安田カ斉藤内閣ヲ倒ス為メニ如何ナル手段ヲ用ヒルト
思ッタノカ
答　其時ハ上部ヘノ諒解運動ニ依ッテ斉藤内閣ヲ打倒スル
モノト考ヘテ居リマシタ　非常手段ヲ安田カ用ヒルモ
ノトハ考ヘマセヌテシタ
二一問　前被告ハ右ノ上申書テ「私ハ佐塚ト岩崎ニ私ノ宅ニ於
テ東安府農場ノ書類ヲ示シ之ハ安田カ既ニ當局カラ許
可ノ内諾ヲ得テ居ルモノテアル　ソレハ安田ニ聞ケハ
判ルカ之ヲ担保トシテ三、五萬円金ヲ安田ノ為メニ出シ
テ貰ヒ度イ政變ハ中原カ知ラストノ事テアル先方ハ如
何ナル人物カト尋ネマスト佐塚ハ松屋呉服店ノ専務取
締役内藤ノ秘書ノ岩村ト言フ人テアル東安府農場ノ書
類カアレハ前話シ易イカラ其ノ書類ヲ貸シテクレト申

シマシタ　私ハ中島カラコノ書類ハ他ヘ絶対ニ貸シテハ困ル萬一識レルト何ンナ障害カ起ルカモ知レヌカラト言ハレテ居リマスカラ私カ書類ヲ持参シテ會ツテ見様ト申シマシタ　其日店カ退ケテ午后五時頃私ハ依頼岩崎ニ連レラレ新橋ノ某料亭ニ行キ岩村ニ初メテ會ヒマシタ私ハ東安府農場ハ担保トシテハ無理デアルカラ之ハ東久邇宮殿下ノ秘書ノ安田ト言フ人カ殿下ノ思召シニヨツテ今度満洲ニ出来ルノデアル之ハ安田ナリ其他適当ノ保證人ヲ立テルカラ之ヲ見返リトシテ五萬円貸シテ貰ヒ度イト中島カ言ツテ居ル而シテ中島ハ近イ中ニ政変カアルト言ヒ又飛行機ノ爆弾投下オカアルカモ知レヌト申シテ居ルカ左様ナ事ノ早耳ハ出来ルト申シテ居ル実際金ヲ出スツモリカト申シマスト岩村ハ東安府ノ農場ノ担保ハ何ウテモ良イ中島ノ話ヲ聞イテ見度イ先ツ依頼ト岩崎ノ両名ニ中島ヲ紹介シテ貰ヒ度イ其上テ中島ノ話ニ信用カ置ケレハ金ハ出ストノ事テア

リマシタ　私ハ此ノ話ヲ中島ニ致シ岩崎佐藤カラ中島
ト私カ鳥森ノ木綿ト云フ鳥屋ニ招カレ其処デ會見致シ
マシタ　中島ハ其席デ自己紹介ヲ済シ政界ノ動キヤ思
想問題ニ付キ大イニ彼ノ説ヲ述ヘ政変ノ間近キ事ヤ右
翼団体ノ険悪ナル事ヤ海軍方面ノ過激分子ナトアリ何
日飛行機カ爆撃スルカモ知レヌナト申シ両人ヲ驚カ
シマシタ　私ハ彼ノ話ハ毎度聞カサレテ居リマスカ
ラ又カト思ッテ居リマシタ　其翌日カラ佐藤岩崎ハ毎
日ノ様ニ私ノ店ニ来テ私ヤ中島ヲ呼出シタノデアリマ
ス　私ハ紹介後ハ彼等直接ニ話シテ貰フ事ニナッテ居
リ且私ノ営業ハ忙シイ故成ル可ク避ケタノデ彼等岩崎
佐藤両名ハ私ノ事務所八重洲ビルノ地下室ノ公衆食堂
錦水ニ屯ヲ構ヘ中島ヤ私ノ手ノスクノヲ待ッテ居ッタ
ノデアリマス　斯様ナ次第デ私ハ紹介後ハ直接交渉ヲ
頼ッタノデアリマスカ彼等ハ私ヲ離サズ又中島ハドン
〱私ヲ引摺リ込ミ遂ニ私ハ深入リシタノデアリマス

其処デ中島ハ岩崎佐塚ニ対シ安田カ國家改造運動ヲスル為メ金ヲ三、五萬円作ッテ貰ヒ度イト申シマスト岩崎ハ安田ハ如何ナル意見ナルヤト申シ中島ハ安田ノ先ニ天野等ノ団体カアル事ヲ答ヘ岩崎ハ日本精神主義者デアルカラ其思想系統ヲ兼知シテ居リマシタ　中島ハ共産党ヲ撲滅セシムトカ財閥カ不都合ダトカ断片的ノ意見ヲ申シマスノデ私ハ少シク順序ヲ立テテ統制経済ハ独占的ナモノデ之ヲ国家カ保護シテ居ルカラ自由競走時代ヨリモ一層財閥ハ保護ヲ受ケテ居ルノデアル今日重要産業ハ殆ト全部統制サレテ居ル供給ヲ加減シテ価額ヲ釣上ケ利益ヲ壟断シテ居ルニ反シ之ヲ買ッテ居ル一般大多数ノ国民ハ非常ニ苦シイ訳デアル斯クシテ貧富ハ益々甚シクナルノデアルカラ之ヲ匡正スル必要カアル軍ニ財閥ヲ責メテモ何ニモナラヌト云フ様ナ事ヲ私ハ申シマシタ　ソレカラ中島ハ飛行機ノ爆撃ヲ屡々申シマスカラ実際左様ナ事カアレハ大変デアル私ハ

二、

左様ナ事ヲ信スル事ハ出来ヌト申シマシタ　ソンナ声
ヲ考ヘテ居ル人間カアレハ実ニ怪シカラン日本ヲ誤ル
モノテアルト私ハ中島ニ言ヒマシタ　ソレカラ彼ハ
余リ左様ナ事ハ言ハクナリマシタ　ソレカラ中島ハ五
萬円ノ中ニ萬円ハ国民大會ヲ開キ三萬円ハ首相暗殺ニ
使用スル抔トモ申シマシタカラ私ハ中島ニ対シ安田カ
ラ左様ナ話ハ一度モ聞イタ事ハナイ　ソンナ出鱈目ハ
言ツテ貰ヒ度クナイ左様ナ馬鹿氣タ事ヲ安田カヤル筈
ハナイト申シテヤリマシタ」ト述ヘテ居ルカ左様カ

答　其通リ違ヒアリマセヌ　私ハコノ錦水テノ會合テ初メ
テ中島カラ安田カ国家改造運動ヲスル為メ金ヲ三、五萬
円作ツテ貰ヒ度イト言フ話ヲ聞キ吃驚致シマシタ

三問　被告ハ安田カ國家改造運動ヲスル資金三、五萬円必要ト
スルコト及安田ノ先ニ天野等ノ団体カアルコトハ其通
リ信用シタノダネ

答　ソレハ中島ノ言フ通リ真実テアルト思ヒマシタ

二三問　中島ノ言フタ五萬円ノ中一萬円ハ国民大會ヲ開キ三萬円ハ首相暗殺ニ使用スルト言フ事ハ真実ト思ハナカツタノカ

答　私ハ中島カラ其話ヲ聞イタ時ハ驚イテ了ヒマシタカ後ニ安田ニソンナ事カアルノカト確メルト安田ハソンナ事ハナイト否定シマシタノデ私ハ左様ナ事ハナイモノト考ヘマシタ

二四問　被告ハ右ノ上申書ニ引続イテ「岩崎ハ中島ナル人物ヲ知ル為メニ三菱ノ唐沢少将ヲ赤坂ノ「志保やレ」ト云フ料亭ニ招キ中島佐藤私モ同席致シマシタ中島ハ安田カ国家改造資金ヲ岩崎佐藤ニテ造ツテ居ツテ呉レルト唐沢ニ申シマシタ　唐沢ハ中島ハ支那ノ豪傑タカ安田ハ間違ヒナキ人物ナル事ヲ両人ニ話シマシタ　其処デ両人モ安田ト會ヒ度イト中島ニ申シマスト中島ハ自分カ岩崎ニ會ツタ上デ安田ニ紹介スルトノ事デシタ　四月ノ十日過キ岩崎佐藤カラ私ト中島ヲ銀座ノ「ふたより」ト言

「鳥屋ニ招キマシタ其處ヘ岩村カ見エ初メテ中島ト岩村カ會見シタノデアリマス　岩村ハ岩崎佐塚カラ話ハ聞イテ居ルカ何カ陰謀カアルノデスカト中島ニ尋ネマスト中島ハ今度ハ飛行機カ何時飛ヒ出スカモ知レヌ状態デ自分ニ判ル様ニナツテ居ルト申シマシタ　岩村ハソンナ事デハ株式ニ影響ハ少イ戒嚴令デモ敷カレル様ナ事件ヲ早メニスルナレハ五萬円ヲ出スト申シマシタ中島ハ戒嚴令ナトハ陸軍軍人カニ個中隊モ出シハ直チニ敷カレルト如何ニモ自分カ陸軍ヲ動カス様ナ事ヲ言ツノデ私ハ驚イタノデアリマス　私ハ中島ノ話カ余リ突飛ナノデ岩村ニ対シ安田ニ会ツテ貰ヒ度イ安田ハ着実ノ人デアル其上デ考慮シテ貰ヒ度イト申シマシタ」ト述ヘテ居ルカ其通リカ

答　其通リ違ヒアリマセヌ

二五問　被告ハ尚右ノ上申書ニ続ケテ「中島ノ話ハ無稽極マル話デアルノデ岩崎佐塚ヲ至急安田ニ会ハス様ニ致シ其

翌日原祭少将ヲ加ヘ安田原祭岩崎依塚私ト会合シ中島ヲ除キマシタ其席デ中島ハ岩村ニ言ッタ謀ヲ練込シ安田ニ話シマシタ安田ハ左様ナ馬鹿ナ事ハ見ル皆ハナイ日本ノ陸軍ヤ海軍々人ハ左様ナモノニ非ス若シ左様ナ事ガアレバ国家ハ破滅デアル中島ノ法螺デアルト申シマシタ　原祭モ中島ノ法螺デアルト申シマシタ

私ハ安田ニ対シ中島ハシャリト安田カ陰謀計画カアル様ニ言ッテ居ル首相暗殺等ノ計画カアルト言ヒ其為今度ノ金カ入用デアルト言ッテ居ルカ何ウカト質シマスト安田ハ何分ハ全然知ラヌ事デアルト申シマシタ　安田ハ平沼ヲ立テ非常時ヲ突破サセ度イノデアルト言フ意味ヲ申シマシタ岩崎ハ自分モ賛成デアル原祭ハ安田ハ僅カノ金デ君等ニ迷惑ヲカケル様ナ人デナイカラ安心シテヤリ給ヘト申シマシタ岩崎ハ自分等モ費用カ入用タカラ金カ出来タラ依塚ト共ニ千円位宛貰ヒ度イカラ安田ニ伝ヘテクレト私ニ申シマシタ　私ハ之ヲ安

田ニ傳ヘマスト安田ハ甚タ不満ナ顔ヲシテ金ハヤルカ搾取的ナ人間デ厭ダナアト申シマシタ　私ハ中島ノ話カ甚タ不穏ナ話デアリマシタカラ今度安田ト岩村ノ會見スル場合ハ唐沢ニモ是非立會ッテ貰ヒ度イト申シマシタ」ト述ヘテ居ルカ其通リカ

答　其通リ違ヒアリマセヌ
之ハ矢張リ「志ほやし」デ二回目ニ会合シタ時ノ話デアリマス

三十問　被告ハ右ノ上申書ニ続ケテ「二月初旬初大阪ニ於テ岩村佐塚岩崎ト安田中島唐沢私トカ會見シマシタ　中島ハ唐沢少将ヲ岩村ニ紹介シ唐沢カ安田ヤ中島ト深イ関係アル様見セカケタ後安田カ少シク政治談ヲ始メテ居ルト中島ト佐塚カラ私唐沢岩崎三人ニ対シ安田岩村中島カ秘談ヲシ度イカラ別席ニ避ケテクレト申シマシタ　其処デ三人ハ午后六時過頃ニ階ノ別室ヘ参リ彼等ノ談話中ヲ待ツ事ニ致シマシタ　午后七時半頃佐塚カ

ラ話カ済ンタカラ前ノ室ニ帰ツテ来イト言ハレ直グニ帰リマスト岩村ハ別ニ約束アリト言ツテ帰ツタ後デアリマシタ　其処デ何ンナ話ヲシタカト言フト私カ中島ニ尋ネマスト中島ハ岩村ノ内情ヲ聴イタカ仲々偉イ男デアル大イニ援助シテヤル事ニシタト申シタ丈ケデアリマス」ト述ヘテ居ルカ其通リカ

答　其通リデス

三、問　右ノ初大阪デ安田岩村中島三人丈ケデ話ヲシタ時何ンナ事カ話頭ニ上ツタト想像シタノカ

答　中島ノ言フ事カアテニナラナイシ金ハ安田カ使フノデアルカラ岩村ト安田トノ間ニ確実ナ話シカアツタラウト思ヒマスカ安田ハ精シク話ヲスル筈モナイシ何ウ言フ会話カ行ハレタカハ全然想像付キマセヌデシタ

六、問　中島カ被告カ岩村ニ述ヘタ様ナ話ハ安田カ岩村ニ告ケタノデ岩村ハ満足シテ金ハ出ス約束ヲシタトハ思ハナカツタカ

一四、

四字

答　岩林ハ先ニ戒厳令ヲ敷ク様ナ事件ヲ知ラシテクレルナラ五萬円出スト言ッテ居リマシタ處カ此ノ初大阪ノ會見ノ後ニ數日経ッテ中島ハ岩林カ安田ニ二萬円出ス事ニナッタト言ヒ小切手ヲ貰ッタト言ッテ居リマシタ　私ハ五萬円出サスニ二萬円ト言ッテ居テシタカラ岩林カ安田ノ話テ十分ナ満足ヲ得タノテナイノタトハ思ヒマセヌテシタ

一九問

問　被告ハ右ノ申書ニ續ケテ「四日五日頃私ハ中島カラ岩林カ先附小切手ヲ渡シテ居リマスカラ現金ニ交換スルカラ「たより」ヘ来テクレト言ハレ行キマスト岩林ハ佐々木、岩崎カ居リ岩林カ中島ニ紙包ヲ渡シマシタ　私ハ小切手ヲ見セマセヌテシタ　岩林ハ直クニ歸リ其後中島ハ懐中カラ［三千円ヲ］出シ各自千円宛取ッテクレト申シマシタ私ハ岩崎ヤ佐々木カ大分費用モ費ッテ居ルカラ二萬円ノ中カラ千円ダケ貰ッテ之ヲ両名ニ分ケテヤレハヨイニ千円ナト多過キルト申シマシタ　中島ハ安田ニハ一萬九千円ヲ渡スノデアル諸君ノ尽カニヨツテ出来タノデアルシ自分ハ豫テ安田ニ尽シ度イト思ツテ居タ事カアツタカラ二千円ヲ自分カ謝禮スルノデアル今朝中川ヘ印刷會社カラ二千円ヲ借シテ持参シテ来タノデアル依壕岩崎ニモ將来又骨ヲ折ツテ貰ハネハナラヌカラ各々千円宛取ツテクレト申シマシタ　私ハ左様ナ金ヲ貰フ事ヲアテニシテ紹介シタノデナイカラ預ツテ置キ費用ニ充テマセウト申シ私ハ千円受取リマシタ　ソノ金ノ内ニ百円ハ依壕岩崎私ノ今迄費用ノ一部トシテ拂ヒ残金ハ日本橋中洲ノ中林ト云フ料亭テ屡々安田中島、鳥察、岩崎、依壕私等カ會食シタ費用ニ全部充テ私個人トシテ一文モ手ニ入レマセヌデシタ」ト述ヘテ居ルカ其通リカ

答　左様デス

三、問　被告ハ若林カラ出タ金ヲ中島カ安田ニ届ケタト思ツテ居タカ

一五、

答　左様思ヒマシタ　私ハ中島カ一萬九千円ヲ安田ニ渡シタ
ト考ヘテ居リマシタ

三ノ問　其金ハ安田ニ於テ国家改造ノ為メ斉藤首相、藤沼警視
総監其他要路ノ大官ヲ暗殺スル費用ニ費ハレルモノト
豫想シナカツタカ

答　左様ナ事ハ思ヒマセヌテシタ
私ハ安田カ斉藤内閣ヲ倒シテ平沼内閣ヲ擁立スル運動
資金ニ費フモノト考ヘテ居リマシタ

三ノ問　安田ハ新シク出来ル内閣ニ依ツテ日本ノ政治社會組織
ナトニ如何ナル改革ヲ実現スルモノト想像シテ居タカ

答　安田ノ日頃ノ主張ハ日本ニ於テハ一部ノ財閥ノミカ富
ミ中小商工業者ヤ農漁村カ疲弊シテ居ルコヲ改革スル
政策ヲ行ハナケレハナラナイト言フ事ニアリマシタ
尚重大ナ問題トシテ左翼思想ヲ撲滅シ日本主義精神ヲ
普及シナケレハナラナイト言フ主張ヲ持ツテ居リマシ
タ私ハ安田ノコノ意見ニハ共鳴シ賛成シテ居リマシタ

加六字

ソレデ新内閣ニ於テハ左様ナ政策実現ヲ見ルモノト思ッテ居リマシタ 然シ政治組織ヤ社會組織等ノ制度ニ何ンナ変更ヲ加ヘテ行クノカ左様ナ点ハ全然念頭ニ置イテ居リマセヌデシタ

此時豫審判事ハ被告人ニ対シ本件犯罪ノ嫌疑ヲ受ケタル理由ヲ告知シタルニ

三

問 最後ニ何カ陳述スル事ハナイカ

答 此事件デ私カ何ウシテモ腑ニ落チナイ事ハ中島カ何故ニ私ニ此ノ事件ヲ持チ込ンデ来テ私ヲ踊ラセタカト言フ事デス 私ノ佐塚岩崎カラ持ッテ来タ岩村関係ノ話ヲ私カ中島ニ傳ヘタノデ中島カソレヲ種ニシテ安田ニ話ヲ持チカケ中島ノ方カラ安田ニ働キカケテ安田ヲ動カシタモノデハナイカト想像致シマス ソレデ私ハ岩崎佐塚ヲ紹介サセル丈ケノ用カアッタノデ紹介シテカラハ必要ナイモノトシテ除外サレタノデハナイカト思ヒマス

一六

外ニハ云フ事ハアリマセヌ

被告人　松澤勝治

右読聞ケタル処無相違旨申立署名拇印シタリ

同日於前同所

東京地方裁判所

裁判所書記　大澤正郎

豫審判事　清水景良

本調書末尾ニ昭和十年四月七日附松澤勝治ヨリ東京地方裁

加一字

判所検事局佐野検事宛〔殿〕上申書ト題スル書面ヲ添附ス

右謄本也

昭和　年　月　日

東京地方裁判所

裁判所書記

上申書

松澤勝治

上申書

過日ノ御訊問ニ依リ私ハ非常ニ感銘スル処カアリマシテ茲ニ
私ノ関係シタル事実ヲ一切赤裡々ニ申上ケマシテ公明ナル御処
刑ヲ受ケ度イト思ツテ居リマス私ハ已ニ齢老期ニ向ヒ獄内生
活ノ苦痛ヲシミ〴〵感シマシタタメニ遂諌向数モ可成軽イ御処
刑ヲ願フノ餘リ今迄御手数ヲ煩ハシ誠ニ申訳アリマセン何卒
御許シ下サル様懇願致シマス
私ハ只今少シモ滞リナキ心持ヲ以テ事実ヲ有リノ儘ニ書イテ
居リマス尚別冊ニ私ノ思想ノ一端ヲ可成簡単ニ記載致シマス
カラ御多忙中恐縮ニ存シマスカ一度御高覧下サレマス様御願ヒ
致シマス

一　私ト他被告トノ関係

　一　安田鉄之助

私カ彼ヲ知ツタノハ昭和七年十二月カラテアリマシテ彼カ
私ノ店ニ清浦豊状ヲ訪ネテ参リマスノテ清浦ノ紹介ニテ面

話スル様ニナリマシタ　其ノ当時カラ彼カ日本ノ前途ヲ憂
ヘ老人政治ヲ打破シテ若イ者ノ力強キ政治トナシ諸政ヲヿ
リ革レシ積悪ノ根元ヲ一掃シナクテハナラヌ今迄ノ政党
財閥ハ勿論ノ事過去ノ為政者モ総懺悔ヲ為シ更始一新シテ
神国日本ノ進運ニ扶翼シナクテハナラヌ又上皇室ノ御安
体ヲ祈ルト共ニ下下層ノ農漁村民ノ困苦ヲ救済シ妥相ノ不
安ヲ一掃セネバナラヌ　又満洲事変以来国際関係ハ実ニ険
悪テアルカラ軍備ノ充実ハ最モ急務テアッテ予算ヲ云々言
ッテ居ル時テナイ挙国一致国難ニ当ラナクテハナラヌ等
ト申シテ居リマシテ私ハ彼ノ主張ハ誠ニ尤モナル事ト共鳴
シテ居リマシタ
昭和八年二月頃彼ハ彼ノ憂国ノ主張ヲ平沼男爵ニ進言シ
男爵ノ蹶起ヲ促シタト彼カラ承リマシタ　二、三月頃私ハ請
誧ヤ中島ト共ニ彼ト食事ヲ共ニシタリシテ彼ノ私ハツナキ精
神ヲ知リ大ニ敬意ヲ払ヒ私ノ思想的ニ共鳴シテ居ッタ友人
校倉等ニモ之レヲ話シ彼ヲ声援シテ居リマシタ

前上申書ニ申上ケマシタ通リ彼ハ多数ノ政界財界ノ有力者ト屡々会食シタリシテ居リ彼ト常ニ行動ヲ共ニセル中島ヤ清浦等カラ彼ノ主張ヤ行動ハ毎日聴カサレテ居リマシタカラ三月上旬彼ノ運動資金ノ話ノアツタ時ニ平沼男爵擁立ノ為ニ要スルモノト直感致シマシタ位テアリマス

二、中島九峯

私カ彼ヲ知ツタノハ矢張リ昭和七年十二月頃テ毎日清浦ヲ訪ネテ私ノ居ニ来テ居リマシタ　彼カ西園寺公初メ政界ノ巨頭ニ接近シ居リ政界ノ動キハ何テモ解ル様ナ事ヲ申シテ居リマシタ　又中島ハ西園寺公警護ノ関係カラ右翼ノ過激ナ思想ヲ持ツタ者等ニ連絡ヲ保チ常ニ彼等ノ行動ヲ注意シテ居ル又近来海軍飛行隊ノ連中ノ中ニ過激ナモノカアリ自分ハ夫等ノ者ノ行動ヲ操ツテ居ル等ト申シテ居リマシタ

夫レニ依ルト第二ノ五一五事件カ何日アルカモ知レヌ殊ニ霞浦辺ハ険悪テ今度ハ飛行機テ首相官邸ヲ爆撃スルカモ解ラヌ等ト申シテ居リマシタ

二、

彼カ安田ト共鳴シテ行動ヲ共ニシテ居ルニ不拘其ノ主張カ常ニ断片的テアリマシタカラ私ハ思想的ニ共鳴セル友人（板倉、小林）等テ研究セル日本精神ニ関スル「パンフレツト」ドレヤ経済政策ニ関スル書イタ原稿等ヲ彼ニ与ヘテヤツタリ等シテ居リマシタ

三、岩崎運平

彼ハ永イ間日本精神主義ヲ一貫シ政治運動ヤ思想問題テ動イテ居ツタ様テアリマス昭和七年七月私カ遊レテ居ル当時彼ノ友人恒遠総（弁護士）等ト共ニ私ハ時局問題ヲ語ツタ事カアリマス彼ハ一度モ既成政党ニ入党シタ事カナイソレヲ唯一ノ誇トシテ居リ既成政党員総テ傷物ナリ今後ハ吾人ノ天下ナリナド申シテ居リ又一ツノ見識ヲ持ツテ居リマシタ

四、佐塚袈裟次郎

白カ昭和三年十一月藤田勇ノ援助ヲ受ケ藤松商会ナルモノヲ作ツタ際藤田側ノ人トシテ私ノ居ニ来テ居リマシタカ昭

和五年十二月解散シ私ト藤田ト分裂シテカラ以後ハ彼トハ絶交シテ居リマシタ昭和八年一月下旬彼ハ藤田ト絶縁サレタ　コレカラ独立シテ行カネバナラヌカラ援助シテ呉レト岩崎ノ口添ヘテ私ノ処ヘ交際ヲ求メテ参リ私ハ彼カ子供モアリ気ノ毒テアルト思ヒ出来ルコトナラ援助シテヤラウト申シ其ノ後私ノ店ニ出入スル様ニナリマシタ

五、私ノ思想ノ変遷

私ハ昭和二年神戸ニ於テ瀆職事件ニテ刑罰ヲ受ケテカラソレ迄ノ事業関係ヲ一切整理シテ昭和三年春上京シ信仰生活（浄土宗）ヲ致シテ居リマシタ　タマ〳〵藤田勇ナル仁カ援助スルト云フノテ個人商店ヲ興シマシタカ思ハシクナク困ッテ居ル処ヘ例ノ掛買問題ノ為ニ金輸出禁止テ為替ノ大暴落トナリ私ノ営業タル輸入貿易ハ全然出来ナクナリ失敗致シテシマヒマシタ　掛買問題ノ内容中政府ト結托セル事情ヲ其ノ間ニ介在セル人カラ聞イテ実ニ財閥等ト云フモノハ不都合テアルト思ツテ居リマシタ

ソコヘ例ノ五・一五事件ナルモノカ勃発シタノデアリマスコレハ今迄ノ腐敗セル政党財閥ニ対スル公憤ノ迸リテアリ又「老耄」ノ時代思想ヤ「事ナカレ」主義ノ者ニ対シ若人ノ欝勃タル気魂ヲ投ケツケタモノテ私ハ彼等青年將校ノ純眞ナル国ヲ思フノ精神ニ非常ニ感激シタモノテアリマス昭和六年頃カラ私ハ失業状態テ遊ンテ居リマシタカラ日本精神ニ関スル文献ヲアサツタリシテ居リマシタ昭和七年七月日本精神運動者ノ先輩板倉永助ヤ小林長次郎等ト会合シ思想問題ヤ経済問題ヲ話シ合ヒマシタ私ハ其ノ時旧軍テハアリマシタカ我質問邊ノ眞相ヲ彼等ニ話シタ処彼等モ大ニ奮慨シタリシタノテアリマス然ルニ七年九月頃ヨリ景気回復（軍需景気）ノ気運カ見エマシタカラ私ハ自分ノ本業ニ帰リ高田商会ノ後援テ東邦商工株式会社ヲ作リ金カ出来タラハ板倉ヤ小林ノ日本精神ノ宣傳運動ニ援助シテヤラウト思ツテ居リマシタ　其当時小林ハ日本精神ト云フ「パンフレツト」ヲ作ツタリ又諸方講演ナト致シ

テ居リマシタ
昭和八年二月頃安田中島等カ平沼男爵ヲ斎藤内閣ノ後ニ
持ツテ来ル運動ヲシテ居ル旨ヲ板倉等ニ傳ヘタル処誠ニ国
家ノ為ヨキ事ナリトシテ共鳴シ別動隊トシテ男爵ニ直接面
会シ憤起ヲ促シテ居ツタノテアリマスソレカラ今度ノ事
件カ起ツテカラ安田カ岩村カラ二万円取ツタ後私ハ二万円
ハカリノ金テ安田カ何ヲスルノカ諒解ニ苦シンタノテアリ
マスカ其ノ当時斎藤内閣ト政友会トハ今ニモ分裂スルカ如
キ状勢テアリ餘命幾何モナキ斎藤内閣ヲ倒スニ暗殺スルナ
ドトハ信シラレマセヌテシタ　其時板倉等ハ政友会ト斎藤
内閣ヲ争ハセ平沼男爵ヲシテ漁夫ノ利ヲ得サセント計ツテ
居リ大ニ有望テアルト云フ事ヲ聞キ板倉小林等ヲ中島安田
等ニ紹介シタノテアリマス　其後政友会ハ斎藤内閣ヲ倒シ
テモ自分ニ政権ノ来ラサルヲ知リ分裂ヲ見合セタ今斎藤内閣ハ継持出来
[illegible]レカラ五月初旬ニ至ツテ今度ハ政民両党合同ニテ
斎藤内閣ヲ倒ス運動カ進行致シマシタカ六月ニ至リ陸軍カ

四

斎藤内閣ヲ支持スル事ニ方針カ定マリ政界ハ安定シタノテアリマス其ノ内私ハ政治問題ハ別トシテ彼等ノ主義宣傳ヘ日本精神―ハ全ク私心ナキモノテアリマスカラソレニ対シ

金五百円餘ヲ援助シテヤツタ事モアリマス

左様ナ次第テ安田中島等ヲ識ル以前カラ非常時日本ノ指導精神ハ日本精神ナラサルヘカラスト絶叫シテ居リ之レカ自主的外交トナリ聯盟脱退トナリ「ワシントン」海軍協約ノ破棄トナツテ居ルノテアルト思ツテ居リマス斯様ナ次第テ私ハ国民思想トシテハ日本精神テナケレハナラヌ此思想ノ許ニ総ヘテ政策カ行ハレ国内ノ不平不安ヲ一掃シ日本国民ハ一彈トナツテ列強ニ向ツヘキモノテアルト思ツテ居リマス

（一一）

事件ノ経過

昭和八年三月初旬佐塚岩崎カラ中島ヲ紹介シテ貰ヒ度イト私ノ処ヘ申シ来リマシタ　其時岩崎ハ中島ニハ同郷ノ先輩カラ紹介シテ貰フ事ニナツテ居ルカ佐塚ト共ニ紹介シテ

（二）

責ヘレハ好都合ナリト申シマシタ
私ハ如何ナル用事カト尋ネマスト中島ト政治上ノ意見交
換ナドシテ親密ニナリ近頃ノ政界ノ模様テハ政変モ間近イ
様テアルカラ其ノ機微レラ早ク知ッテ仕事ヲシタイト云フ
事テアリ若シ政変ヲ前以テ知ラシテ呉レル様ナラ相当ノ運
動費ヲ出サス途モアルトノ事テアリマシタ
私ハ此話ヲ昼食ノ際中島ニ雑談的ニ話シマシタ　中島ハ
日頃カラ屢々聞カサレテ居リマシタ　政治談ヲ繰返シマシ
タ　大体左ノ様ナモノテアリマス
一聯盟ヲ脱退スレハ日本ノ決意ヲ示ス為斎藤内閣ニ代ッテ
強力ナル非常時内閣カ出来ル筈テアル　其首班トシテ平沼
男爵ヲ挙ケテ居ルカ一方ニ朝鮮総督ノ宇垣ト云フモノカ居
ル　宇垣ハ牧野内大臣ト密接ナル関係カアルカラ或ハ宇垣
ノ方ニ政権ハ廻ルカモ知レヌ　ソレ故自分ハ宇垣ノ方トモ
聯絡ヲトッテ居ル　又政友会ニ対シテハ鈴木総裁ノ処ト聯
絡ヲ持ッテ居ル故政変ハ手ニトル様ニ解ル　又近頃過激ナ

（三）

右翼、団体ヵ険悪テイツ所ニノ五・一五事件ヵ勃発スルヤモ知レヌ又霞ヶ浦辺ハ険悪テ今度ハ飛行機テ首相官邸ヲ爆撃スルカモ知レヌ　先日モ爆弾ヵ大型ノモノ六個紛失セリトノ事テアル　自分ハ時々霞ヶ浦ヤ横須賀ヘ行キ其ノ動勢リヲ探リ居ル等ト申シソレ等ノ情勢ヲ知ラスノハ易イ事テアルト申シマシタ

二、三日過キマスト中島ハ私ノ処ヘ東安府農場ノ書類ヲ持参シ其農場ヲ地図ニツキ説明シ安田ヵ此権利ヲ獲得スル事ニ当局ト諒解済テアルカラ安田ヲ信シテ之ヲ担保トシテ金ヲ三五万円作ッテ貰ヒ度イ其ノ金ハ安田ノ政治運動資金（国家改造資金トハ申シマセヌテシタ）ニスルノテアル

政変ハ必ス四月中ニアルシ政変ノ模様ニ依ッテハ突発事件カ起リ海軍飛行機ノ爆弾ヲ落ス様ナ事カアルカモ知レヌカ若シ左様ナ事カアレハ自分ニ判ルカラ先ナく話シテ貰ヒ度イトノ事テアリマシタ

私ハ東安府農場ノ事ハ老人テ見ルカ政変ノ早耳テ金ヲ出

五

（四）

サス事ハ面白クナイト云フテ断リマスト中島ハ自分ヲ先方ヘ紹介サヘシテ貰ヘハ宜敷イノテ私ニハ決シテ迷惑ハ掛ケヌ又話ハ直接スルカラ私ニ責任ハナイ様ニスルト申シ請浦ヤ小野カラモ中島ヲ紹介大シテヤリ給ヘト云ハレ私ハ承知シマシタ

ソレカラ後ニ安田カ参リマシタ際中島トノ話ヲ安田ニ念ヲ押シマシタ安田ハ東京府農協ハ出来ル事ニナッテ居ルト言ヒマシタガ私ハコレハ担保トシテハ困難ナモノテアルト申シテヤリマシタ

ソレカラ政党ヲ知ラヌト言フ條件ノ金テ安田カ政治運動ヲスルノハ面白クナイテハナイカト申シマスト彼モソレハイヤダナート申シマシタガ中島ト相談シテカラソレハ先方ト会ッテカラノ條件ガ然アル可成東京府ヲ主トシテ話シテ呉レト申シマシタ

中島ハ自分ガ借リテ自分ガ政党ヲ先方ヘ会ラスノテ安田ハ関係ガナイ結局自分ガ取引シテ居ルカラ宜敷イト申シ

六、

岸田ハ兎ニ角先方ニ会ッテハドウカ先方ハ如何ナル人カト問ハレマシタ　私ハ先方ノ金ヲ出ス人ハ分ラナイト申シマスト其一応人ヲ調ヘテ呉レトノ事デシタ

私ハ岸田ニ対シ政治運動ノ目的ヲ聴キマスト彼ハ長谷川平治郎等ト話ヲシ硫心ヲ得タカラ運動シタイト申シ私ハ今迄屡々キイテ居リマシタ通リ斎藤内閣ヲ倒シ平沼内閣ヲ造ル考デアルト思ヒマシタ

（五）

私ハ佐城ト岩崎ニ私ノ店ニ於テ東亜府農協ノ書類ヲ示シ之ハ岸田ガ己ニ當局カラ許可ノ内諾ヲ得テ居ルモノデアルソレハ岸田ニキケハ判ルガ之レヲ担保トシテ三五万借金ヲ岸田ノ為メニシテ貰ヒ度イ　政友ハ中島ガ知ラヌト云フ事デアル　先方ハ如何ナル人物カト尋ネマスト佐城ハ松屋呉服店ノ専務取締役内藤ノ配セノ岩村ト云フ人デアル東亜府農協ナル書類カアレハ尚話シ易イカラ其ノ書類ヲ貸シテクレト申シマシタ

私ハ中島カラ此書類ハ他ノ晩村ニ貸シテハ困ル万一破レル

トドンナ障碍ガ起ルカモ知レヌカラト云ハレテ居リマスカラ私ガ書類ヲ持参シテ会ツテ見ヨウト申シマシタ

(六)其日夜ガヒケテ午後五時頃私ハ佐藤岩崎ニ連レラレ新橋ノ某料亭(名前ハ知リマセン)ニ行キ岩村ニ初メテ会ヒマシタ

私ハ東京府農協ハ担保トシテハ薄弱デアルカ云ハ女交通宮殿下ノ親書ノ安田ト云フ人ガ殿下ノ御思召ニ依ツテ会議満御ニ出来ルノデアル云ハ安田ナリ其他商店ノ保証人ヲ立テルカラ云レヨ見返リトシテ五万程貸シテ貰ヒ度イト申込ガ云ッテ居ル而シテ申込ハ近イ中ニ政変ガアルト云ヒ又気持ノ爆弾投下等モアルカモ知レヌト申シテ居ルガ左様ナ事ノ早耳ハ出来ルト申シテ居ル実際金ヲ出ス積リカト申シマスト岩村ハ東京府ノ農協ノ担保ハドーデモヨイ申込ノ話ヲキイテ見度イ然ツ佐藤ト岩崎ノ両君ニ申込ヲ継リシテ貰ヒタイ然上テ申込ノ話ニ信用ガ置ケレハ金ハ出スト云フ事デアリマシタ

(七)
私ハ此ノ話ヨリ中野ニ話シ岩崎佐藤カラ中野ト私ガ倉森ノ
来琉ト云フ飯屋ニ招カレソコデ会見致シマシタ
中野ハソノ席デ自己紹介ヲ為シ政界ノ和平ヤ思想問題ニ
付キ大イニ彼ノ説ヲ述ヘ時局ノ問題近キヨリヤ大政翼賛会ノ陰
悪ナル事ヤ海軍方面ノ過激分子ガアリ何日彼等ガ爆撃
スルカモ知レヌト申シ両人ヲ驚カシマシタ
私ハ彼ノ説ハ毎日キカサレテ居リマスカラ復カト思ッテ
居リマシタ

(八)
彼ノ翌日カラ佐藤岩崎ハ毎日ノ様ニ私ノ店ニ来テ私ヤ中
野ヲ呼出シタノデアリマス　私ハ紹介者ハ彼等ト岩崎ト話シ合ッ
テ貰フヨウニナッテ居リ且ツ私ノ営業ガ忙シイ時ハ一切ノ事ヲ任セ
タノデ彼等岩崎佐藤両名ハ私ノ支配人ハ先迎セルノ地
下室ノ会議室ニ居ヨ様ヘ中野モ私ノ事ノスクリーヨ
待ッテ居ッタノデアリマス
斯様ナ状況デ私ハ紹介者ハ岩崎交渉ヲ経ッタノデアリマ
スガ彼等ハ私ヲ放サズ又中野ハドンドン私ヲ引キヅリ込ミ

遂ニ私ハ深入リシタノモノデアリマス
ソコデ中衛ハ岩崎依頼ニ対シ岩田ガ赤化防遏運動ヲ起シテ居ル為
金ヲ三五万程出シテ貰ヒ度イト申シマスト岩崎ハ岩田ハ
如何ナル意見ナルヤト申シ中衛ハ岩田ノ先ニ天野等ノ
団体カアル事ヲ答ヘ岩崎ハ日本精神主義者デアルカラ
左ノ思想系統ヲ乱シテ居リマシタ
中衛ハ共産党ヲ撲滅セシムトカ財閥ガ不都合ダトカ数字
的ノ意見ヲ申シマスノデ私ハ次ノ如ク順序ヲ立テテ統制経
論ハ統合的ナモノデ之レヲ国家ガ保護シテ居ルカラ自由
競争時代ヨリ一種財閥ハ保護ヲ受ケ居ルノデアル今日
重要産業ハ殆ント全部統制サレテ居ル俸給ヲ加減シテ価
格ヲ釣上ケ利益ヲ壟断シテ居ル之ニ反シテ之ヲ買ッテ居ル
一般大多数ノ国民ハ非常ニ苦シイ状態デアル斯クシテ貧
富ハ益々甚ダ敷クナッテアルカラ之レヲ匡正スル必要ガア
ル事ニ財閥ヲ攻メテモ何ニモナラヌト云フ様ナ事ヲ私ハ
申シマシタ

ソレカラ中島ハ新聞ノ爆撃ヲ塞ト云ヒマスカラ実際右様ナ事カアレハ大義デアル私ハ右様ナ事ハ信ズル事ハ出来ヌト申シマシタ ソンナ事ヨリ考ヘテ居ル人間ガアレハ実ニケシカラン 最早ヤ議スルモノデアルト私ハ中島ニ言ヒマシタ

ソレカラハ彼ハ余リ右様ナ事ハ云ハナクナリマシタ

ソレカラ中島ハ五万票ノ内二万票ハ国民大会ヲ開キ三万票ハ首相暗殺ニ信用スルナドトモ申シマシタカラ私ハ中島ニ対シ安田カラ右様ナ話ハ一ツモ聞イタコトガナイ ソンナバ駄羅目ハ云ッテ貰ヒ度クナイ 右様ナ馬鹿ゲタ事ヲ安田ガヤル筈ハナイト申シテヤリマシタ

（九）

岩崎ハ中島ナル人物ヲ知ル為メニ三菱ノ廣瀬大将ヲ赤坂ノつ志ほめしト云フ料亭ニ招キ中島佐藤私モ同席致シマシタ

中島ハ安田ノ国家改造運動資金ヲ岩崎佐藤ニテ造ッテ居ッテ実シルト廣瀬ニ申シマシタ 廣瀬ハ中島ハ支那ノ豪傑ダガ安田ハ向世ナキ人物ナルヲ両人ニ話シマシタ

三五四

ソコデ両人モ岩田ト会ヒ度イト中島ニ申シマスト中島ハ自分ガ岩村ニ会ツタ上デ岩田ニ紹介スルトノコトデアリマシタ

(七)

四月二十日過岩崎佐臓カラ私ト中島ヲ銀座ノ[illegible]ト云フ鳥屋ニ招キマシタ　ソコヘ岩村ガ見ヘ初メテ中島ト岩村ガ会見シタノデアリマス

岩村ハ岩崎佐臓カラ話ハキイテ居ルガ何カ陰謀カアルノデスカト中島ニ尋ネマスト中島ハ今度ハ気行様カ何回気出スカモ知レヌ状態デ自分ニ判ル様ニナツテ居ルト申シマシタ

岩村ハソンナ事デハ株式ニ影響ハ少ナイ戒厳令デモ施カレル様ナ事件ヲ早耳スルナレバ五万部ヲ出スト申シマシタ

中島ハ戒厳令等ハ陸軍ノ人ガ二個中隊モ出レバ直グニ施カレルト如何ニモ自分ガ陸軍ヲ動カス様ナ事ヲ云フノデ私ハ驚イタノデアリマス

私ハ中島ノ話ガ余リニ突飛ナノデ岩村ニ対シ安田ニ会ッテ貰ヒ度イ安田ハ着実ナ人デアル其ノ上デ考慮シテ貰ヒ度イト申シマシタ

（十）

私ハ中島ノ話ガ無稽極マル話デアルノデ岩崎佐塚ヲ至急安田ニ会ハス様ニ話シ其ノ翌日鹿野大将ヲ加ヘ安田鹿野岩崎佐塚私トデ会合シ中島ヲ除キマシタ其ノ席デ中島ガ岩村ニ云ッタ話ヲ確認シ安田ニ話シマシタ安田ハ左様ナ馬鹿ナ事ガアル筈ハナイ目下ノ陸軍ヤ海軍ノ人ハ左様ナモノデハナイ若シ左様ナ事カアレバ国家ハ破滅デアル　中島ノ云フ事ハデマデアルト云ヒマシタ　鹿野モ中島ノ云フ事ハデマデアルト申シマシタ

私ハ安田ニ対シ中島ハ頼ト安田ガ陰謀計画ヲシテ居ル様ニ言ッテ居ル首相暗殺等ノ計画カアルト言ヒ其ノ為今度ノ金ガ入用デアルト言ッテ居ルガ如何カト訊シマスト安田ハ自分ハ全然知ラヌ事デアルト申シマシタ

安田ハ平沼ヲ立テ非常時ヲ突破サセ度イノデアルト云フ

意味ヲ申シマシタ

岩崎ハ自分モ賛成デアル大イニ尽力シマシヨウト申シマシタ

廣東ハ岩田ハ僅カノ金デ君等ニ迷惑ヲカケル様ナ人デナイカラ安心シテヤリ給ヘト申シマシタ

岩崎ハ自分等モ費用ガ入用ダカラ金ガ出来タラ佐塚ト共ニ千餘位ノ配當シ度イカラ岩田ニ傳ヘテ呉レト私ニ申シマシタ

私ハ之レヲ岩田ニ傳ヘマスト岩田ハ甚ダ不満ナ顔ヲシテ金ハヤルガ搾取的ナ人間デイヤダナート申シマシタ

私ハ中島ノ話ガ甚ダ不穏ナ話デアリマシタカラ今度岩田ト岩村ノ会見スル場合ニハ廣東ニモ是非立会ツテ貰ヒ度イト申入レマシタ

(十二)

三月下旬ノ初大阪ニ於テ岩村佐塚岩崎ト岩田中島廣東私トガ会見シマシタ中島ハ廣東大将ヲ岩村ニ紹介シ廣東ガ岩田ヤ中島ト深イ関係アル様見セカケタ後岩田ヤシ

ク政治談ヲ始メテ居ルト中島ト佐塚カラ私、鷹栖、岩崎
三人ニ対シ西田岩村中島ガ相談シタイカラ別席ニ避
ケテ呉レト申サレマシタ
ソコデ三人ハ午後六時迄頃二階ノ別室ヘ参リ彼等ノ談
話中ヲ待ツ事ニ致シマシタ
午後七時半頃佐塚カラ話ガ済ミマシタカラ前ノ室ニ帰ツテク
レト云ハレ直ニ帰リマスト岩村ハ他ニ約束アリト云ツ
テ帰ツタ後デアリマシタ
ソコデドンナ話ヲシタカト私ガ中島ニ尋ネマスト中島ハ
岩村ノ内情ヲキイタガ仲々エライ男デアル大イニ援助
シテヤル事ニシタト申シタ丈デアリマス
(十三)四月初旬私ハ中島カラ岩村ガ西田ニ二万円ヲ出スコトニ
ナツタトキキマシタ
又岩崎佐塚両名カラハ岩村ニ鷹栖ノ意見ヲ訊イテ中島ノ
云フ事ハ当ニナラヌガ西田ハ間違ナキ人デ僅カノ金デ
迷惑ヲカケル様ナ人デナイト云フ事ヲ伝ヘ岩村ニ二万

銭出サレタノダトキキマシタ

(丙)四月五日頃私ハ中島カラ岩村カ先付小切手ヲ受シア居
リ之レヲ現金ニ交換スルカラ一寸まりしへ来テクレト言ハレ
行キマスト岩村佐藤岩崎ガ居リ岩村ガ中島ニ残金ヲ渡
シマシタ

私ハ小切手ハ見マセンデシタ岩村ハ直ニ帰リ其場
中島ハ懐中カラ三千円ヲ出シ各自千円宛取ッテクレト申
シマシタ

私ハ岩崎ヤ佐藤カ大分費用モ使ッテ居ルカラ二万円ノ内
カラ千円丈ケ貰ッテ之レヲ両名ニ分ケテヤレバヨイ三千
円等受取レント申シマシタ

中島ハ岩田ニハ壱万九千円ヲ渡スノデアル諸君ノ尽力ニ依ッテ
出来タノデアルシ自分ハ離テ岩田ニ居シタイト思ッテ居ッタ
ルガ叶ッタカラ二千円ヲ自分ガ謝礼スルノダカラ

今朝中川印刷会社カラ二千円ヲ一時借リシテ持参シテ来タ
ノデアル佐藤岩崎ニモ将来又骨ヲ折ッテ貰ハネバナラヌ

二

カラ各千円宛取ツテクレト申シマシタ

私ハ左様ナ金ヲ貰フ事ヲ当ニシテ紹介シタノデナイカラ積ツテ置キ費用ニ当テマシヨウト申シ私ハ千円受取リマシタ

此金ノ中弐百円ハ佐藤岩崎君ノ今迄費用ノ一部トシテ拂ヒ残金ハ日本橋中洲ノ中村ト云フ料亭ニ於テ度々出田中舊廣栄岩崎佐藤私等ガ会食シテ費用ニ全部当テ私個人トシテ一文モ手ニ入レマセンデシタ

(十五) 四月十日頃私ハ中舊ニ私ノ友人板倉永助及小林長次郎ヲ紹介シ平沼内閣ノ運動ニ提携セシメマシタ

場所ハ富士見町ノ滝ト云フ料亭デアリマス ソレカラ中舊カラ両名ヲ岩田ニ紹介シ経費ハ屢々給與シテ居リマシタ

(十六) 四月下旬私ハ中舊ニ政策モナイ様ダガ如何カト申シマスト政策ハナイガ自分ハ岩村ノ財政ヲ援助シテ居ル自分ノ友人ガ朝鮮ニフマグネサイトノ鉱山ヲ持ツテ居リ今

（七）

私二百五十万株ノ会社ニシタ　其中株券ヲ四分ノ一即チ
六十二万五千株ヲ内藤ノ名義ニシ　之ニヨリ金融ヲ楽ニ
シテヤッタ
又安田ハ内藤ヲ大阪ノ野村ニ援助サセル様骨折ッテ居
ルト云ッテヲリマシタ
五月上旬私ハ安田中将カラ輿論ヲ造ル為メ新聞ヲ利用シ
タイカラ岩村カラ五千株譲渡シテ貰ヒタイト話ガアリ
マシタ
私ハソレハ今度私ニ云フ思惑ハナイデハナイカ直接話シ
テ呉レタラ如何デスト申シマシタ
安田ハソレモヨイカ佐藤岩崎ニ話シテ置イテ呉レトノ事デア
リ私ハ両人ニ伝ヘ置キマシタ
其後ハ如何ナル手続デ岩村カラ安田ニ渡ッタカ知リマセンガ夕
刊新聞トカ云フ名デ本紙ノ名義ヲ出来ルト云フ事デ五月
二十日頃出来マシタ
其ノ事ヲ佐藤ヤ岩崎ニ私ガ話シマスト佐藤君ハ大イニ憤慨

ニ

シテアンナ立文新聞ハ五六百部アレバドウデモナル新聞
デアル、岩崎ハアンナ新聞ハ何等ノ反響ヲ起スモノデナイ
藤田中島等ハフインチキシテヰルト申シマシタ
(六) 五月下旬小林長次郎カラ私ニ対シ藤田中島等ガ不穏ナ
運動ヲシテ而モ兇刃迄ノ轉路ヲ執ツテ居ル実ニ不都合
デアル私ガ彼等ニ金デモ出シテ居ルナラ大義名分カラ自
分ハ枕策テ寝テ居ルガ不取敢注意スルトノ長文ノ手
紙ヲ寄シマシタ
私ハソレヲ中島ヤ藤田ニ示シ自分ニ迷惑ノナキ様ニシ
テ呉レト申シマシタ
中島ハコレハ小林ノ中傷デアル自分ガ小林ニ会ツテヨク
諒解サセルト申シ藤田ハイヤナ顔ヲシテ居リマシタ
(七) 五月末日頃藤田ト中島カラ路費モナイカラ青柳カラ出
シテ貰ツタ二万余ノ金ハ返却スル事ニシタ今藤田ハ自
分ノモノヲ處分シテ金ヲ造ツテ居ルト申シマシタ
私ハ其時ニ小林カラ藤田等ガツマラヌ処ヘ運動費ヲ貰ツテ

居ルトキイテ居リマシタカラ結果ノ連絡モ出来ルモノト
思ッテ居リマシタ
六日上旬中野カラ私ニ電話デ自分ハ今安田邸ニ居ルガ
金ガ出来タカラ唯今岩村ヲ呼ンデ金ヲ渡ス事ニナッテ
居ル私ニ来テ貰ヒ度イト申シテ参リマシタノ
私ガ直チニ安田邸ヘ参リマスト安田中野岩村ガ居リマシテ
シタ安田ハ岩村ニ対シ結果ハ安田ニ於テ始末スル事ニナッタ
始末ガ付カラズ事ハ出来ヌ又
返済費ノ金ハ返却シタイカラ受取ッテ貰ヒ度イト申
シ封筒カラ状袋ニ入ッタモノヲ持ッテ参リマシタノ
返日ノ二万円ノ内安田ハ一万二千円ヲ受取ッタノデア
ルソレ故ソレニ利息壱千円ヲ加ヘ壱万五千円ト割ロノ五
千円ト合計二万円ヲ御返シスルカラコレデ承知シテ呉レ
ト岩村ニ話シマシタ
岩村ハ心ヨク承知シ此ノ儘内藤ニ渡スカラ金額丈ケヲ記
入シテ貰ヒ度イト申シ中野ガ状袋ノ上ニ金弐萬円也ト記

〔三〕

入院シマシタ
私ハ中島ガ出田ニ毎月二十円丈ケ渡シタ事ヨリ其時初メ
テ知リマシタ 中島ハ毎月九十円ヲ渡スト云フテ二十銭ハ自
分ガ以シテ居タ様ニ偽シタ事モ憶テアリ 又五十銭取ッ
テ居ル事モ甚ダ少ナイ事デアルト知リ甚ダ不愉快ナ
気持ヲ持チマシタ
私ハ岩村ニ依頼シ岩崎ノ千銭ハ已ニ紙数ガ使ッテ了ッ
タモノデアルシ又私ノ預ッタ千銭ナルモノハ皆ガ会合
シタ費用ニ使ッタモノデアルカラコレハ出田ノ利息デ埋合
セシテ置イテ貰ヒ度イ
中島ノ五十銭ニ対シテハ長樽証ヲ付ケテ貰ヒ度イト申
シマシタ 処岩村ハソレヲ承知シマシタ
(王)
私ハ板倉 山林等カラ屢々出田中島等ノ運動ノヨクナイ
事ヲ承リマシタ 私ハ己ニ金モ返シマシ 紙数モ運動ヲ
ヤメタモノト確信シテ居リマシタカラ気筆ニモ止メマセ
ンデシタ

板倉ハ大歸ヲ呼ビツケ岩田君ニ知ラサレテハナラヌト
戒告シタトモ聞キマシタ
以上ガ私ガ本件ニ関係セル事情ノ全部デアリマス
私ガ前回ニ頼ンデ居リマシタ六月上旬某岩瀬農協ノ書類
ヲ中宮ニ返却シ一切ノ関係ヲ断ッタノデアリマス
ソノ後私ハ神兵隊事件ナルモノガ新聞紙上ニ出マシタ時
モ私ガ関係アルナドトハ夢ニモ思ヒマセンデシタ
私ハ御取調中岩田ノ話シキ大陰謀ヤ又岩村ノ株券偽造等ヲ承リ
全ク驚愕シテ居ル次第デアリマス
私ハ本件ニ関シ決シテ私心等ハナイノデアリマス　昨年岩田
等ヲ信ジテ依頼ニ応ジ又一方佐藤ヤ岩崎カラ頼マレ紹
介シテヤッタノガ誤リデ自分ノ不明ヲ責メテ居ルノデアリ
マス　何卒事情ヲ明察賜ヒマス

昭和十年四月七日

松澤勝治

四

右本人ノ自署拇印ナルコトヲ証明ス
豊多摩刑務所
看守　河原寅吉

東京地方裁判所検事局
佐野検事殿

右謄本也
昭和　年　月　日
東京刑事地方裁判所
裁判所書記

訊問調書

被告人 岩崎綏燿

右殺人予備被告事件ニ付昭和九年六月十二日豊多摩刑務所ニ於テ予審判事清水鼎良ハ裁判所書記長谷川西次郎立会ノ上右被告人ニ対シ訊問スルコト左ノ如シ

一 問 氏名、年齢、職業、住居、本籍及出生地ハ如何

答 氏名ハ岩崎綏燿
年齢ハ四十二歳
職業ハ無職
住居ハ豊島区駒込三丁目三七八番地
本籍ハ東京市日本橋区茅場町三丁目五番地ノ四
出生地ハ福岡県小倉市紺屋町百四十六番地

二 問 被告人ニ対シ次ニ読聞ケル事実ニ付殺人予備罪トシテ予審請求カアッタカ之ニ付何カ陳述スルコトカアルカ

此時予審判事ハ被告人外三名ニ対スル昭和八年十月二十一日付予審請求書記載ノ公訴事実ヲ読聞ケタリ

一

答

所謂神兵隊ト云フ事件ハ私ハ存シマセン
只今読聞ケニナッタ事実ノ内藤沼警視総監ヤ他ノ大臣ヲ暗殺スル計画ノアッタコトハ聞イテ居リマセン斉藤首相ヲ暗殺ノ計画ノアルコトハ聞イテ居リマシタ
財閥ノ人ヲ暗殺スルト云フコトモ聞イテ居リマセン
左様ナ計画ノ資金トシテ岩村峻カラ金ヲ出サセル斡旋ヲシタコトハ遠ヒアリマセン
但シ読聞ケノ金額ハ遠ヒマス私ハ現金一万糸ノ岩村カ出シタコトハ知リマセン岩村ハ中島ニ現金二万糸ヲ出シタモノト思ッテ居リマシタ
又小切手ノ金額ハ四万糸テハナク五万糸ト思ッテ居リマス私カ右ノ様ナ計画ニ関係シタコトハ安田ヤ中島カ強力内閣ヲ作ルコトヲ目的トシテ居タノテ之ニ共鳴シ私ノ心持トシテハ其目的ノ為ニハ悪イ奴所謂君側ノ奸ヲ殺スコトニナッテモ今ノ治政トシテ已ムヲ得ヌト考ヘタカラテス

茲ニ申シ述ヘマシタ強力内閣ト云フノハ私ノ考テハ現在ノ政党ニ基礎ヲ置カナイカノ強イ超然内閣ヲ云フノテアリマス私カ此事件ニ関係シマシタニ付テハ初メ岩村ニ頼マレテヤツタコトテアリマシテ如何ニモ金儲ヲシタ様ニ見ラレマスカ私トシテハ当初謝礼ヲ約束シタコトハナク私自身ノ意思ハ強力内閣ノ企ニ共鳴シ之ヲ援助シテ成功サセ度イト云フコトニナリマシタ

私ハ満洲事変ノ際ニ汲満致シ当時日本ノ軍人カ私達ノ想像以上ニ忠君愛國ノ念ニ燃エテ働イテ居ルノヲ見一方ニハ其軍人ノ親ヤ兄弟親戚杯カ貧困ニ泣イテ居ルノヲ考ヘルト之等ノ一般國民大衆ヲ貧困カラ救ハネハナラナイソレニハ現在ノ政党内閣テハイケナイ何ウシテモ強力ノ内閣カ出現シナケレハイケナイト考ヘル様ニナリマシタ

其当時ハ未タ此様ニ感シタ丈テ之ヲ何ウ実行ニ移サウカト云フコトハ考ヘテ居リマセンテシタ処カ松沢、中島

ニ

安田ホカラ左杯ナ強力内閣ノ企テカアルコトヲ聞イテ
私ハ之ニ共鳴シ之ヲ援助仕杯ト決心シタ次第テス

三 問 被告ハ刑罰ヲ受ケタコトハナイカ
答 アリマセン

四 問 被告ノ學歴ハ如何
答 大正五年慶應義塾商業學校ヲ卒業致シマシタ

五 問 被告ノ家庭ノ状態ハ如何
答 私ノ家ハ家内ト子供一人居リマス
両親ハ死亡シ戸籍ハ別テスカ兄弟、姉、妹各一人居リマス

六 問 經歴ヲ述ヘヨ
答 學校ヲ出テ大正五年カラ大正十一年迄久原鑛業会社ニ
勤メテ居リマシタカ会社ヲ罷メテ自分テ色々ノ仕事ヲ
シテ居ル裡ニ震災ニ遭ヒ震災後ハ人ノ手傳ノ仕事杯ヲ
シ自分ラハ一定ノ營業致シテ居リマセン

七 問 被告ハ達郎ト云フ名ヲ持ツテ居ルノカ
答 私ノ名前カ難シイカラ通称左杯申シテ居リマス

八問　被告ハ藤田勇ヲ知ツテ居ルノカ
答　知ツテ居リマス大正十四、五年頃カラ郷里ノ先輩トシテ
同人ノ家ニ出入シテ居リマス
九問　被告ハ佐塚袈裟次郎ト懇意ナイカ
答　左様デス
私カ藤田ノ家ニ出入シ始メタ頃佐塚ハ藤田ノ家ニ使ハ
レテ居リマシタカラ同人ト知合ニナリマシタカ四、五年
經ツ裡ニ懇意ニナリマシタ

被告人　岩崎綏耀

右読ダケタル処無相違旨申立署名拇印シタリ
同日於同所作之
東京地方裁判所

裁判所書記　長谷川酉次郎

豫審判事　清水鼎良

右謄本也

昭和　年　月　日

東京地方裁判所

裁判所書記

第二回訊問調書

被告人　岩崎綏燿

右之者ニ対スル殺人豫備被告事件ニ付昭和九年×月十一日豊多
摩刑務所ニ於テ豫審判事清水鼎良ハ裁判所書記長谷川酉次郎立
會ノ上前回ニ引続キ右被告人ニ対シ訊問スルコト左ノ如シ

一　問　被告ハ昭和八年三月中佐塚袈裟次郎カラ松屋ノ内藤ノ
支配人岩村ノ仕事ヲ一緒ニヤツテ呉レト頼マレタコト
カアツタカ

答　同年三月上旬頃左様ナ話カアリマシタ

二　問　佐塚ノ話ノ詳細ヲ述ヘヨ

答　其ノ頃丸ノ内八重洲ビル附近テ佐塚ニ会ヒマシタ時佐
塚ハ私ニ対シ君ニ自分ノヤツテ居ル仕事ヲ助ケテ貰ヒ
度イカ今日ハ忙シイカト云ヒマシタノテ私ハ其日ハ忙
シイ仕事カアツテ忙シイト答ヘマシタ其処テ打合セヲ
シテ二三日後銀座ノ資生堂テ佐塚ト落合ヒマシタ

佐塚ハ其際松屋ノ重役ノ内藤彦一ノ秘書岩村峻ト云フ者カラ内藤ノ手形割引ヲ頼マレテ居ルカ何処カアルマイカ一緒ニ歩イテ手助ケシテ呉レヌカト云ヒマシタノテ私ハノソカ君カソハナラ手助ケ位仕様ト云ヒマスト佐塚ハ兎ニ角岩村ヲ紹介スルカラ一遍会ッテ呉レンカトコフコトテ其足テ直ク木挽町ノ清水ト云フ軒燈ノアル家ニ行ッテ岩村ヲ紹介サレマシタ

問三　被告ハ岩村俊ト佐塚ノ紹介テ其時初メテ会ッタノタネ

答　佐様テス

問四　岩村トノ間ニ何ンナ話カアッタカ

答　岩村ハ内藤彦一カ非常ニ困ッテ居ル借金カ七、八十万円アル然シ会社ヲ罷メレハ五十万円貰ヘルコトニナッテ居ル高利テ借リテ居ルカラ借替ヲシテ安イモノニシタイト思フ其件ハ佐塚サンニモ頼ンテアルカ一緒ニ御尽カシテ下サイマセンカト云ヒマシタノテ私ハ良ク佐塚ト相談致シマセウト云フテ大体岩村ノ頼ミヲ引受ケテ別レタ次第テス

五　問　其処デ被告ト佐塚ハ相談ノ上両名共知合ノ東邦商行株式会社ノ重役松沢勝治ニ相談ニ行カウト云フコトニナツタカ

答　左様デス

確カ岩村ト会ツテ帰リニ食事ヲシテ居ナカツタノデ佐塚ノ行キツケノ銀座裏ノたよりト云フ鳥屋ニ寄ツテ食事ヲシ乍ラ二人ノ間デ誰カ云ヒ出ストモナク松沢ニ行カウト云フコトニ話カ決マリマシタ

六　問　其時迄被告ハ佐塚若クハ岩村カラ株ノ売買デ儲カル株ナ情報ノ早耳ヲ聞カシテ呉レト頼マレタノデハナイカ

答　岩村カラハ左様ナ話ハアリマセンデシタ

佐塚ハ岩村ト会ツテ後松沢ニ相談ニ行カウト話シタ際岩村カラ左様ナ情報ノ早耳モ頼マレテ居ルト話シテ居リマシタ

尚其時佐塚ハ七、八十万ノ損失モ株デ失敗シタノダト云フ話ヲ致シマシタ

二

私ノ其時ノ氣持カラ申シマスト岩村カラ金融ヲ頼マレタコトカ主テ相場ノ早耳ト云フコトハ軽イ意味テ頼マレテ居ツタノタト考ヘラレマス

七

問 被告及佐塚ト松沢勝治ノ関係ハ如何

答 昭和四年頃松沢勝治ト藤田勇ハ共同テ藤松商会ト云フ雑貨輸入業ヲ始メマシタ其会社ノ出来ル前後ニ私ハ佐塚カラ紹介サレテ初メテ松沢ヲ知リマシタ

佐塚ハ其以前カラ松沢ト交際シテ居ル模様テシタ

藤松商会ハ二年位続キマシタカ佐塚ハ使用人トシテ同商会テ働イテ居リマシタ其裡同商会ノ事業カ左前ニナリ又佐塚モ松沢ノ云フコトヲ余リ聞カナイ様ニナツテ幾分両人ノ仲ハ薄レテ行ツタ模様テシタ私ハ従前通リ松沢ト交際ヲ続ケテ居リマシタ其裡同商会カ解散ニナツテ松沢ハ丸ビルテ独立シテ商売ヲ始メマシタ

私ハ其頃カラ松沢ト一層懇意ニナツテ屡々出入シテ居リマシタカ佐塚ハ其頃ハ松沢ノ処ニハ余リ出入シテ居

ナイ様子デシタ昭和七年春頃松沢ハ銀座裏ニ移転致シマシタ其頃松沢ハ佐塚ニハ居所ヲ云フテ呉レルナト云フタコトガアリマス其裡私ハ佐塚ヲ松沢ノ店ニ連レテ行キマシタガ表面ハ別ニ悪イ顔モセス交際ッテ行ク様ニナリマシタ

昭和七年夏頃迄ハ佐塚ト私ハ松沢ト右ノ様ナ関係ニアリマシタカ同年十月頃松沢ハ清浦豊秋ト一緒ニナッテ東邦商行株式会社ヲ作ッテ八重州ビルニ事務所ヲ置イテ日本銅管株式会社ノ商品ノ売込買入ヲ引受ケテ相当盛大ニヤル様ニナリマシタ

其事業開始当時松沢ハ私達ヲ敬遠シタノカ通知ヲ呉レマセンデシタ其裡私ハ松沢ト偶然会ヒ同人カラ会社ヲヤッテ居ルカ寄ッテ見ナイカト云ハレ其後従来通リ松沢ノ会社ニ出入スル様ニナリマシタ其頃佐塚モ時々出入シテ居ル様子デシタ

八問

松沢トノ関係ハ佐塚ヨリ被告ノ方カ親密デアッタノカ

二

答　ル様テモアリマセンカ佐塚ハ藤松商会関係ノコトカアツタノテ私ニ教ヘテハイクラカ松沢カラ敬遠サレテ居タノテハナイカト思ヒマス

九問　佐塚ト被告ハ其後松沢ニ会ツテ岩村カラ頼マレタ内藤ノ手形割引ノ世話ヲ頼ンタカ

答　頼ミマシタ三月十日前後丸ノ内八重州ビルノ東邦商行会社ニ私ト佐塚ハ行ツテ其処ノ地下室食堂テ松沢ト会ツテ佐塚カラ内藤ノ手形ヲ割引クコトヲ秘書ノ岩村カラ頼マレテ居ルカ尤モ相当ノ借金ヲ持ツテ居ルカ内藤ノ地位タカラ間違ヒナイ高イ利子ヲ借リテ居ルラシイカ八銭位テ割引イテ呉レルコトハナイカト云フ話ヲシ尽力シテ呉レンカト頼ミマシタ

松沢ハ今心当リカナイカ一ツ考ヘテ見様ト云フコトテシタ

一〇問　其際被告ト佐塚ハ金融ノ外ニ相場テ儲カル様ナ情報ノ早耳ヲ分カシテ呉レト頼ンタカ

答　頼ミマセン

二
問　松沢ハ其日カ其後中島九峯ヲ紹介仕様ト云フタカ

答　松沢ニ初メテ此話ヲ持込ンタ翌日頃同所テ私ト佐塚
トカ松沢ト会ツタ時ニ松沢カラ左様ナ話カアリマシタ
松沢ハ自分ノ手許テハ出来ナイカ日本鋼管会社ノ副社
長ノ私財整理ヲシテ居ル人テ西園寺公トモ関係ノアル
中島九峯ト云フ人カ居ルカ特殊銀行トモ関係カアルカ
モ知レナイカラ此人ニ話シテ見様ト思ツテ居ル一緒ニ
会ツテ君等カラモ話シテハ何ウカト云ヒマシタノテ私
ト佐塚ハ是非一ツ会ハシテ貰ヒ度イト頼ミ中島ニ会フ
コトニナリマシタ

三
問　其処テ被告佐塚松沢ハ中島九峯事勝治郎ニ会ツテ内藤
ノ手形割引ヲ頼ンタカ

答　頼ミマシタ
松沢ノ話カアツタ翌日頃同所テ松沢、佐塚、私ノ三人カ中
島ニ会ヒマシタ松沢カラ中島ヲ紹介サレタ後佐塚カラ

四

中島ニ手形割引ノコトヲ頼ミマシタ松沢カラ中島ニ前
以テ話ハ通シテアル様子テシタ其処テ中島ハ金ヲ拵ヘ
ルコトハ困難ト思フ今時局カ忙シイ内閣モ四月ニテモ
入レハ変ルカモ知レナイ自分ハ政治運動テ相当多忙タ
ト云フ話ノシ私達ノ頼ミニ付テハ考ヘテ置クカラ両三
日待ッテ呉レトノコトテシタ

一三問　尚其際中島ニ対シテ相場テ儲カル情報ヲ知ラシテ呉レ
ト頼ンタカ

答　厄介ナコトハ頼ミマセン

一四問　被告ハ岩村ト初メテ会ッタ時ニ岩村カラ御尽力カ願ヘ
レハ失礼テスカ御礼ハ致シマスト云ハレタカ

答　岩村カラハ其話ハアリマセンテシタカ佐塚ハ岩村カラ
応分ノ御礼カ出ルト云ッテ居リマシタ

一五問　佐塚ハ松沢ニ対シテモウマク行ケハ御礼ヲスルト先方
テ云ッテ居ルト申シテ居ルカ

答　記憶アリマセン

一六問　被告ハ其当時迄金融ブローカーヲヤッタコトカアッタカ
答　アリマセンデシタ
一七問　被告ハ其当時何ンナ仕事ヲシテ生計ヲ立テヽ居タノカ
答　先輩杯カラ色々ノ仕事ヲサセテ貰ッテ報酬ヲ得テ居リマシタ一例ヲ申シマスト其以前ニ電気工事ノ仕事ノ注文ヲ取ッテヤッタリシタコトカアリマス
一八問　被告ハ其当時政治団体ヤ思想団体ニ関係ヲ持ッテ居タノカ
答　左様ナ団体ニハ関係アリマセン
私自身政治問題ヤ思想問題ヲ研究シテ居リマシタ
一九問　被告ト佐塚カ松沢及中島ニ内藤ノ手形ニ依ル金融ヲ頼ンタ後中島松沢カラ逆ニ國家改造運動ノ資金ヲ作ッテ呉レト頼マレタカ
答　左様デス
二〇問　其顛末ヲ申シ述ヘヨ

五

答

昭和八年二月十二日頃佐塚ト私ト二人テ八重川ビルノ
東邦商行株式会社ニ松沢ヲ訪ネマシタ丁度中島モ来社
中テ松沢、中島、佐塚、私ノ四人テ地下室ノ食堂テ会見致シ
マシタ

其時松沢カラ内藤ノ手形割引ノ出来ヌ旨ノ返事カアリ
中島カラモアンナモノハ駄目テスヨト云フテ一旦断ハ
ラレマシタ

当時ハ第六十四議会開会中テアリマシテ又巷上物情騒
然タル時テアリ中島ニ対シ時局ニ就イテ話ヲ乞ヒマシタ
処中島ハ種々ノ話ノ末斎藤内閣打倒ノコトヲ話シ及ヒ
マシタ

私ハ内閣ハ議会後適当ナ時ニ於テ総辞職スルモノト思
フト云フ意見ヲ申シマシタ処中島ハ現時ノ情勢ハ一般
ニソウ見ラレテ居ルカ此侭テハ到底イカン来ル四月上
旬頃内閣打倒ノ國民大会ヲ開ク計畫テアルソレハ内閣
打倒ヲ主タル目的トシ合セテ共産党撲滅ノ運動ト為ス

ト云フ意見デアリマシタ
ソシテ中島ハ君ホモ内藤ノ金融杯デ歩クヨリ少シ僕ノ方ノ加勢ヲセヌカト云ヒマシタ私ト佐塚ハ加勢ヲ仕様ト云ヒマシタ中島ノ此話ハ合法的ナ國民大会ノ計畫デアルト思ヒ私達ニモ其大会運動ノ手伝ヒヲシロト云フ意味ダト思ツテ居リマシタソレカラ色々問答ヲシテ居ル裡ニ中島ノ話ハ進ンデ日本精神ヲ基調トスル國家革新ノ問題ニ移リ結局中島ノ話ハ強力内閣ヲ作ツテ庶政ヲ刷新シ共産党ヲ撲滅シ財閥ヲ膺懲シナケレバナラン若シ斉藤内閣カイカニシテモ総辞職シナケレバ他ノ方法ヲ以テ斉藤首相ヲ殪スコトニスル即チ日比谷公園デ國民大会ヲ開催シ其処ニ警官隊カ集中シテ斉藤首相官邸カ警戒ノ手薄ニナツテ居ルニ乗シ人ヲシテ斉藤首相ヲ暗殺セシムルト云フ様ナ話ヲ致シマシタ
此時私カ斉藤内閣カ倒レタ後ニ純超然内閣カ出来ルダラウカ又果シテ國家革新カ出来ルダラウカト云フ問ヲ

發シマスト之ニ対スル答ラシキモノハナク中島ハ若シカスルト飛行機カラ爆彈投下ヲヤルカモ知レヌト申シマシタ尚松沢ハ二百五十キロノ爆彈ヲ投下スルトカ云フ話タト云ヒマシタ

私ハ驚愕シマシタカ松沢ニ対シ二百五十キロノ爆彈ハ確カ海軍使用ノモノト思フカ飛行機ハ海軍カ陸軍カ又ハ民間カト訊ネマスト其処迄ハ判ラント云フコトテシタ此時私ハ飛行機云々ノコトハ出駄羅目ヲ云ツテ居ルノタト思ヒマシタ

中島ハ更ニ今云フ様ナ事情タカラ國民大会開催ヲ初トシテ革新運動ニ相当金カ入要タカラ出来ルタケ尽力ヲ頼ムト云フコトテシタ其時中島カラ金額ハイクラタト出タト思ヒマスカハツキリ覚エテ居リマセン

佐塚ハ金ノ出来ル出所ヲ考ヘテノ上カ何ウカ判リマセンカ中島ニ対シ奔走シヨウト云フテ引受ケマシタ

此時中島ハ今金ヲ出シテ呉レル人ノ心当リカアリマス

カ如何ナル職業ノ人カト問ヒマシタ佐塚ハ何商トカト
答ヘタト覚エテ居リマス、
散会シテ佐塚ト私ノ二人デ日比谷方面ヘ歩キ乍ラ話ヲ
シマシタ私カラ佐塚ニ金ノ出来ルトコロノ心当リカア
ルカト申シマスト佐塚ハ未ダ心当リカナイガ多ク出来
ナケレハ國民大会ノ費用ヲ少シ出シテ別レテモイヽト
思ッテ居ル出来ナケレハ致シ方ナイテハナイカト申シ
マシタカラ私ハ何ノ程度迄信シテイヽカ判ラナイケレ
トモ大分秘密ノ話ヲ聞イテ居ルカラ金カ出来ナイト松
沢ヤ中島ニ済マンテハナイカト申シマシタ
其時ハ翌々日ノ午前十一時頃丸ノ内農会食堂テ会フ約
束ヲシテ別レマシタ
約束ノ日ニ佐塚ト会合シ晝食ヲシ乍ラ話ヲシマシタ
私ハ金ノ出来ルトコロハ何ウタト聞キマスト佐塚ハ未
ダナイ君ニ相談シタイト申シマスカラ何カト云ッテ岩
村カラ金ヲ出サセル様ニ話シテ見様ト思フ之レヨリ外

大金ヲ出サセル心当リハナイカ岩村ニ出サセルト云問
題ヲ利用シレナケレハナラン非常ニ心苦シイカ華新運
動ノ為メ犠牲ニナル積リデ同意シテ呉レヌカト申シマ
シタカラ岩村ハ金カナイテハナイカト云ヒマスト多少
ノコトハ何ウニテモナルト思フトノコトテシタ私モ岩
村カラ云問題ヲ株式相場ニ利用サレルコトハ良クナイ
コトテ困ツテ仕舞ヒマシタカ中島ニ金ヲ作ツテヤリ華
新ノ一助ト致シ交イ一心カラ遂ニ同意致シマシタ

三問 被告ハ中島カ國民大会開催ヲ初トシテ華新運動ニ相当
金カ入用タカラ出来ルタケ是非尽力ヲ頼ムト云ツタ時
其金ノ使途ハ斉藤首相ノ暗殺ノ資金ニモ使ハレルモノ
タト思ヒ佐塚ト共ニ其資金ヲ作ル尽力ヲスル決意ヲシ
タノカ

答 其通リ違ヒアリマセン

三問 被告ト佐塚ハ岩村ニ会ツテ中島ノ話ヲ伝ヘタノカ

答 左様テス

佐塚ト農会食堂テ会ツテ話ヲシタ当日午後一時頃木槐町ノ岩村ヲ訪ネ先ツ金融ハ未タ出来ナイ旨ヲ述ヘ松沢中島会見ノコトヲ話シ両人ノ職業人物等ヲ述ヘ金融ヲ頼ンタカ不調ニ終ツタト云フト岩村ハ中島ノ人物ヲ多イテ何カ情報ノ多込ミテモアルト思ツタラシクイキナリ何カアリマセンカネト云ヒマシタ其処テ私ト佐塚ハ中島カラ時局問題ヲ多イテ居ル裡ニ革新運動ノ為メ飛行機カラ爆弾投下モアルラシイトノ話ヲ致シマスト岩村ハ何モ云ハス突然立上リ別室ニ赴キマシタ岩村ハ誰カト相談シテ来タラシクテ暫クシテ私達ノ居ル処ニ帰リ其問題ヲ教ヘテ貰ヘナイテセウカ金ハ作リマスカネト云ヒマシタソコテ私ハ君ハ人ニ金融ノコトヲ頼ンテ置キ乍ラソンナ金カアルノテスカト問ヒマストソレハ取ツテ置キノモノカアリマスト云ツテ洋服ノポケツトカラ折リ畳ンタ証券様ノモノヲ出シテ見セ之レテモ万系位ニハナリマスト云ヒマシタ

八

尚岩村ハ金ハイクラ位要リマスカト申シマシタノテ佐塚ハ相当額入用ノ旨ヲ話シマシタトコロ岩村ハ金ハ作リマスカラ是非其人ニ紹介シテ呉レトノコトテアリマシタ佐塚ト私カラ革新運動ヲヤルコトハ終イナイカ実際何ンナコトヲヤルカニ付イテハ判然シナイカラト云ヒマスト岩村ハ私ヲ紹介シテ下サレハ私カ云ハシテ見セマストノコトテアリマシタ其処テ佐塚カ先方テ相談ノ上返事ハスルト云フコトニシテ辞去致シマシタ

三問　被告ト佐塚カ岩村ニ対シ革新運動ノ資金ヲ出シテ呉レト云フ前ニ岩村カラ資金ヲ出スト云ツタノカ

答　左様テス

佐塚ト私ハ金ノ話ヲスル考テ岩村ヲ訪ネタノテスカ私達ニ云ハセヌ裡ニ岩村カ金ヲ出スト云ヒマシタ

四問　其時被告ト佐塚ハ岩村ニ対シ斉藤首相ノ暗殺ノ計画カアルコトヲ云ハナカツタノカ

答　斉藤首相暗殺トハツキリ申シマセンケレトモ革新運動

ノ為メ飛行機カラ爆弾ヲ投下スルカト云フ話ヲ致シマシタカラ何処ヲヤルカト云フコトヲ考ヘタラ先ヅ首相官邸ダト想像出来ルコトデアリマシタ
尚岩村ハ一休ヤッテ後ハ何ウスルデセウカト云ヒマシタノデ私ハ中島カ強力内閣ヲ作ッテ庶政改造ヲスルト云ッテ居ルト申シマシタ

二五

問 被告ト佐塚ハソレヨリ岩村ノ出金ノ話ヲ賫ラシ松沢中島ニ相談シタカ

答 致シマシタ岩村ノ処ヲ辞去シ其足デ私ト佐塚ハ歩イテ丸ノ内八重洲ビルニ行ッテ松沢ニ会ヒ金ハ確実ニ出来ルコトニナッタカ一寸相談シタイコトカアルカラ中島ニ会見シタイカト申シマスト中島ハ来社シテ居ナイカラ電話デ行キ先ヲ探シテ見様トノコトデシタ私ト佐塚ハ地下室食堂デ待ッテ居ルト一時間位経ッテ松沢中島カ来テ四人会見シマシタ其際中島カラ情勢ノ話カ少シアリ松沢カラ金カ確実ニ出来ルト中島ニ告ケマシタ

続イテ佐塚カラ実ハ種々苦心シマシタカ國民大会ノ費用ノ少シ位ハ自分ノ手許デモ出来ヌコトハナイカ後ノ話ノ華新運動ノ費用ハ仲々出来難ク仕方ナク岩崎ト相談ノ上内藤ノ秘書ノ岩村ニ話シ金ヲ出サセルコトニ決メテ来マシタ処カ同人ハ直接御両人ニ御会ヒシテ話モ伺ヒ又オ助ケヲ願ヒ度イ向モアルノデ紹介シテ呉レト申シテ居ルカ会見シテ談合シテ呉レマセヌカト申シマシタ即チ直接行動決行ノ時期ヲ教ヘテ貰ツテ之ヲ投機ニ利用スル岩村ノ意思アルコトヲ述ヘタノテアリマス

スルト中島ハウームト暫ク考ヘテ居リマシタカ宜敷イ僕等ハスパイカ恐イノテ商売人ナラ会見シテ話シ合ヒ仕様紹介シテ呉レト云ヒマシタカ然シ一日考慮ノ上明日確答仕様ト云フコトテ散会シマシタ此日ニ安田鉄之助ノ関係シテ居ルコトヲ聞イタト思ヒマス

翌日十六日ニ佐塚ト私ハ八重州ビルニ行キ松沢、中島ト会見シテ岩村ト会見スルト云フ承諾ノ返事ヲ聞キ氏ノ

日新橋ノ末げんト云フ鳥屋テ四人食事ヲ致シタ記憶カ
アリマス

二六問　右ノ十四日ノ会見ノ時安田鉄之助ノコトニ付テハ何ン
ナ話カアツタノカ

答　中島ハ安田カ此ノ革新運動ノ計画ニ関係カアルト云ツテ
居リマシタ私ハ中島カ実際此ノ革新運動ヲ安田ト一緒
ニヤツテ居ルノタト思ヒマシタ

二七問　ソレカラ被告ト佐塚ハ岩村ニ会ヒ双方会見ノ日時抔ヲ
決メテ銀座裏ノ鳥屋たよりテ被告佐塚、岩村、中島、松沢カ
会見シタノタネ

答　左様テス

二八問　其顛末ヲ申シ述ヘヨ

答　三月十七日ニ佐塚ト私ハ岩村ヲ訪ネテ中島、松沢カ会見
ヲ承諾シタコトヲ述ヘタ上岩村ニ対シ会見スル以上ハ
決行時期ヲ教ヘル教ヘヌニ拘ハラス金ハ渡サネハナラ
ンカ其覚悟ハアルカト申シマスト宜敷フ御座イマスト

ノコトテアリマシタ
会見ノ場所ハ後テ電話スル約束テ辞去シ直チニ松沢ノ処ニ赴キ会見ノ日時ヲ取決メマシタ結局銀座裏たよりテ十八日午後六時頃ヨリト決定シ中島ニ通知ヲ願ヒ岩村ニハ佐塚カラ電話致シマシタ
其日八重洲ビルヲ出テ佐塚ト別レタ刻私ハ再ヒ松沢ヲ同所ニ訪ネ地下室テ両人談合致シマシタ私ハ飛行機カラ爆弾投下スル云々ノコトハ話モ大分オカシナ処モアルカ真実ニ使用スルノカト申シマスト松沢ハ話シタコトハ知ラナイトノコトテシタ
私ハ首相官邸ヲ目標トセルモノト思ヒ目的ノ首相以外ノ人、小使給仕ニ至ル迄殺傷スルコトハ人道ノ立場カラ同意シ難イト述ヘ飛行機使用ヲ断念スル様中島、安田ニ通シテ呉レ若シ断念シナケレハ自分ハ此ノ運動カラ手ヲ引クト申シマシタ松沢モ此ノ事テハ大分苦シンテ居タラシク中島安田ニ進言スル旨ノ答ヲ得テ別レマシタ

翌十八日午前中私ハ松沢ヲ訪ネテ此問題ノ返答ヲ得マ
シタ即チ飛行機ヲ使用シ目的以外ノ人命ヲ殺傷スルハ
王道ニ非サルヲ以テ断然ヤメルトノコトテアリマシタ
私ハ大イニ安心シ松沢モ安心シテ居ル様子テシタ此事
ハ佐塚ニハ後ニ話シマシタカ岩村ニハ云フテアリマセ
ン三月十八日約束時間ノ前後ニ松沢、中島、佐塚、岩村、私ノ
五人たよりテ会合致シマシタ
此時佐塚カラ岩村ヲ松沢、中島ノ両人ニ紹介シ暫ク雑談
ノ後松沢カ話ヲ始メマシタ松沢ハ資本主義経済ノ行キ
詰リ資本家統制経済ノ不当杯ノ題目ニ付テ一時間位ニ
亘ツテ話シマシタ松沢ハ結論トシテ日本精神ニヨル革
新論ニ及ヒ之ニ要スル費用トシテ安田所有ノ榊原農場
ヲ担保トシテ金五万円ヲ貸シテ呉レト云ヒマシタ貸シ
テ呉レト云フ言葉ニ対シ岩村ハ金ハ差上ケマスカト云
フノミテ話カ的ハツレノ態ニナリマシタ
此時中島カラ國民大会ノ計画首相暗殺ノ計画杯ヲ話シ

マシタ私ハ此時中島ニ対シ五万円ノ使途ヲ聞キマシタ
中島ハ二万円ハ國民大会共産党撲滅宣傳文書ノ印刷等
ノ費用ニ残リ三萬円ハ首相暗殺ノ直接行動者十人ニ一
人当リ三千円宛家族ノ手当トシテ支給スルノダト云ヒ
マシタ此会見テハ決定的ナ約束ハ出来ズニ再会ヲ約シ
テ岩村ハ歸リマシタ

二九 問 右ノ中島ノ五万円ノ使途ノ話ハ松沢佐塚岩村モ居ル前
テ話サレタノカ

答 左称テス皆其事ハ聞イテ知ッテ居ル筈テス

三〇 問 其後初大阪テ沢田岩村カ会見スル以前多上リテ中島岩
村佐塚松沢被告ノ五人カ第二回ノ会見ヲシタコトカナ
カッタカ

答 私ト松沢ハ出席シマセンテシタカ佐塚カラ中島岩村白
介三人カ多上リテ再度会ッタト云ッ話ヲ聞キマシタ尚
佐塚カラ左称ナ話ハ聞イタ前後初大阪テ二十三日夕刻
カラ会合カアルカラ出席セヨトノ通知ヲ佐塚カラ受ケ

マシタ

三一 問 其後同月二十三日京橋一丁目九番地料理店初大阪テ安田銕之助中島松沢岩村佐塚被告ノ六人カ会合シタカ

答 致シマシタ

三二 問 被告ハ安田銕之助ニ初メテ会ツタノタネ

答 左様テス

三三 問 其会合ノ目的ハ何テアツタカ

答 私ハ安田カ前述ノ革新運動ノ計画者ノ一人トシテ其計画ノ内容ヲ話ツ岩村カ其計画資金ヲ出ス交渉ニ及フ等革新ニ触レタ話カ行ハレルモノト思ツテ居リマシタ

三四 問 其会見ノ顛末ヲ述ヘヨ

答 私ハ同日夕刻初大阪ニ行キマシタ安田中島松澤岩村佐塚私ノ六人カ揃ツタ上中島松澤ノ紹介テ安田ト初対面ノ挨拶ヲ致シ暫ク雑談ノ後中島カラ松沢佐塚私ノ三人ニ遠慮シテ呉レト云フコトテシタカラ三人ハ退席シテ別室ニ待ツテ居リマシタ此時間約一時間位テアリマシ

タ
時々佐塚ハ安田岩村中島等ノ会合ノ席ヲ覗キニ行キマ
シタカ話シ事ハ全ク判ラナイ由デアリマシタ其裡ニ佐
塚カラ話カ済ンタト云フ知ラセカアツタノテ松澤ト私
ハ立ツテ同人等ノ部屋ヘ行キマシタ
其途中私ハ佐塚ニ話ハ何ンナ具合タ岩村ニ聞イテ見タ
カト問ヒマスト佐塚ハ聞イテ見タカ安田カ何モ云ハナ
イト云ツテ居ル只時局談カアツタハカリタトノコトタ
ツタト申シマシタ同シ部屋ニ帰リ暫クシテ食事ニ移リ
マシタカ中途テ岩村ハ退席シマシタ食事ヲ済マシテ残
リノ五人モ同家ヲ出テ各別レテ帰リマシタ

三五問 其初大阪ノ会合テ岩村カ中島ニ対シ内藤彦一振出ノ小
切手一通ト現金一万円ヲ約束ノ金ノ内金トシテ渡シタ
コトヲ知ラナイカ

答 ソレハ存シマセヌ
後ニモ其話ハ聞イテ居リマセン

三、

三六 問 右ノ初大阪テ安田岩村被告等カ会合シタコトハ此ノ一回
タケカ
答 一回タケテス
三七 問 其後多ヨリテ岩村中島松澤佐塚被告カ集ツテ同席ノ上
岩村カラ中島ニ金ヲ渡シタコトカアツタカ
答 アリマシタ
初大阪ノ会見後八重洲ビルノ松沢ノ処テ連絡場所ノ様
ニシテ会ツテ居マスト二四日シテ佐塚カラ今夕た上リ
テ会合カアルト話カアリ夕刻行キマシタ
佐塚私続イテ松沢中島カ集マリ雑談シテ居ル処ヘ岩村
カ参リマシタ其時長方形ノテーブルヲ真中ニシテ出入
口ノ処ニ岩村カ座リ岩村ノ隣リニ中島カ座リ続イテ松
沢私佐塚カ座リマシテ挨拶カ済ムト岩村ハ直ク包ミノ
中カラ何カ出シテ之レヲト云ツテ中島ニ渡シマシタ
中島ハソレヲ受取ツテ上衣ノポケットニ入レ内カクシ
カラ小切手ヲ出シテ之レヲ御返シシテ置キマスト云ヒ

岩村ニ渡シマスト岩村ハ未タ後カアルカラト申シマシ 一三
タカ中島ハイヤ御返シシテ置キマスト重ネテ云ヒマシ
タ尓岩村ハソレヲ受取リマシタ
私ハ其小切手ヲ離レタ後テ見マシタカ内藤彦一ノ署名
テ武州銀行ト書イテアツタ様テシタ金額ハハツキリ判
リマセンカ何ウモ五ト云フ字カアツタ様ニ思ヒマス
岩村ハソレカ済ムトスク帰リマシタ岩村ノ退席後中島
ハ私達ニ向ツテ二ツ持ツテ来タト云ヒマシタ
私ハ二ツト云フノハ二万円タト思ツテ居リマシタ尚中
島ハ岩村カラ受取ツタ金包ヲ自分ノ右脇ノ処テ開イテ
其中カラ百円札テ三千円ヲ松沢ニ渡シマシタ中島ハ其
金ヲ松沢ニ渡ス時ソレデアゞレヲト云ツタ丈テ別ニ説
明ハシナカツタ様テス松沢ハマア借リテ置クトカ云ツ
テソレヲ受取ツテ其中カラ千円宛私ト佐塚ニ分ケテ呉
レマシタ

三八問 被告ハ其時以前ニ中島カラ内藤振出シノ小切手ヲ見セ

ヲレタコトハナイカ
答　アリマセン其時初メテ見マシタ
三九　問　被告ハ此時岩村ハ安田中島間ノ首相暗殺ノ直接行動ノ費用ト其他ノ國民大会ノ費用ヲ含メテ中島ニ右ノ金ヲ渡シタモノト思ツタカ
答　左称思ヒマシタ
國民大会費用ト直接行動費用ヲ区別シテ渡シタモノトハ思ヒマセン
四〇　問　右ノ金ノ交換ノアツタ以前ニ於テ岩村ト安田中島トノ間ニ五万円献金ノ約束カ成立シテ居タノカ
答　其約束カ出来テ居タカ何ウカハ疑問テス岩村ノ肚トシテハ先ツ五万円ノ小切手ヲ渡シテ次テ現金ニ万円ヲ交付シテ何トカシテ自分ノ欲スル情報ヲ聞キ度イト云フコトニアツタラウト想像出来マス
四一　問　岩村ハ易上リテ中島ニ金ヲ交付スル時ニ約束ノ金ヲ持ツテ参リマシタト云ツタノテハナイカ

答　左様ニハ申シマセヌ

四二問　中島ハ右ノ金ヲ岩村カラ受取ツタ後金ハスグ安田ノ処
ニ届ケルト云テ居タカ

答　左様申シテ居リマシタ

四三問　其後中島カラ其金ヲ安田ニ渡シタコトヲ聞イタカ

答　二、三日後中島カラ其通リ聞キマシタ

四四問　其後岩村カラ安田ニ直接金ヲ渡シタコトハ知ラナイカ

答　知リマセン

四五問　被告ハ國民大会及首相暗殺ノ計画ヲ誰カ中心ニナツテ
ヤツテ居ルト思ツテ居タカ

答　安田カ全部指揮シテヤルモノト思ヒマシタ
中島ハ安田ヲ補助シテヤツテ行クモノト思ツテ居リマ
シタ

四六問　安田等ノ計画スル右ノ直接行動及國民大会ノ開催ハ結
局斎藤内閣ヲ倒ス目的テヤルモノト思ツタカ

答　左様テス

斎藤内閣ヲ倒シテ強力内閣ヲ出現セシト其内閣ニヨッテ庶政ヲ刷新シ國政ノ革新ヲ図ル目的デアルト思ヒマシタ

四七問　被告カ以上述ヘタ資金獲得ノ行動ニ助力シタ理由ハ如何

答　我ハ右ノ目的ノ行動ニ共鳴シ其目的ノタメニハ人道的ニハ悪イコトテハアルカ首相暗殺モ亦已ムヲ得ナイト思考致シマシタカラテス固ヨリ内藤ノ窮状ニ同情シ内藤岩村ヲ援助スル考テ同人等ノ金融周旋ヲ為スコトニナリソレカ機縁トナッテ遂ニ中島等カラ革新運動資金ノ調達ヲ頼マレ之レヲ岩村ニ持込ムニ至ッタモノテアリマスカ岩村ニ此情報ヲ齎ラシテ株テ儲ケサセテ援助仕様ト云フ好意ハアリマセンテシタ又私ハ前述ノ通リ金ヲ一千円貰ッテ居リマスカ之レハ初メカラ謝礼ノ約束ヲシテ居タノテハナク謝礼ヲ貰フコトヲ豫期シテ居タノテモアリマセン

四八問　中島カ内藤彦一ヲ安田ノ家ニ案内シテ行ツタコトカアツタカ

答　多ヨリテ中島ト岩村トノ間ニ金ノ交換カアツテカラ二三日後左様ナコトカアリマシタ私佐塚中島カ多ヨリニ行ツテ居リマスト岩村ト内藤カ来テ中島ヲ連レ出シ安田ノ家ニ行クト云ツテ出掛ケタコトカアリマス　五

四九問　其後被告ハ安田等ノ計画進行ニ就イテ聞イタコトカアルカ

答　アリマス
内藤岩村カ中島ノ案内テ安田ヲ訪問ニ行ツタ翌日私ト佐塚ハ岩村ヲ訪ネ安田ハ何ウ云フ話テアツタカト聞キマシタスルト岩村ハ落膽シテ居ル風テ私達ニ向ツテ安田ハソンナ事ハ出来ルモンヂアナイト云フタソウ云フモノヲ当ニシテ相場ヲ張ルコトハモウヤメマス中島ニ孫カ内閣ヲ拵ヘテカラ助ケテ頂ケルモノナラ助ケテ頂ク様ニ云ツテ下サイト申シマシタ岩村ノ話シ振リテハ

安田ハ直接行動ヲモウヤラナイカナト考ヘラレマシタ私ハ岩村カ安田ニ金ヲ出シタ後タカラ直接行動ヲヤルナラヤルト岩村ニ打明ケ相ナモノタト思ッテ居リマシタ処カ岩村ノ話ニヨレハ全然左称ナ話ハナカッタト云フコトテシタ其処テ私トシテモ安田ハ直接行動ハヤラナインタナト考ヘ稼リ合ヒ抜ケカ致シマシタ

然シ四月上旬ノ裡ニハ現内閣反対ノ國民大会ヲ開催スルテアラウト心待チニ待ッテ居リマシタ僅カ四月八日頃日比谷公園ニ出掛ケテ行ッタコトモアリマス處カ國民大会開催ノ方モ音沙汰カアリマセンテシタ此間私佐塚中島等ハ数回多よリニ集ッテ中島ニ情勢ヲ聞キ安田ノ計画ハ何ウナッテ居ルカヲ訊ネマシタカ中島モ明答ヲ与ヘス質問サレテ困ッテ居ル称ナ状態テシタ

五月上旬中島ハ私佐塚ニ愈安田カヤルラシイト云ヒマシタ即チ首相暗殺ノ直接行動ヲ決行スルトノ趣旨テシタ私ハソレヲ聞イテ本当ニヤルカナト思ヒマシタソレ

ハ半信半疑ノ気持チテシタ處カ其後モ何事モ起ラス五
月二十日頃ニナッテ松沢カラ安田カ岩村ニ現金二萬円
ヲ返済シタト云フ話ヲ致シマシタ
私ハ松沢ノ話ヲ聞イテ金ヲ返シタト云フノハトリック
ダメアナイカト云ヒマシタソレハ瞞サレテ居ルノテハ
ナイカト思ッテ其意味テ云ヒマシタ松沢ハ安田カ自分
ヲ瞞ス筈ハナイ僕カ君達ヲ瞞ス筈ハナイテハナイカト
云フコトテシタ佐塚ハ自分達ヲ除外シテ返金スルコト
ハ怪シカラント云ッテ居リマシタ私ト佐塚ハ其翌日頃
岩村ニ会ッテ安田ハ金ヲ返シタ相テスネト聞キマスト
岩村ハエヽ返シテ貰ヒマシタト云ヒマシタ尚岩村ハ五
十円足ラヌト云ッテ居リマシタ其処テ私ハトリックト
云フ疑ハ消エマシテ本当ニ返金カアッタモノト思ヒマ
シタ
其後ハ一応金カ返サレタトナッテハ私達ノ仲介ノ責任
ハ解消サレタト思ッテ居リマシタ

六

其後六月中何事モナク七月十一日ニナッテ新聞ノ号外テ神兵隊事件ノコトヲ知リ松沢テ訪ネ安田ハ此事件ニ関係ハナイカ聞イテ見テ貰ヒ度イ金カ返ッテ居ルト云フテモ心配タカラト申シマシタ松沢ハ其後安田ニ聞イタト云フコトテ安田ハ関係ナイト云ッタト申シマシタ斯様ナ次第テ私ハ神兵隊事件ニハ関係ナイモノト思ッテ居リマシタ

十三、問　安田中尉松沢等カラ東亜府農場ノ資金トシテ金ヲ調達シテ呉レト頼マレタコトハナイカ

答　左様ナ依頼ハ受ケマセン但シ松沢カラハ前ニモ述ヘタ通リ岩村ニ対シ榊原農場ヲ担保トシテ金ヲ貸シテ呉レト云フ話ヲ致シタコトカアリマス又松沢カラ私ヤ佐藤ニ対シテモ左様ニ申シタコトカアリマス

然シ此農場ヲ担保トシテ農場経営資金ヲ調達スルト云フ趣旨テハナク其担保テ国民大会ヤ直接行動ノ資金ヲ調達シテ呉レト云フ趣旨テアリマシタ

三一問 安田等ハ斎藤首相以外ノ閣僚ヤ藤沼警視総監等ノ暗殺
計画ヲ建テヽ居タコトハ知ラナカツタカ
答 ソレハ知リマセヌ
三二問 被告等ノ仲介ニヨツテ岩村カラ中島ヲ經テ安田ニ交付
サレタ金カ誰ノ手ニ渡ツタカハ知ラナイカ
答 ソレモ知リマセヌ

被告人 岩崎綏耀

右読聞ケタル處無相違旨申立署名拇印シタリ
同日於同所作之
東京地方裁判所

裁判所書記 長谷川酉次郎

豫審判事 清水鼎良

右謄本也

昭和　年　月　日

東京地方裁判所

裁判所書記

八

第三回訊問調書

被告人 岩崎綏燿

右殺人予備被告事件ニ付昭和九年十二月十八日豊多摩刑務所ニ於テ予審判事清水鼎良ハ裁判所書記長谷川西吉郎立会ノ上前回ニ引続キ右被告人ニ対シ訊問スルコト左ノ如シ

予審判事ハ被告人ニ対シ本件犯罪ノ嫌疑ヲ受ケタル原由ヲ告知シタル上

一 問 何カ陳述スルコトカアルカ

答 別ニアリマセヌカ 只松澤カ安田カラ岩村ニ金ヲ返シタト云フ話ヲシタ時ニ松澤ハ利息何千円カ迠ツケテ返シタト云ヒマシタ

之レニヨッテモトリックテハナク真実ニ返金カアッタモノト考ヘタ次第デス

被告人 岩崎綏燿

右読聞ケタル処無相違旨申立署名拇印シタリ

同日於同所作之
東京地方裁判所
裁判所書記　長谷川　酉七郎
予審判事　清水鼎良

右謄本也
昭和　年　月　日
東京地方裁判所
裁判所書記

訊問調書

被告人 寺本久八

右爆発物取締罰則違反被告事件ニ付昭和八年十二月二十二日東京地方裁判所ニ於テ豫審判事清水鼎良ハ裁判所書記長谷川酉次郎立会ノ上右被告人ニ対シ訊問スルコト左ノ如シ

一問　氏名年齢職業住居本籍及出生地ハ如何

答　氏名ハ寺本久八
年齢ハ四十五歳
職業ハ無職
住居ハ兵庫県武庫郡精道村字芦屋九十六番地
本籍ハ大阪府三島郡高槻町字芥川五十番屋敷
出生地ハ同所

二問　検事ヨリ被告人ニ対シ斯様ナ事実ニ付爆発物取締罰則違反罪トシテ豫審請求カアツタカ之ニ付何カ申シ述ヘルコトカアルカ

一、

此時豫審判事ハ被告人外五五名ニ対スル昭和八年十二月二十一日付豫審請求書記載ノ公訴事実中第二ノ事実ヲ読聞ケタリ

答　何モ云フコトハアリマセヌ

三問　只今読聞ケタ事実ハ違ヒナイカ

答　違ヒアリマセヌ

四問　此称ナ事実ヲ聞イタカ

此時豫審判事ハ右豫審請求書記載ノ公訴事実中第一ノ事実ヲ読聞ケタリ

答　其称ナ詳シイ話ハ聞キマセヌ

五問　中島ハ何ト云ツタカ

答　同人ハ内閣ガ倒レルカラ株ヲ売ツテ呉レト云ヒ私ハ内閣ハ豫算編成期ニ倒レルト聞イテ居ル今倒レル筈ハナイト云ヒマスト同人ハイヤ内閣ヲ倒スンダト云ヒマシタ

私ハ今ノ世ニ内閣ヲ倒スコトガ出来ルカト聞キマスト同人ハ戒厳令ヲ布イタラ何ウナルト云ヒ私ハ戒厳令ガ

ソウ容易ク布カレルカト反問シマスト同人ハ震災以上ノコトカ出来タラ戒厳令ヲ布カナケレハナラナイテハナイカト云ヒマシタ私ハ何ウシテ震災以上ノ騒キカ出来ルカト聞キマスト中島ハ遂ニ十一日ノ閣議ノ行ハレル最中ニ首相官邸ニ爆弾ヲ投下シタラ何ウナルカト云ヒマシタ

私ハ尚シツコクソンナコトカアルノテスカト云ヒマスト同人ハイヤソンナニ聞イテ呉レルナ自分ハ貧乏ナ身テイ五百円ヲ君ニ渡シテ株ヲ売ルノタカラ推察シテ呉レ給ヘト云ヒマシタ

問 六

中島ハ首相官邸ト朝日新聞社ニ爆弾ヲ投下シ戒厳令ヲ布ク様ナ大騒キヲ惹キ起シ内閣ヲ倒シ軍部ノ思フ通リ内閣ヲ作ッテ良イ政治ヲ行フト云フ計画ノアルト云フコトヲ被告ニ暗示シ被告ハソレヲ信用シタ訳カ

答 六

左様ニ暗示ヲ受ケタコトハ違ヒアリマセヌ

私ハ半信半疑テシタ

二.

七問　半信半疑トハイツラカ信シタノカ

答　左様デス

八問　被告ハ其聞込ミニヨッテ株式ヲ売ッタカ

答　千枚売リマシタ

九問　右ノ中島ノ話ハ警察官吏ニモ其外誰ニモ知ラセナカッタノカ

答　一人ニモ云ヒマセヌデシタ

被告人　寺本久八

右読聞ケタル処無相違旨申立署名拇印シタリ

同日於同庁作之

東京地方裁判所

裁判所書記　長谷川西次郎

予審判事　清水鼎良

右謄本也

昭和　年　月　日

東京地方裁判所

裁判所書記

三、

第二回訊問調書

被告人　寺本久八

右爆発物取締罰則違反被告事件ニ付昭和九年六月二十日豊多摩刑務所ニ於テ豫審判事清水鼎良ハ裁判所書記長谷川啓次郎立會ノ上前回ニ引續キ右被告人ニ対シ訊問スルコト左ノ如シ

一　問　被告ハ刑罰ヲ受ケタ事ガアルカ

答　アリマセン

只昭和二年頃大阪地方裁判所デ偽證罪デ起訴サレ刑ノ免除ノ言渡ヲ受ケタコトガアリマス

二　問　被告ハ退役騎兵少尉デ正八位デアルカ

答　左様デス

三　問　被告ノ家族ハ何ウシテ居ルノカ

答　母ハ死亡シ父カ生存シテ居リマスカ私ハ株デ失敗シタ為ニ廃嫡ニナッテ別ニ家ヲ持ッテ居リマス、妻ハ一昨年死亡シ十九才十七才ノ女ノ子二人十五才ノ男児カ居リマス

四問　被告ノ資産状態ハ如何

答　私ノ家ハ元京都ト大阪ノ中間ニアル高槻ノ資産家デシタカ私カ事業ニ失敗シ財産ヲ殆ト潰シテ仕舞ヒマシタ
現在私ノ財産ハ三、四万円位ノモノカアリマスカ事業ノ失敗ニヨル負債カ親戚杯ニ対シテ百万円以上残ッテ居リマス

五問　被告ノ經歴ヲ述ヘヨ

答　私ハ茨木中学ヲ卒業致シ其後二年程東京ニ遊学シ予備校杯ニ通ッテ居リマス
其後一年志願デ入営シ除隊後大阪瓦斯株式会社ニ二年程勤メ此處ヲ罷メテ貿易商山本商店ヲ買収シテ二年程支那朝鮮相手ノ雑貨貿易商ヲ致シマシタ
大正十年ニ止メテ大阪株式取引所ノ短期取引員トナリ大正十一年ニ自分ノ名義ヲ廃業シテ姉婿杉谷文治郎ノ名義テ元ノ儘テ短期取引ノ店ヲ経営致シ昭和七年迄継続致シマシタ

同年十月ニ除名處分ヲ受ケテ取引員ノ店ヲ仕舞ヒマシタ

大正十一年ニ自分ノ名義デ止メタノハ当時取引員デ友達デアッタ者カ借財ヲ作ッテ自殺ヲスルト迄行ッテ泣キツカレタノデ其債務ヲ引受ケテヤリマシタカ其時オ客ノ注文ヲ（サツニ名義、手続）執ッテ置ケハ良カッタノデスカ現状ニ直シタ為ニ脱税ヲシタコトニナッテ其為ニ自分ノ名義デ店ヲ持ッテ行クコトカ出来ナクナッタノデス

昭和七年ノ除名處分ハ私カ島徳藏ノ系統デアッタ為ニ島ノ反対派ノ取引所理事長カラ圧迫サレ当時他ノ取引員ニモ盛ニ行ハレテ居タマラソン金融ヲ許サレナクナリ私ニ廃業ヲ強イテ来マシタカ私カ廃業ヲセス首ニスルナラシテ見ロト反抗的ニ出タ為ニ除名處分ヲ受ケタノデス

取引員ヲ止メテカラハ島サンノ仕事ヲ手傳ッタリ私自分ノ相場ヲヤッタリ金融ブローカーヲシテ今日ニ至ッタ、

テ居リマス

六問　被告ハ島徳蔵ト何ウ云フ干係カアルカ

答　私ハ同人カ大阪株式取引所理事長ヲシテ居タ時分カラ懇意テアリマス

初メハ大正十一年頃島ノ発案テ初メテ短期取引員ト云フ制度カ出来マシタカ其以前短期取引員ノ前身トシテ特別代理員ト言フモノカアリマシタ其特代時代カラ私ハ大キナ商ヒヲシテ居リマシタノテ非常ニ目立ツテ島ニモ知ラレタノテス其後私カ短期取引員ニナツテカラハ島カラ特ニ面倒ヲ見テ貰ツテ居リマシタ其裡島カ全盛時代ニ新聞記者上リノ横山三郎ト言フ者カラ告訴ヲ受ケタ事カアリマシタ、横山ハ島ノ世話ニナツタ者テアリマシテ二十人位ノ取引員ノグループヲ作ツテ二十万円位ノ積立金ヲ致シテ居リマシタカ横山達ハ之ヲ使ヒ込ンタ事実カアツタノテ私ハ持前ノ性分カラ横山ト言フノハ怪シカラン奴タ自分テ悪イコトヲシ島サンニ

世話ニナッテ居ルニ拘ラス島サンヲ告許スルコトハ軽
シカラント考ヘタノテ横山ヲ私カ告許致シマシタ
其事件テ私ハ七千円位入費カアリマシタカ、島ニハ話
モセス金モ出サセナカッタ次第テスソレカ何時ノ間ニ
カ島ノ耳ニ入ッテ特ニ私ヲ引立テル様ニナッタノテス
ソレ以来島トハ親分乾児ノ干係ニナリマシタ、昭和七
年五月頃迄ニ島カラ六七万円ノ金融ヲ受ケテ居リマス
私カ取引員ヲヤメテカラ後ハ島サンノ事業ノ一部ヲ手
伝ッテ居リマシタ
主ニ島サン自身テ交渉出来ナイ様ナ仕事ヲ私カ取扱ッ
テ居リマシタ
大阪ノ高麗橋五丁目十六番地ニ大平商事株式會社カア
リマス之レハ元島サンカ金ヲ五万円位出シテ島サン
ノ世話ニナッテ居タ人達カ作ッタ會社テ株ノ賣買杯ニ
投資スル小サイ金融機関テスカ現在テハ私カ其実权ヲ
握ッテ居リマシタ

3、

其會社カ島サンノ家ノ近クニアルノテ私ハ平常此處ニ居テ島サンノ用事ノアル時ハ用事ヲ言付ケラレテ居リマシタ

七問　被告ハ中島九峯事勝治郎ト何時何ンナコトカラ知合ニナツタカ

答　昭和八年六月上旬頃東京ノ東邦商行會社テ中島ニ初メテ会ヒマシタ

其時ノ用件ハ私ノ知人小林織ノ紹介テ島西力藏ト言フ者ニ会ヒ島西カラ日本鋼管會社ノ副社長ノ白石元次郎ノ手形テ十萬円ノ金融ヲ頼マレ私ハ大阪ノ愛国貯金銀行ニ話シヲツケ先ツ五万円ヲ貸スコトニナツテ私カ同銀行員廣瀬某ヲ伴ツテ上京シ其取引ヲシタノテス、其為ニ東邦商行會社テ島西、白石元次郎、小野金六、清浦豊秋、中島九峯等ニ會ヒマシタ、其時ハ中島ヲ名前丈ケ紹介サレマシタ、其取引ハ当日白石元次郎ノ家ニ行ツテ現金五万円ノ受換手形ノ受換ヲ致シマシタ、当日夜私ト広瀬ハ赤坂ノ待合小春ニ招待サレ御馳走ヲ受ケマシタカ島西、中島清浦、ト同席テ私ト中島ハ隣リ合セテ坐リ色々話ヲ致シマシタ、私ハ大阪テ株屋テ失敗シタ話杯ヲシ中島ハ飯道四段テ西園寺老公ノ護衛等ヲシテ居ルト話ヲ致シ互ニ意気投合シタ次第テス

八、問　被告ハ昭和八年七月二日ノ晩ニ大阪ヲ出発シ翌三日ノ朝東京ニ着イタノカ

答　左様テシタ、ソウシテ内幸町ノ中央ホテルニ宿ヲ取リマシタ

九、問　右ノ上京ノ用件ハ何テアツタカ

答　以前カラ島カ大正生命、教育生命両會社ヲ合併シテ社長ニナル話カアツテ其交渉ノ為メ島ト前後シテ上京スル予定ニナツテ居リマシタ、　丁度上京スルト言フコトカ決ツタ頃中島カラ大阪ノ私ニ向ツテ電話カ掛リ白石ノ手形テ更ニ五万円貸シテ呉レト言フ申込カアリマシタ

4.

私ハ当時大阪テ白石ノ手形カ出テ居ルコトヲ外カラ聞イテ居リマシタノテ中島ニハ確答ヲ與ヘス近ク上京スルカラ其時オ目ニ掛ッテ話シスルト返答シテ置キマシタ

ソウシテ愛國貯金銀行ニ行ッテ大体金融ノ諒解ヲ得テ置キ上京ノ上白石中島ト会ッテ金融ノコトヲ決メルコトニ致シマシタ此時島ハ私ヨリ先ニ上京シテ居リマシタ私ノ用件ハ右ノ通リ島ノ干係ト白石ノ金融ノ干係トニツアッタノテス

問 被告ハ七月三日上京後間モナク東邦商行會社ニ行ッテ中島、清浦、小野等ニ会ッテ金融ノ話ヲ決メタノカ

答 左様テス、私ハ中島等ニ対シテ大阪ニモ白石ノ手形カ出テ居ルカラ其方モ中島カラノ申込ノ方モ一応打切リテシテ改メテ白石ニ御會ヒシ五万円ヲ貸サウト言ヒ同人等モソレヲ承諾致シマシタ

其処テ私ハ大阪ノ愛国貯金銀行ニ電話ヲ掛ケテ金ヲ持

ツテ来ル様ニ頼ミマシタ

二　問　被告ハ同月四日ハ何ヲシテ居タカ

答　ハッキリ記憶ハ致シマセンカ多分当時島カ岡本旅館ニ
宿泊シテ居タノテ同旅館ニ行ツテ居タト記憶シマス

三　問　同月五日ノ朝愛国貯金銀行ノ広瀬カ金ヲ持ツテ上京シ
同日晩浜町ノ待合紀文テ右銀行ト白石トノ取引カ行ハ
レタノカ

答　左様テシタ
白石カ同待合ニ客ヲ招待シテ居タノテ私ハ同人ニ会ツ
テ手形ニ署名ヲシテ貰フ為メニ待合ニ行キ其処テ取引
ヲ行ヒマシタ、　別ニ御馳走ニナツタノテハアリマセ
ン
広瀬カ白石ニ金ヲ渡シ白石ハ其場テ小野ニ金ヲ全部渡
シマシタ、私ハ小野ト共ニ東邦商行ニ引返シ中島清浦
等ニモ会ツテ其処テ小野カラ銀行ノ日歩ヤ月掛金、手
数料等合セテ七千五百円ヲ受取リ中央ホテルニ帰リマ

5、

シタ

一三 問　七月六日ハ被告ハ東京デ何ンナ用事ヲシテ居タノカ

答　多分岡本旅館ニ居ツテ島ト大正生命ノ株原社長等トノ交渉ノ纏ルノヲ待ツテ居タト記憶シマス

大正生命会社ノ話ハ今日出来ル明日出来ルト今ニモ出来ル様ナ話デシタカ、七月十日ニナツテ同月十六日頃迄話カ延ヒルコトニナリマシタ

一四 問　被告ハ七月七日島徳蔵ト一緒ニ品川ノ浅野総一郎ノ屋敷ヲ見物ニ行ツタノカ

答　左様デシタ、多分中島ノ世話デアツタト思ヒマス

一五 問　同日昼頃浅野総一郎ノ屋敷見物ノ帰リ被告ハ麹町八重洲町ノ東邦商行会社ニ立寄リ其処デ中島ニ会ツタカ

答　左様デシタ

恰カ其日ノ朝浅野ノ屋敷ニ行ク前ニ中島ト其打合セノ電話ヲ掛ケタ際中島カラ面白イ話カアルカラ帰リニ東邦商行ニ寄ツテ呉レト言ハレタノデ島ト同乗ノ自動車

ヲ東邦商行会社ニ寄セテ貰ヒ私丈ケ降リテ中島ニ会ヒ
島ハ同本旅館ニ帰ツタト記憶シテ居リマス

一六問
其際中島ハ被告ニ株式ノ相場ノ話ヲシタカ

答
致シマシタ
中島ハ寺本サン、相場ハ何ウ思ヒマスカ、ト云ヒマシ
タノデ私ハ、新東株ハ二百円以上ノ相場デハ行キモダエ
テ居ル弱氣タ之レハ賣タ、ト言ヒマシタ、スルト中島
ハ自分モ売ロウト思フ実ハ三千円手許ニアルカラ貴方ノ
手テ売ツテ呉レナイカト云ヒマシタ、私ハ貴方ハ相場
ヲヤルンデスカ、ト云フト、時々ヤルカ政変ノ早耳筋
タカラ損ハシナイ、ト云ヒマシタ、中島ハ尚最近ニ政
変カアル、ト言ヒマシタノデ私ハ（本当ニアルノデスカト聞キマスト中島ハ）本当ニアル兎ニ角明
日家ニ来テ呉レ話ヲスル秘密タカラ、ト云ヒ自分ノ町
名番地ヤ道筋ヲ私ニ教ヘテ呉レマシタ、私ハ明日午前
中ニ御伺スルト云ツテ別レマシタ

加十八字

一七問
其日ノ会見テ中島ハ軍部主トシテ海軍カ現内閣ヲ潰シ

答　政党ヤ財閥ヲ膺懲スルト言フタカ
海軍ト云フコトハ後ニ中島カラ聞キマシタカ其他ノコ
トハ御訊ネノ通リノ話カアツタト記憶シマス

六問　被告ハ翌七月八日午前十時半頃麻布区桜田町ノ中島ノ
家ニ行ツテ中島ト会ツタカ

答　会ヒマシタ

九問　其際中島ト何ンナ話ヲシタカ

答　中島ハ刀鍔ヲ見セタリ象牙ノ細工物ヲ見セタリシテ色々
雑談ヲ致シ私ニ対シテ、宮本サン貴方ハ何ウシテモ大キ
ナ人物ニナルニ違ヒナイ、杯ト話シテヰタ私ハ、左様ナ
余談ヨリモ早ク政変ノ起ルコトヲ聞キタカツタノデ中
島ニ向ツテ、昨日ノ話ハ確カデスカ、ト訊ネマシタ中
島ハ、ソレハ確カダ而モ時期ハ非常ニ早イ七月十一日
ニハ内閣カ変ル早メ貴方ハ大阪ニ帰ツテ株ヲ売リナサ
イト、云ヒ、金ハ出来マスカ　トモ云ヒマシタ私ハ、株デ
失敗シタノデカラ株ヲヤルコトハ兄貴カラモ止メラレ

テ居ルカ確実ナ話ナラ兄貴ニ話シテ金ヲ出サセテ株ヲ
売リマスカラ金ヲ出サセルニ付テ兄貴ニ貴方ト云フ人
カ何ウ云フ人デアッテ何ンナニ確実ナ話デアルカ証明
スル為ニ何カ老公ノ手紙デモアリマセンカト聞キマシ
タ
私カ斯ウ云ッタノハ実際株屋ヲヤメテカラ相場ヲハッ
タコトハアリマセン、又島サンカラモ、株ヲヤルナ、
ト言ハレテ居リマシタ
ソレデ中島ノ云フコトカ確実ナ情報デアルカ何ウカヲ
確メテ私自身ノ安心カ行ク様ニ仕様ト思ッタノデス
金ハ島サンニ出サセルカ兄貴ト云ッタノハ私
カ只兄貴ニカコツケテ言ッタ丈ノコトデス
私カ左様申シマスト、中島ハ、老公カラノ手紙カアル
ダラ、ト云ッテ其処等ヲ探シテ居リマシタカ、興津ノ
警察署長ヤ中川小太郎カラノ手紙ヲ探シ当テ、私ニ見
セ、之レハ老公ヲ護衛シタ時ノ御礼状ダト云ヒマシタ
7、

私ハ其手紙ヲ見テ中島カ本当ニ元公ト干係アルコトヲ信用シマシタ

其処テ肝心ノ政変カ起ル話ヲ聞カウトシテ居ルト手塚カ来テ同席致シマシタ、私ハ其客カ何時迄モ帰ル気配カナイノテ私モ昼迄島サンノ所ニ行カナケレハナラナカツタノテ何レ明日又御伺ヒシマストイツテ中島ノ家ヲ辞去致シマシタ

二問 被告ハ翌七月九日午前九時カ十時頃再ヒ中島ノ家ニ行ツテ同人ト会ツタカ

答 左様テシタ、電話ヲ掛ケテ打合セテ訪問シマシタ

三問 其時中島トノ会話ノ顛末ヲ申シ述ヘヨ

答 中島ハ前日同様七月十一日ニハ内閣カ倒レルトイフ話ヲ致シマシタ

私ハ以前カラト島サンカラ、内閣ハ予算編成難ニ陥ツテ投ケ出スンタトイフ話ヲ聞イテ政変ハ九月カ十月ト思ツテ居リマスノテ中島ニ対シ内閣ハ予算ノ編成期ニ

第八号

総辞職スルト云フコトヲ確ナ筋カラ聞イテ居ル今内閣
カ倒レルトハ思ヘナイト云ヒマシタ
スルト中島ハ、倒レルノテハナイ軍部カ内閣ヲ倒スノ
ダ実ハ七月十一日ニハ西園寺公カ移ルノテ自分モ護衛
ニ行カナケレハナラナイノダカ当日ハ風邪ノ為ニナル
マトダカラ元公一人ノコトヲ考ヘテ居レナイテ護衛ニ
ハ行カナイ
自分ヲ除シテ早ク大阪ニ帰ッテ株ヲ売リナサイト云ヒ
マシタ
其処テ私ハ只政変ト云フコトダケテハ株ヲ売ル金ヲ作ル
コトモ出来ナイカラモット具体的ニ話ヲ聞カシテ呉レ
ト言ヒマシタ、中島ハ今度ハ軍部ノ者カヤルノテ戒厳
令カ布カレル迄徹底的ニヤル五、一五事件ヨリモ大キナ
事件カ起ルト云ヒマシタ
私ハ中島カ戒厳令ヲ布クト云ッタカラ、ソウ簡単ニ戒
厳令ヲ布クコトハ出来ルモノテハナイダラウト反問シ

マシタ、中島ハ軍部カヤルノダカラ問題ハナイ十一日ノ午前中ニ閣議カアルンダ首相官邸デ閣議中飛行機カラ爆弾ヲ投ケツケタラ何ウスル到底警視廰デハ事態ヲ收拾スルコトハ出来ナクナルカラ軍部デ戒嚴令ヲ布キカノアル内閣カスグ生レ国家ニ仇ヲ為ス者ヲ片端カラヤッツケ仕舞フ新聞社ノ内デモ朝日杯ハ國賊ダカラ爆弾ノ見舞ヲ受ケルカモ知レナイ自分達ハヤルカトハ全[illegible]義デ國家ノ為ニヤルコトデ共産党ノ様ニ破壊スル為メニ破壊スルノト違ヒ建設ノ為ノ破壊ヲヤルノダト申シマシタ

尚中島ハ水曜日ニモ海軍ノ飛行機カ東京ノ上空ニ飛ンバタカ知ッテ居ルカト言ヒマシタノデ私ハソンナコトハチットモ存シマセントミフト実ハ其時ホルコトニナッテ居タノ、陸海軍ノ打合セカウマク行カナカッタノデ爆撃ヲ中止シタカ今度ハ海軍ノ飛行機ダケデヤルトミヒマシタ

三問 尚私カ中島ニ対シテ爆弾ヲソウ簡單ニ出セルモノカ、トダクト中島ハ週番士官カ兵隊ニ命シテ出サセタラ何ウナルカ出来ルデアナイカ、トヱッテ居リマシタ
中島ハ其際被告ニ対シ千五百円ヲ現金テ渡シオ委セスルカラ一緒ニ株ヲ賣ッテ呉レトヱフタカ

答 其通リ違ヒアリマセン実ハ私カ貴方自身テ売ッタライノテハナイテスカトヱフト中島ハ政変ノアッタ際ニハ神戸ノ藤忠トヱフ店テ相場ヲヤッタコトカアルカ損ヲシナカッタ然シ今度ハ自分ノヱフコトカ事実タトヱフコトヲ証明スル様ナ譯テ此金ヲ君ニさルンタトヱヒマシタ

三問 尚被告ハ現内閣カ倒レタラ次ノ内閣ノ首班ハ誰カ聞カシテ呉レトヱフタカ

答 左様申シマシタカ中島ハソレハヱヘナイトヱヒマシタ

四問 被告ハ中島カラ以上ノ様ナ話ヲ聞イテ七月十一日午前中総理大臣官邸テ閣議ノ最中海軍ノ飛行機カ官邸ニ実

9、

答　爆弾ヲ投下シ尚朝日新聞社ノ上カラモ同様ノ爆撃ヲ行フ計画カアルト思ツタノカ
　　左様ナ計画カ建テラレテ居ルトハ考ヘマシタカ果シテ当日実行スルカニ付テハ或ハ本当ニ一発位落スンテハナイカ又朝日新聞辺リニボカツトヤルンテハナイカト考ヘマシタ

二五問　中島ハ特別ノ利害干係モナイ被告ニ対シ、何故ニ左様ナ情報ヲ知ラセルノタト思ツタノカ
答　私ニ対スル好意タト考ヘマシタ
　　私カ株屋テ大敗シタト話ヲシタノテ中島ハ私ニ同情ヲシテ居リマシタ、ソレト共ニ私ノ人物ヲ見テ私カ儲ケタラ私利私慾ニハカリ使ハズニ国家ノ有用ノ時ニ寄附スルノカト考ヘタト思ヒマス

二六問　被告ハ中島カラ金千五百円ヲ預リ今晩帰ルト云ツテ中島ノ家ヲ辞去シタカ
答　左様テシタ、私ハ其日ノ裡ニ、島、ノ方ノ仕事カ済ム

予定ニナツテ居タノデ帰ル積リデアリマシタ

三七問　彼等ハ中島ノ名ヲ告テスグ築地ノ富士旅館ニ行ツテ急佐藤ニ会ツタカ

答　左様デス

三八問　佐吉ハ島ニ対シ株ヲ売ル資金ヲ貸シテ呉レト頼ンダカ

答　左様デシタ

私ハ中島ト会ツタ話ヲシマシタスルト島ハ中島ノ人物ヲ知ラナイ様子デシタカラ私ハ中島ハ必石ノ手取関係デ知ツタ人デ西園寺老公ノ護衛ヲシテ居ル人デス、中川小十郎ヤ興津警察署長ノ手紙ヲ見テ来マシタカ確ナ人デス実ハ中島カ、内閣ハ総辞職スルト云ツテ居ルト申スト、島ハソンナ馬鹿ナコトカアルカ僕ハ高橋サンニハ子供ノ頃ニ可愛カラレテ居ル総辞職ノ話ダツタラ僕ノ耳ニ入ラナイ筈ハナイ総辞職ハ九月ダヨト云ヒマシタ、私ハイヤ間違ヒアリマセン中島カラ株ヲ売ツテ呉レト云ハレ金ヲ頼ツテ来タト云ツテ金ヲ出シテ

ハ、

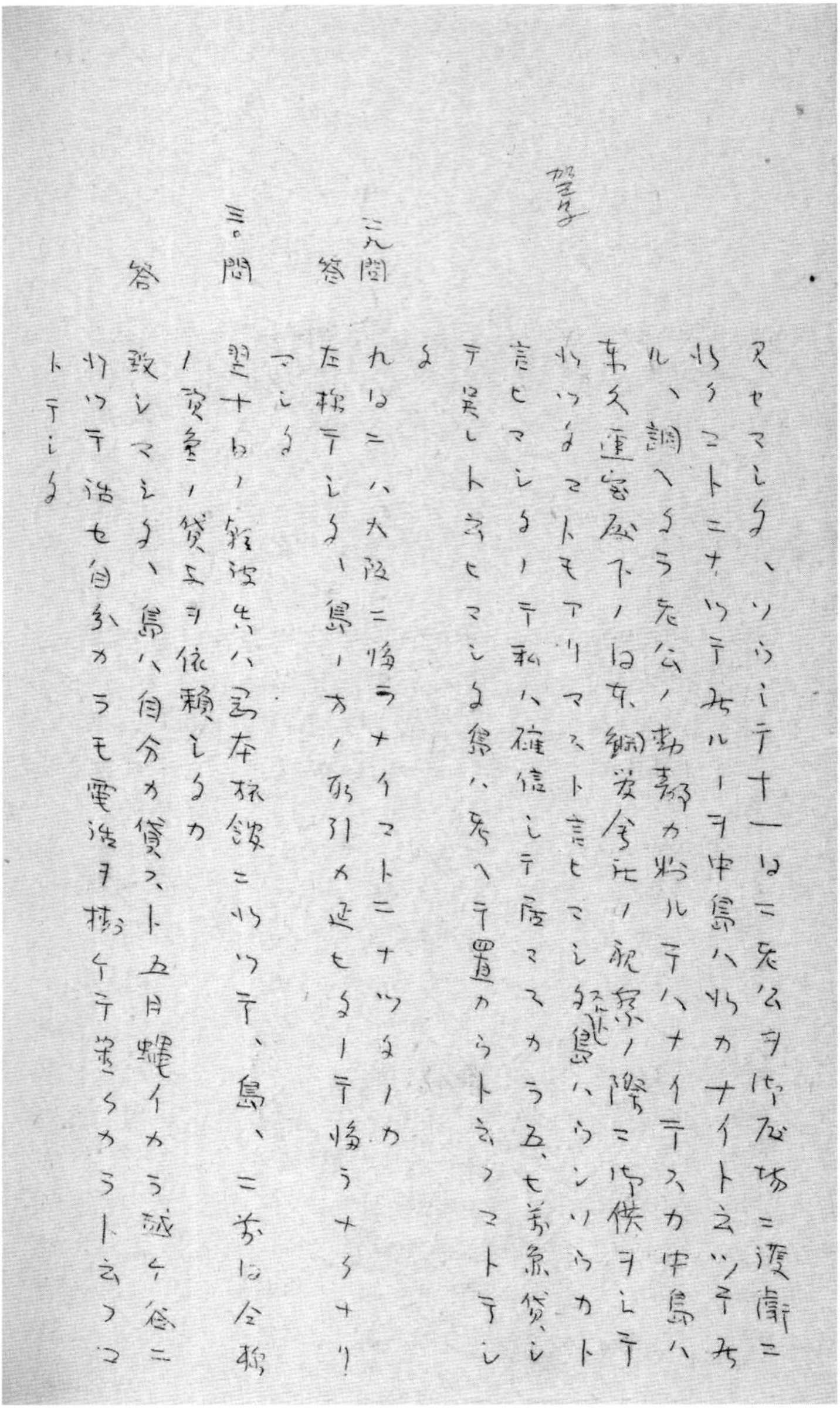

写

スヤマシタ、ソウシテ十一日ニ若公ヲ御成坊ニ渡御ニ
ナルコトニナツテヰルノヲ中島ハナカナイトイツテヰ
ル、調ヘタラ若公ノ勤番カ出ルテハナイデスカ中島ハ
東久邇宮殿下ノ日本鋼管会社ノ祝祭ノ際ニ御供ヲシテ
ナツタコトモアリマストイヒマシ島ハウンソウカト
言ヒマシタノデ私ハ確信シテ居マスカラ五、七萬急貸シ
テ呉レト云ヒマシタ島ハ考ヘテ置カラトイフコトデシ
タ

二九問 レ日ニハ大阪ニ帰ラナイコトニナツタノカ
答 左様デシタ、島ノ方ノ取引カ延ヒタノデ帰ラナクナリ
マシタ

三〇問 翌十日ノ経済先ハ日本旅館ニナツテ、島、ニ来日今様
ノ資金ノ貸与ヲ依頼シタカ

答 致シマシタ、島ハ自分カ貸スト五月蝿イカラ誠ニ会ニ
ナツテ話モ自分カラモ電話ヲ掛ケテ置クカラトイフコ
トデシタ

三一 問 同日午后四時頃被告ハ岡本旅館カラノ帰途中央ホテルノ附近テ生産党関西本部ノ党員小部某ト会ッテ大阪ニ帰ル旅費ヲ貸シテ呉レト頼マレ同人ニ金十円ヲ与ヘタカ

答 左様テシタ

三二 問 小部ハ実ハ関東関西ノ生産党員弐百名カ合併シテ明治神宮講会館ニ集リ警視庁ニ斬リ込ム為メニ自分達ハ上京シタカ武器不足杯ノ為メニ相談カ一決セナイ裡ニ計画カ露レタカラ迂ト東京ニ居レハ捕マルカラ大阪ニ逃ケテ帰ルノタカラ其旅費ヲ貸シテ呉レト言フコトテアッタカ

答 左様テシタ
尚同人ハ本日ノ燕テ大阪ノ同志カ九人上京スルコトニナッテ居タカラ徳田ト橋本カ横浜駅ニ喰ヒ止メニ行ッテ居ルト云ヒマシタ

三三 問 被告ハ七月十日夜島ト一緒ニ東京ヲ出発シ翌十一日ノ

11.

答　朝大阪ニ着イタノダネ
左様デス、東京ヲ午后七時三十分ニ出発シ大阪ニ午前七時十三分ニ着キマシタ

加九字

三四問　被告ハ大阪ニ着クト直チニ大阪市東区北浜二丁目ノ越ケ谷伊太郎ノ店ニ行ツテ同人カラ現金六万六千余ヲ借リタカ

答　左様デス、私ハ大阪ニ着クト間モナク、島、ト別レテ越ケ谷ノ店ニ行キマシタカ同人ハ未タ見エテ居リマセンデシタ暫ク待ツテ居ル間ニ店ニ来ラレタノデ私ハ、島サンニ説シタラ先方ニ話セト云フコトデシタカ株ヲ売リ度イカラ、七万余ノ資金ヲ貸シテ呉レト頼ンタ処カ同人ハ貸シテ呉レマシタ

三五問　被告ハ越ケ谷ニ対シ島サンニ頼マレタノダカ株ヲ売リ度イカラ金ヲ貸シテ呉レト云ッタノデハナイカ

答　左様ニハ申シマセン

三六問　島ト越ケ谷トハ何ンナ干係ニアルノカ

答　島ノ義理ノ叔父ニ当ル人デスカ商売上ハ島カ主人筋ニ

当リマス

三七 問 被告ハ其資金ヲ以テ同日午前八時五十分ノ寄付カラ午前十時半頃迄ノ間ニ大阪株式取引所ノ取引員ニ委託シテ株式総数七千三百株ヲ売リ取引員ニ対シ証拠金トシテ金六万七千四百円ヲ納メ其後手仕舞シテ合計デ七千二百六十六円三十一銭ノ純利益ヲ得タノカ

答 其通違ヒアリマセン

三八 問 最初北浜二丁目ノ一般取引員浜崎弁之助ノ店ニ行ッテ新東株二千株、大新株三百株、鐘紡株二百株ノ売注文ヲ為シ証拠金ニ約五千円ヲ納メ其後同月二十七日カラ三十一日迄ノ間ニ手仕舞シテ合計五千百二十九円九十銭ノ純利益ヲ得タノカ

答 其通リデス

三九 問 次デ短期取引員辻橋商店ニ行キ本店ト云フ名義デ新東千五百株大新五百株ヲ売リ証拠金一万六千円ヲ納メテ別ニ寺本秀平名義デ新東三百株ヲ売リ証拠金二千四百

12、

円ヲ納メ七月十三日カラ二十一日迄ノ間ニ本庄名義ノ
分ヲ手仕舞シ二千七百四十五円三十一銭ノ純利益ヲ得
七月十八、九日寺本名義ノ分ヲ手仕舞シ百四十四円二十
銭ノ損トナツタノカ

答　其通リテス
寺本名義ノ分ハ私ノ考テハ中島カラ預マシタ取引ニ充
テタ積リテス

四問　次テ短期取引員ノ的場三郎ノ商店ニ行キ本庄秀平名義
テ東新株ノ売注文ヲ為シ証拠金一万円ヲ納メ同月十九
日手仕舞シ五百六十円三十銭ノ損トナツタカ

答　左様テス

四問　次テ岸田善之助ト云フ株屋ノブローカーヲ使ヒトシテ
一般取引員ノ志田清左衛門商店ニ行キ本庄隆平名義テ新
東株ノ売注文ヲ為シ七月三十日手仕舞シ三百五円ノ損
トナツタノカ

答　左様テス

四二問　次デ一般取引員不破福造商店ニ行ツテ西村貞一名義デ新東五百株ヲ売リ証拠金四千円ヲ預ケ七月二十日カラ二十一日迄ノ間ニ手仕舞致シ四百円六十銭ノ利益トナツタノカ

答　左様デス

四三問　右ノ株デ儲ケタ七千二百六十六円三十一銭ハ何ウ処分シタカ

答　其後辻商店デ株ヲヤツテ損ヲ致シマシタノデ其方ニ充当シマシタ

四四問　被告ハ七月十日東京ヲ出発スル前ニ中島ニ電话ヲ掛ケタノカ

答　掛ケマシタ、中島ニハ前日ニ帰ルト云ツテ置キマシタカ変更ニナツタノデ今日帰リマストカ知ラセマシタ
中島ハ未ダ帰ラナカツタノカト云ツテ居リマシタ

四五問　七月十七、八日頃中島ハ大阪ニ来テ大平商事ノ事務所ニ訪ネテ来タコトカアツタカ

13、

答　許シテ来マシタ

四六問　其際中島ハ相場ハ何ウナツタカト云ヒ被告ハ少シハ下ツタカ手仕舞スルノニ骨ヲ折ツテ居ルト云ツタカ

答　左様テシタ、中島ハ損ヲサセスニ手仕舞ヒシテ呉レト云ヒマシタ

四七問　被告ハ其外テ神兵隊事件ノコトヲ話ツタカ先方カ云ツタノハ此事テスカト聞イタカ

答　左様申シマシタスルト中島ハアレハ右翼ノ団体カオチヨツカイヲシタンタト云ヒマシタ、ソコテ他人モ居ルノテ私ハ中島ノ側ニ行ツテ小サイ声テ何ウシタンテスト聞クト軍部カ中止シタンタカ何レ又ヤルカラ其時期ハ教ヘテヤルト言ヒマシタ

四八問　被告ハ神兵隊事件十ラ七月十日ノ晩ニ其一味カ捕ヘラレ相ニナツテ居タノヲ知ツテ屡々新聞テハ私カ島徳ノ旨ヲ受ケテ株ヲ売ツタ様ニ書キ立テラレ迷惑シテ居ル

ト言ッテ大阪夕刊ヲ中島ニ見セタカ

答　其通リデシタ

四九 問　被告ハ小部カラ警視廳斬リ込ミノ話ヲ突イテソレト中島ノ話シタ計画ト連絡アルトハ思ハナカッタノカ

答　ソレハ全ク考ヘツキマセンデシタ

五〇 問　被告ハ中島カラ聞イタ海軍ノ飛行機ノ爆撃ノ計画ヲ警察官吏、首相官邸、朝日新聞社等ニ通告シナカッタノカネ

答　ソレハ誰ニモ話シハ致シマセンデシタ

五一 問　中島ニハ八月ニナッテ千五百円ヲ返シタカ

答　返シマシタ

五二 問　越ケ谷カラ借リタノハ何ウシタノカ

答　初メ越ケ谷ニ持ッテ行ッタカ今井清一ニ返シテ呉レト言フコトデシタカラ同人ニ返シマシタ

被告人　寺本久八

14.

右
読聞ケタル処無相違旨申立署名拇印シタリ
同日於同所作之
東京地方裁判所

裁判所書記　長谷川　酉次郎

豫審判事　清水　鼎　良

右謄本也
昭和　年　月　日
東京地方裁判所

裁判所書記

四四四

第三回訊問調書

被告人　寺本久八

右爆発物取締罰則違反被告事件ニ付昭和九年十一月三十日大阪地方裁判所ニ於テ予審判事清水鼎良裁判所書記長谷川酉次郎立会ノ上前回ニ引続キ右被告人ニ対シ訊問スルコト左ノ如シ

予審判事ハ被告人ニ対シ本件犯罪ノ嫌疑ヲ受ケタル原由ヲ告知シタル上

一問　何カ陳述スルコトカアルカ

答　別ニ申上ケルコトハアリマセン

被告人　寺本久八

右読聞ケタルニ無相違旨申立署名拇印シタリ

同日於同庁作之

東京地方裁判所

3166

裁判所書記　長谷川　酉次郎

予審判事　清水　鼎良

右謄本也

昭和　年　月　日

東京地方裁判所

裁判所書記

(1)

対照表

以下は、今村法律研究室編『神兵隊事件』（一）にある「被告人天野辰夫外五十三名ニ対スル刑法第七十八條ノ罪被告事件記録總目録」と、茨城県立歴史館所蔵の神兵隊事件関係資料（行政資料・請求番号Ｅ11－1）の対照表である。

今村法律研究室編目録タイトル	（一）頁	本巻頁
第二十二部		
第二冊		
岩村峻豫審第一回訊問調書謄本	二三二頁上段	九〜一四
岩村峻第二回豫審訊問調書謄本	〃	一五〜二九
岩村峻第三回豫審訊問調書謄本	〃	三一〜四六

寺本久八第一回豫審訊問調書謄本 〃	四一一〜四一五
同人第二回豫審訊問調書謄本 〃	四一七〜四四四
同人第三回豫審訊問調書謄本 〃	四四五〜四四六

〔注〕『神兵隊事件』（一）の目録の中には入っていなかったが、本巻においてひとつのまとまった文書となっているため、あえて独立した文書としてこの対照表で取り扱っている。

今村力三郎訴訟記録第四十七巻
神兵隊事件　別巻六

平成三十年一月三十一日　第一版第一刷

©編　集　専修大学今村法律研究室
代表　内藤光博
〒一〇一―八四二五　東京都千代田区神田神保町三―八
電話　〇三（三二六五）六二一一（代表）

発行者　笹岡五郎
発　行　専修大学出版局
〒一〇一―〇〇五一　東京都千代田区神田神保町三―十―三
㈱専大センチュリー内
電話　〇三（三二六三）四二三〇（代表）

印　刷
製　本　株式会社加藤文明社

ISBN978-4-88125-319-9